6,–

Die vorliegende Dokumentation erscheint zu einem Zeitpunkt, an dem die Kontroverse, die sie zum Inhalt hat, noch nicht abgeschlossen ist. In dieser Aktualität liegt ihr Wert. Die eigens für sie verfaßten Beiträge, die die abgedruckten Artikel und Interviews erst in einen Sinnzusammenhang bringen, geben ihr den Charakter eines selbständigen Werkes. Trotz des Zeitdrucks, unter dem die Dokumentation entstand, haben Verlag und Herausgeber mit wissenschaftlicher Sorgfalt auf vollständige Quellenangabe und auf das Kenntlichmachen von Kürzungen bei Zitaten geachtet. Dadurch eignet sie sich als Fallstudie zur Lektüre im politischen Unterricht der Oberklassen und als Basismaterial für Seminare und Colloquien.

Heinrich Böll:
Freies Geleit für Ulrike Meinhof

Ein Artikel und seine Folgen

Zusammengestellt von Frank Grützbach

Mit Beiträgen von
Helmut Gollwitzer
Hans G Helms
Otto Köhler

Kiepenheuer & Witsch

pocket 36

Gesamtherstellung Mohndruck Gütersloh
Umschlag Hannes Jähn Köln
Printed in Germany 1972
ISBN 3 462 00875 7

Anmerkung zur Auswahl

Die vorliegende Zusammenstellung aus dem vorhandenen Material entspricht etwa einem Verhältnis von 1 : 50 oder sogar 1 : 60. Während der Band gedruckt wird, hat sich dieses Verhältnis sicherlich noch einmal erhöht. Der Publizist Heinz Ohff schreibt im »Berliner Tagesspiegel« am 6. 2. 72: »Wollte man die ganze, inzwischen weidlich ausgeuferte Diskussion dokumentieren, wäre ein Band in Lexikonformat vonnöten.« – In der Tat: Hätte die Winterolympiade in Sapporo nicht angefangen – der Lexikonband wäre noch zu knapp.
Bei der Auswahl der zur Verfügung stehenden Dokumente ist versucht worden, so zu verkürzen, daß die jeweils am meisten zugespitzten Argumentationen häufiger übrigbleiben als die »Einerseits – Andererseits«-Ansichten, die bis heute pfundweise zu haben sind. Langweilig wäre es sicherlich auch gewesen, noch einmal mit Akribie vorzuführen, wie ähnlich sich die Argumentationen der Springer-Zeitungen von Tag zu Tag sind, wie ähnlich aber auch die »Rheinische Post« oder die »Deutsche Tagespost«. Es sollte vielmehr dargestellt werden, wie der »Spiegel«-Artikel Bölls – dessen Diskussion in einer guten Woche hätte abgeschlossen sein können – immer und immer wieder als Vehikel benutzt wird, um andere politische Ereignisse zu kommentieren. Der Fall Bukowski, der Ruhland-Prozeß, die Salonanarchisten-Theorie (und die nicht zu knapp), der Anti-Radikalismus-Beschluß der Innenminister, die Kündigung des Redakteurs Astel, man scheint ohne Böll gar nicht mehr auszukommen. Hier liegt das Exemplarische in dieser Dokumentation: zu zeigen, innerhalb welcher aufwendigen politischen Inszenierung Bölls Zwischenruf so ungemein störend gewirkt hat, daß sich selbst bessere Herrschaften vor Zorn vergessen konnten.
Ein Lexikonformat wäre auch mindestens dann unzureichend gewesen, wenn man all jenen Nachrichten, mit denen Böll fortlaufend in Verbindung gebracht wird, diejenigen hinzugefügt hätte, bei denen so vielen Artikelschreibern gar kein Zusammenhang einfällt. Etwa daß in der »Panorama«-Sendung vom 10. 1. 72 außer dem Interview mit Böll über Bukowski noch ein Bericht lief, der sich mit der Erschießung Georg von Rauchs beschäftigte und klare Vorwürfe gegen die Polizei formulierte. Die risikolose Empörung über das Bukowski-Interview hält bis heute an, zum Fall Georg von Rauch bis jetzt kaum ein Wort.
Oder wenn die Politiker Merk, Filbinger, Vogel, Tizck und Hempfler dem »Schriftsteller Heinrich Böll« widersprechen wollen, dann wählen sie dazu nicht den direkten Weg, sondern benutzen vorzugsweise Springers »Welt«. Und wenn die Politiker dabei vergessen, dem Schriftsteller auch in seinen Ansichten in Sachen Axel Springer zu widersprechen, muß man dann annehmen, daß sie hier ausnahmsweise mit ihm übereinstimmen?
Oder die »Welt am Sonntag« berichtet in der Titelüberschrift vom 23. 1. 72,

daß Straffreiheit für Andreas Baader erwogen wird, wenn er sich stellt. Heinrich Böll hatte nicht mehr gefordert als »freies Geleit« und einen »fairen Prozeß« für Ulrike Meinhof. Damit ist er augenblicklich zur Gefahr für den Rechtsstaat geworden. Aber welche Wertung haben die flinken Kommentatoren bei Springer für diesen Vorschlag der Staatsanwaltschaft gefunden, der ja doch weit über Bölls Äußerungen hinausgeht?
Und nicht zuletzt: Warum läßt es sich »Bild« oder der »Bayernkurier« entgehen, sich über den Vorschlag in Bölls »Spiegel«-Artikel zu entrüsten, mit Hilfe von Eduard Zimmermann bei XY einige Nazi-Aktenzeichen zu »lösen«? Wäre so eine Kolumne nicht ein Knüller gewesen? – »Wissen Sie«, erklärt der Redakteur der Zeitung »Soldat im Volk«, »das ist für uns so indiskutabel, daß wir uns damit nicht mehr abgeben können.« So ist das.
Je andauernder und offensichtlicher mit dem Beil hantiert wird, desto weniger fällt es auf, wenn jemand mit der Rasierklinge zu Werke geht. Lautlos werden Nachrichten eingeführt, deren Wert darin besteht, daß sie suggerieren, sie hätten durchaus stattfinden können. Immer dann, wenn gerade kein Banküberfall, keine Großfahndung zur Hand ist, hält die »Bild«-Zeitung z. B. ausreichend Horror bereit, um die Phantasie ihrer Leser in Trab zu halten. (»Kann die Baader-Meinhof-Bande Bomben über Funk zünden?«) Da werden Mutmaßungen über die Einkünfte Heinrich Bölls in der Sowjetunion angestellt und so oft wiederholt, bis sie reif sind, als Tatsachen behandelt zu werden. Ordentlich zurechtgemacht, eignen sie sich zu gut für eine Diffamierung, als daß man davon wieder abrücken möchte, selbst wenn der Betroffene einen »Offenbarungseid« leistet. Auch diese Kategorie von Nachrichten, die stets als flankierende Maßnahme der Manipulation eingesetzt wird, konnte nur andeutungsweise berücksichtigt werden.
So hätte man also mit Leichtigkeit einen weiteren Lexikonband füllen können und bleibt bei dem gegebenen Umfang notwendig an vielen Stellen lückenhaft. In einem Punkte aber ist der Band hoffentlich vollständig genug: um nachweisen zu können, wie viele Unterschiede zwischen einer Kolumne des Herrn Adolf von Thadden und dem Leitartikel von Günter Zehm bestehen.

Köln, 22. Februar 1972 *Frank Grützbach*

Helmut Gollwitzer Gnade und Freistatt

Wer noch Illusionen hatte, der weiß es jetzt: Wenn einer an Menschlichkeit und Verstehen appelliert für Leute, die der bestehenden Gesellschaftsordnung den Krieg erklärt haben, dann antwortet eine Flut von Beschimpfungen. Blätter, die sich als christlich etikettieren – vom »Rheinischen Merkur« bis zu Günther Mack im »Deutschen Allgemeinen Sonntagsblatt« –, machen dabei keine Ausnahme, sondern tun sich noch hervor. Der heutigen Brutalisierung des Staatenkrieges nach einer kurzen Periode der Versuche, ihn zu humanisieren, entspricht die Brutalität gegen den inneren Feind. Henri Dunant, dem man Denkmäler setzt wegen seiner Gründung des Roten Kreuzes, würde heute ebenso als öffentliche Gefahr behandelt werden wie Heinrich Böll. Seine Anfrage, ob man die freiheitlich-demokratische Grundordnung »gnadenloser« sein lassen wolle, als die feudalistische Ordnung mit ihren Freistätten gewesen war, hat ein wild gewordener Schreiberchor mit erregtem Ja beantwortet. Verweigerung des Verstehens, wie sie hier geschieht, ist schon Gnadenlosigkeit.

Es mußte ein sehr empfindlicher Nerv getroffen worden sein, oder gleich mehrere. Der Besitz wahrscheinlich bei einigen, bei Herrn Springer und denen, die er hoch bezahlt, aber auch bei vielen in der »freiwilligen Springerpresse«, die mit aufheulen – natürlich auch das Bestreben, sich Lob von oben zu verdienen, wenn man Zunge und Feder zu Dolchen macht –, und vielleicht da und dort auch ein schlechtes Gewissen, das betäubt sein will. Da sitzen wir alle an unseren Schreibtischen und haben's ziemlich gut; Ulrike Meinhof und Gudrun Ensslin sahen sich unsere freiheitlich-demokratische Grundordnung von unten her an, von den Kellerkindern her, und fanden dort eine sehr gnadenlose Wirklichkeit: zwischen alten Hinterhöfen und neuen Betonklötzen den Teufelskreis von Heim-Trewe-Heim-Jugendgefängnis-Strich-Gefängnis, und fragten, ob die daran schuld seien, die von den Gerichten schuldig gesprochen werden. Gudrun Ensslin erzählte: »Die Bürger schaffen es nicht, und die linken Studenten schaffen es auch nicht. In Frankfurt lebten wir zusammen, ein paar Studenten mit ein paar entlaufenen Fürsorgeheimlern. Als die Fürsorgler aber die bürgerlichen Eigentumsbegriffe der Studenten antasteten und deren Mäntel anzogen, platzte unser Versuch. Daran sah ich, daß auf die APO auch nicht zu hoffen ist.« Dann drehten sie durch. Wir anderen drehen nicht durch, vielleicht wegen der offenbaren Unvernunft dieser irrealen Roten-Armee-Fraktion, vielleicht aber auch, weil wir uns dem Untergrund, von dem her sich unsere Gesellschaft so gnadenlos ansieht, nie so ausgesetzt haben wie diese beiden jungen Frauen. Diejenigen jedenfalls, die sich auf Böll stürzen, sind vor jenem Durchdrehen sicher. Dafür drehen sie nach der anderen Seite durch; mit Schaum vorm Mund denunzieren sie, ihrer selbst spottend, Liberalität, Humanität, Appell ans Verstehen als die große Gefahr der freiheitlich-demokratischen Grundordnung, die doch ohne solche Tugenden bald dorthin pervertiert sein wird, wo sie mit einem Fuß (vgl. ihre ebenso argumentierenden Vorgänger vor 1933!) schon stehen: im gewöhnlichen Faschismus. Indiz dafür: Da hält man das Schicksal sowjetischer Intellektueller ausgerechnet Böll vor, der mehr für sie tat und tut als andere, aber keiner von denen, die angeblich wegen Bukowski nicht schlafen können, hat je Alarm geschrien über das Schicksal türkischer und persischer Intellektueller in den dortigen Gefängnissen.

In dieser Geiferflut ging unter, worauf Bölls Appell konkret zielt: die Frage nach Maßnahmen, die beiden Seiten, Verfolgern und Verfolgten, Polizei und Baader-Meinhof-Gruppe, aus der Sackgasse heraushelfen könnten. Diether Posser hat juristisch zutreffend geantwortet: »Unsere Freistätten sind Gesetz und Recht, die *alle* – auch die staatlichen Behörden – binden.« Das ist aber nicht ausreichend, weil er nicht über die Gesetze hinaus die Wirklichkeit in Blick nahm, die Böll in eine Angst versetzte, wie sie in den Redaktionen einer abendländisch-freiheitlich-demokratischen Presse offenbar vielen unbekannt und unverständlich ist: die Möglichkeit von Lynchjustiz durch eine aufgeheizte Bevölkerung – das nächste Rencontre zwischen Polizisten und BM-Leuten: eine Wildwest-Situation, in der es darauf ankommt, wer zuerst den Colt aus der Tasche kriegt. Dies aber ist genau die Situation, die rechtsgeschichtlich *vor* dem neuzeitlichen Rechtsstaat liegt. Wer also nur zu sagen weiß, »die Mitglieder der Bande brauchen sich nur bei der nächsten Polizeistation zu melden«, um in Sicherheit zu sein und einen öffentlichen Prozeß zu bekommen (der bayrische Innenminister Bruno Merk), spricht richtig und zugleich falsch, weil er sich nicht überlegt, was dazu getan werden kann, daß diese Gruppe aus der Verranntheit in ihren »Kriegszustand« herauskommt. Nicht ob das bei der Gruppe Erfolg haben wird, sondern ob man etwas dazu tun kann, ist die erste Frage – eine Frage freilich, die nur den bewegen wird, der den Sinn der freiheitlich-demokratischen Grundordnung ernst nimmt.

Rechtsgeschichtlich [1] gehört das Institut des freien Geleits und der Freistatt, wie Böll richtig sagt, in die Zeit des »Feudalismus« und der vorhergehenden Epochen. Das Alte Testament kennt Beispiele des politischen Asyls (1. Kön. 1,51) und Asylstädte für versehentliche Totschläger (5. Mos. 4,42). Die Tradition des politischen Asyls für Ausländer hat sich bis heute durchgehalten, ebenso für kriminelle Ausländer, soweit nicht Auslieferungsverträge bestehen. Griechische und römische Tempelbezirke waren Asyle für Verfolgte und für flüchtende Verbrecher: wem es gelang, sich bis zu ihnen durchzuschlagen, der stand unter dem Schutz des Gottes. Seit Konstantin ging das Asylrecht auf die christliche Kirche über. Die katholische Kirche nimmt dieses Privileg noch heute für sich in Anspruch: im Canon

---

[1] Ich stütze mich dabei auf Informationen, die ich meinem Mitarbeiter Volkhard Schliski verdanke.

1179 des Codex juris canonici von 1917 heißt es: ecclesia iure asyli gaudet (die Kirche erfreut sich des Asylrechts). Nur mit Erlaubnis der kirchlichen Oberen dürfen die Geflüchteten den weltlichen Behörden ausgeliefert werden, sofern irgendeine Notwendigkeit dies nahelegt [2]. Die Kirchen der Reformation haben zwar m. W. das Asylrecht nie ausdrücklich für ihre Gebäude in Anspruch genommen, es aber auch nicht ausdrücklich aufgegeben. In Konfliktlagen – z. B. während der nazistischen Judenverfolgung – haben Gruppen evangelischer Christen ihre Häuser und Kirchen faktisch als Asyl für Verfolgte benutzt. In diesem Zusammenhang mag man sich daran erinnern, daß Martin Luthers Auftreten vor dem Reichstag in Worms (Apr. 1521) ermöglicht war durch freies Geleit. Luther war seit 3. 1. 1521 im päpstlichen Bann. Dem Kirchenbann sollte (seit 1220) die Reichsacht folgen. Mit ihr zögerte der Kaiser und lud Luther zunächst unter Zusicherung freien Geleits nach Worms. Nach seiner Verweigerung des Widerrufs erhielt Luther noch einmal 21 Tage freies Geleit für die Rückkehr. Am 8. Mai 1521 wurde über ihn im Wormser Edikt die Reichsacht verhängt. Mit ihr wurde er »friedlos«, also rechtlos. Ihn zu unterstützen war strafbar; jedermann war verpflichtet, ihn zu töten oder den Gerichten auszuliefern. Der sächsische Kurfürst bot Luther dann, der Reichsacht zuwider, heimlich Asyl auf der Wartburg.

Die Monopolisierung der Gewalt und des Strafrechts beim Staate – unleugbar ein zivilisatorischer Fortschritt – hat diese Rechtsformen ersetzt durch eine Regelung des Rechtswesens, die die Verfolgung des Rechtsbrechers und die Strafjustiz so ordneten, daß das Leben des Rechtsbrechers, seine Menschenwürde und sein Anspruch auf gerechte Behandlung seines Falls besser geschützt werden als durch jene vorneuzeitlichen Regelungen. Darum, sehr verehrter Herr Böll, trifft es leider zu, daß den Mitgliedern der BM-Gruppe rechtlich weder freies Geleit noch Asyl angeboten werden kann, nur der Schutz der Polizei, wenn sie sich stellen, ein öffentliches Gerichtsverfahren und Strafmilderung bis zur Straffreiheit bei »tätiger Reue« (außer bei Mord und Mordversuch), wie die Bundesanwaltschaft es bekanntgemacht hat. Wohl aber kann außerhalb dieser Paragraphensphäre noch viel getan werden: Der Polizei kann eingeschärft werden, daß sie einen, der sich stellt oder der verhaftet wird, nicht im Polizeirevier zu verprügeln hat, wie es Johann Christian von Rauch und manchem anderen geschehen ist, und daß Schüsse den Flüchtigen fluchtunfähig machen, aber nicht töten sollen. Die Öffentlichkeit soll vor Hysterie und Lynchjustiz gewarnt und zum Verstehen des ganzen Phänomens angeleitet werden, und die Presse im besonderen soll an diese Aufgabe erinnert werden. Was die Presse vielfach getan hat, gerade in der Reaktion auf Bölls Artikel – die Dokumentation beweist es –, war das Gegenteil davon, und die vom Bundeskanzler am 4. 2. 1972 gesprochene Fernseherklärung war leider so

---

[2] Evang. Staatslexikon, Art. Asylrecht, Sp. 76 f.

farblos, so ohne konkrete Adressierung, so ohne Wagemut, daß sie nicht als Erfüllung dieser Aufgabe angesehen werden kann.
Es könnte ja sein, daß es außer jenen Scheinliberalen, die die BM-Affäre zum Anlaß nehmen, die freiheitlich-demokratische Grundordnung unter dem Vorwande ihrer Verteidigung zu unterminieren und zum autoritären Staat zu transformieren, noch einige echte Liberale gibt. Sie müßten jetzt vortreten. Sie dürften Böll nicht allein lassen. Sie müßten sehen, daß die wirkliche Gefahr für unsere Grundordnung nicht bei den paar BM-Leuten liegt, erst recht nicht bei den Linken, die das Auseinanderklaffen von Verfassung und Verfassungswirklichkeit erkennen und von der Basis des Grundgesetzes aus den gesellschaftlichen Prozeß in Richtung auf Sozialismus weitertreiben wollen, sondern bei denen, die die 6 BM-Leute ausnützen, um die 60 Millionen aufzuhetzen gegen alles, was links heißt, um die Bevölkerung immun zu machen gegen die nötigen, weitreichenden Veränderungen, also bei jenen, die heute auf restriktive Auslegung des Grundgesetzes drängen. Dafür kommt dieses BM-Phänomen wie gerufen; schon hat man den Beweis, daß Linke alle der Verfassungsfeindschaft verdächtig und deshalb bei »begründetem Zweifel« vom Staatsdienst fernzuhalten sind. Und wo hätten einer Behörde in Deutschland, wo man den Feind, der jedesmal rechts stand, immer links vermutete, jemals Gründe für solche Zweifel gefehlt!
Die BM-Leute ihrerseits brauchen diese Dokumentation nur zu lesen, um sich bestätigt zu sehen. Der gegenwärtige Stand der Klassenkämpfe drückt sich in ihr aus, die Tarnfunktion der »freiheitlich-demokratischen Grundordnung« für sehr unfreiheitliche Machtverhältnisse, die Ohnmacht der echten Liberalen und das Umkippen vom Liberalismus in den Ruf nach dem Autoritarismus, sobald die Fassade angekratzt wird. Aber die Frage an sie ist nicht zuerst, ob ihre Analyse zutrifft, sondern ob ihre Strategie nützt oder schadet. Mahlers Deklarationen drücken sich um diese Frage und produzieren deshalb eine Wolke von Widersprüchen. In der Haftisolierung kann er diese so wenig durchschauen wie seine freien Genossen in ihrer Schlupfwinkelisolierung. Isoliert bewegen sie sich in einer irrealen Welt. Im Zeitalter der Glaubensstreitigkeit wurden die eingesperrten Ketzer eifrig von den theologischen Vertretern der jeweiligen Territorialkonfession in der Zelle besucht; diskutierend versuchte man, sie von ihrem Irrtum abzubringen. Das hatte nur selten Erfolg, und oft genug mag es dabei nicht gerade zartfühlend zugegangen sein. Unsere aufgeklärte und staatsmonopolistische Rechtspflege überläßt solche Gefangenen den Zellenwänden und den Kreisbewegungen ihrer eingefahrenen Theorie. Keine Berührung mit der Realität, keine Auseinandersetzung mit korrigierenden Einwänden läßt sie auf neue Gedanken kommen. Bölls Intention führt, wenn das Unrealisierbare abgestrichen ist, auf die Frage, ob nicht politische Diskussion angeboten werden könnte, den Verhafteten in der Zelle und den noch Freien in einer Freistatt.

Wie letzteres geschehen könnte, das ist der Überlegung wert, wenn es dennoch gilt: ecclesia iure asyli gandet. Die Kirchen aber könnten aus den oben gebrachten geschichtlichen Erinnerungen zum mindesten sich darauf stoßen lassen, daß sie es sein sollten, die in solch verzweifelter Situation in den Riß treten müßten. Der Ketzer Luther rüttelte in den Augen seiner Gegner nicht weniger an der damaligen Ordnung, als es die viel beschrienen Linksradikalen heute tun. In Krisenzeiten zum Verstehen radikaler Gedanken und Handlungen und zu rationaler, d. h. menschlicher Lösung der Konflikte beizutragen, haben die Kirchen in unserer Zeit oft als ihre Aufgabe genannt. Ihr bisheriges Schweigen läßt nicht erkennen, daß ihnen der um die BM-Gruppe entstandene Wirbel als geradezu klassischer Fall dieser Aufgabe bewußt geworden wäre. Wenn ein Bischof sein Beichtgeheimnis sogar auf den Transport von 7 Millionen Mark im Dienste von Erpressern ausdehnt, dann könnte man bei den kirchlichen Oberen doch auch auf den Gedanken kommen, den BM-Leuten Beratung unter dem Beichtgeheimnis anzubieten und Politiker und Presse zur Erfüllung ihrer wirklichen Aufgaben zu mahnen.

Exemplarisch hat das Knut Scharf, der evangelische Bischof von Berlin, im Frühjahr 1968 getan, als er sich in die Vorbereitungen des großen internationalen Vietnam-Kongresses einschaltete, der durch das starre Verhalten der Berliner Behörden zu einer Katastrophe zu werden versprach. Scharf hat unermüdlich Besprechungen mit allen Beteiligten geführt und diese an einen Tisch gebracht. Er hat dem Kongreß Berliner Kirchen als Tagungsräume angeboten für den Fall, daß die Berliner Behörden weder Versammlungen unter freiem Himmel noch in den Universitäten gestatten würden, und forderte die Pfarrer auf, bei Zusammenstößen zwischen Polizei und Demonstranten die Kirchen zu öffnen, damit Flüchtende dort Asyl fänden.

Die Realisierung eines Treffens mit BM-Leuten auf kirchlichem Grunde, zum Zwecke der Diskussion mit ihnen, von den Staatsbehörden zu erreichen, ebenso die Möglichkeit, mit den verhafteten Mitgliedern der BM-Gruppe in den Haftanstalten zu diskutieren (Gespräche also, die durch die Besuche der Gefängnispfarrer sicher nicht ersetzt werden können).

Darüber mit den Behörden zu verhandeln und dafür das Ansehen der Kirchen und ihr auf dem Papier stehendes Asylrecht einzusetzen, das wäre des Schweißes der Bischöfe und Präsides wert, und schwerer sollte das auch nicht zu erreichen sein als jene diskrete Zurückhaltung der Polizei gegenüber dem Treffort, an dem der Bischof den Erpressern die Millionen übergab. Ging es dort um ein Menschenleben, so geht es hier um mehrere und noch um einiges andere dazu. Aber freilich, solche Gespräche müßten, sollen sie korrigierende Wirkung haben, auf der politischen Ebene geführt werden, und geeignete Partner dafür wären natürlich nur Linke, und was die für die unter die Räder geratene Menschlichkeit in dieser Sache tun wollten, das könnten sie nur mit Argumenten besserer sozialistischer

Strategie vorbringen. Daß sich Politiker, vom Blick auf die Wähler gehemmt, dazu schwer entschließen können, ist verständlich. Die Kirchen müßten ihnen durch öffentlichen Vorschlag und öffentliches Drängen dazu den Weg bahnen. Kann man sich dazu nicht entschließen, so geht es von beiden Seiten »gnadenlos« weiter. Ob es wirklich so weitergehen muß, ist die Frage Bölls.

Helmut Gollwitzer (1 Berlin 33, Nebinger Str. 11)

Hans G Helms Vorbereitende Schritte zu einem »Gesetz gegen die gemeingefährlichen Bestrebungen sozialistischer Arbeiter und Intellektueller«

Zum sogenannten »Fall Böll«, seinen Ursachen und Folgen

Am 11. Mai versuchte der aus der Provinz in die Hauptstadt zugereiste Klempnergeselle Max Hödel das Staatsoberhaupt niederzuschießen oder doch zumindest mit einer so aussehenden Tat seine »herostratische Eitelkeit« zu befriedigen. Hätte der Attentäter auch besser zu zielen verstanden, seine Kugeln hätten nur durch Zufall treffen können, weil der Lauf seines Revolvers verbogen war. »In jedem Falle gehörte dies Attentat, wenn es denn wirklich ein Attentat war, zu den harmlosesten Attentaten des Jahrhunderts«, schreibt ein linksorientierter Beobachter. Trotzdem machte die Journaille der besitzenden Klassen, so fährt der Beobachter fort, »eine große Haupt- und Staatsaktion daraus; der patriotische Mob zog vor das Palais des [Staatsoberhaupts] und sang: Nun danket alle Gott; [das Staatsoberhaupt] selbst, [das] zunächst auch an kein Attentat glauben wollte, ließ sich dann doch überreden, daß [es] einer furchtbaren Gefahr entronnen sei, und erklärte, daß dem Volke die Religion erhalten werden müsse, um solche Greueltaten zu vermeiden«.

Am 23. und 24. Mai begann der »weiße Terror« mit der Vorlage von Ausnahmegesetzen gegen die Sozialisten und insbesondere gegen die sozialistische Publizistik; aber trotz aller von den Reaktionären entfachten Demagogie fand sich im Parlament keine Mehrheit für sie.

Am 2. Juni »reifte die Saat, die der patriotische Mob und das politische Drahtziehertum [...] ausgestreut hatten: eine verlorene Existenz, diesmal aus den besitzenden Klassen, ein Dr. Karl Nobiling, der Sohn eines Domänenpächters, schoß [...] mit einer Schrotbüchse auf das vorüberfahrende [Staatsoberhaupt] und verwundete [es] schwer. Ehe Nobiling ergriffen werden konnte, hatte er sich selbst eine Kugel durch den Kopf gejagt, und die erste authentische Meldung, die wieder über ihn in die Öffentlichkeit drang, war die Nachricht seines Todes, der am 10. Dezember erfolgte.«

Von da ab hatte die Reaktion leichtes Spiel, der »weiße Terror« erhob sich mit gesteigerter Wut, ständig zur Weißglut geschürt durch die unsinnigsten Behauptungen und perfidesten Unterstellungen der reaktionären Macher der öffentlichen Meinungen. Kaum Wunder also, daß das mittlerweile in Wortlaut und Inhalt ungemein verschärfte *Gesetz gegen die gemeingefährlichen Bestrebungen sozialistischer Arbeiter und Intellektueller* am 19. Oktober mit 221 gegen 149 Stimmen vom Parlament angenommen wurde und am 21. Oktober in Kraft trat. »Anklagen und Haussuchungen, Verhaftungen, Versammlungsauflösungen und Zeitungsbeschlagnahmen brachen über die [Sozialisten] mit einer bis dahin noch nicht gehörten Heftigkeit herein. [...] Eine gemeingefährliche Denunziantenpest tobte durch alle Schichten des deutschen Volkes, mit alleiniger Ausnahme des klassenbewußten Proletariats. [...] Es kam so weit, daß der amerikanische Gesandte [...] den Staatssekretär in Washington ersuchte, die amerikanischen Staatsbürger, die nach Deutschland herüberkämen, vor jedem politischen Gespräch zu warnen.«

Hödel ist kein Pseudonym für Andreas Baader, und Nobiling ist nicht identisch mit Horst Mahler. Die geschilderten Ereignisse begaben sich vielmehr im Jahre 1878, das Staatsoberhaupt war Kaiser Wilhelm I., und der linksorientierte Beobachter war nicht Heinrich Böll, sondern Franz Mehring [1].

Verfolgt wurde damals die Sozialdemokratische Partei, und der Titel des Gesetzes hieß korrekt: *Gesetz gegen die gemeingefährlichen Bestrebungen der Sozialdemokratie*. Die Politik der damaligen deutschen Arbeiterpartei basierte zwar noch nicht auf dem Godesberger Programm, doch immerhin schon auf dem Gothaer Programm, demgemäß sie »mit allen gesetzlichen Mitteln den freien Staat und die sozialistische Gesellschaft« erstrebte. Marx, als er das las, fragte: »Freier Staat – was ist das?« Marx fuhr fort: »Es ist keineswegs Zweck der Arbeiter, [...] den Staat ›frei‹ zu machen. [...] Die Freiheit besteht darin, den Staat aus einem der Gesellschaft übergeordneten in ein ihr durchaus untergeordnetes Organ zu verwandeln, und auch heutig sind die Staatsformen freier und unfreier im Maß, worin sie die ›Freiheit des Staats‹ beschränken [2].« Und 6 Jahre nach Erlaß des Sozialistengesetzes fand Engels Grund, um Bebel noch einmal den Aberglauben an eine »reine Demokratie« als eine bourgeoise Fiktion vor Augen zu führen und ihn vor einer »Wegschwätzung des revolutionären Charakters der Partei« nachdrücklich zu warnen [3]. Eine solche Warnung, heute etwa an Herbert Wehner oder Heinz Kühn gerichtet, wäre müßig, da sie und ihre Gesinnungsgenossen es gewesen sind, die vor Jahren in Bad Godesberg die letzten papierenen Erinnerungen an den einst »revolutionären Charakter« der Sozialdemokratischen Partei mit kapitalfrommen Elogen aus dem Parteiprogramm weggeschwätzt und somit auf die Verwirklichung des Sozialismus als Ziel verzichtet haben.

Warum also jetzt die markigen Stellungnahmen führender Sozialdemokra-

---

[1] Franz Mehring: *Geschichte der Deutschen Sozialdemokratie*. Zweiter Theil. Von Lassalles Offenem Antwortschreiben bis zum Erfurter Programm 1863 bis 1891. Stuttgart, Dietz, 1898. Die Zitate stammen von pp. 394, 396 s, 398 s.

[2] Karl Marx: »Kritik des Gothaer Programms«. *In* MEW. Band 19. Berlin, Dietz, 1962, pp. 24, 27.

[3] Friedrich Engels an August Bebel, Brief vom 11. Dezember 1884. MEW. Band 36. Berlin, Dietz, 1967, pp. *Cf.* hierzu Hans C. Helms: »Marxismus und Bundesrepublik«. *In* Helms: *Fetisch Revolution* [Neuwied u. Berlin], Luchterhand [1969], pp. 7–37.

ten und Freier Demokraten im Chor mit dem faschistischen Geschäume der Habe, Löwenthal und Konsorten, wenn ein liberaler Autor wie Heinrich Böll daran erinnert, daß ein paar politisch irrgehende Anarchisten trotz ihrer verfehlten »Propaganda der Tat« Anspruch auf humane Behandlung seitens der Behörden, der Informationsmedien, der Wähler und der gewählten Volksvertreter haben? Die SPD braucht doch nicht zu befürchten, als Arbeiterpartei oder gar als revolutionäre Organisation mißverstanden zu werden. Die Wähler wissen doch längst, daß sozialdemokratische Reformen die Privilegien des Monopolkapitals nicht tangieren. Und das Monopolkapital dürfte sich mit den Parteiführern im Einvernehmen darüber wissen, daß die Konzentration der nationalen Monopolkonzerne zu supranationalen Monopolen im EWG-Rahmen, wodurch das in der EWG versammelte Monopolkapital zum zweitgrößten, wenn nicht gar zum größten westlichen Wirtschaftsblock sich verbinden möchte, nur mit dem politischen und ideologischen Beistand der Sozialdemokraten möglich ist, da eine solche Konzentration gegen die Lohn- und Gehaltsabhängigen, auf deren Rücken sie ja stattfindet, abgeschirmt und abgesichert werden muß.

Heinrich Böll hat lediglich um Mitleid und Gnade für ein paar politisch verwilderte Anarchisten gebeten; in seinem Aufruf steht von den politökonomischen Zusammenhängen, um die es geht, kein Wort zu lesen. Gerade deshalb hat die von Empfindlichkeit bis zu heller Wut reichende Reaktion auf seine Worte dem unvoreingenommenen und einigermaßen informierten Zeitungsleser, Rundfunkhörer oder Fernsehzuschauer deutlich machen müssen, wie groß denn tatsächlich die Koalition jener ist, die auf das Grundgesetz pochen, um die Profitmarge zu erhalten, wo nicht zu vergrößern. Es geht weder um Böll und seine Formulierungen noch um die Baader-Meinhof-Gruppe oder andere politisch Verirrte; es geht einzig und allein darum zu verhindern, daß sich bei denen, zu deren Lasten die wachsende monopolistische Konzentration durchgeführt wird, ein sozialistisches Bewußtsein entwickelt und verbreitet, ein Bewußtsein, das die Erweiterung der EWG, die Interventionsversuche von Nixons Sonderbeauftragtem William Eberle und den durchaus nicht »überraschenden Gleichklang«[4] zwischen dem ehemaligen Sozialisten Willy Brandt und dem ehemaligen Rothschild-Manager Pompidou als Indiz einer intensivierten imperialistischen Wirtschaftspolitik Westeuropas zu erkennen und im Zusammenhang zu bewerten lernt; ein Bewußtsein, das begreifen lernt, daß der Wertverfall des Dollars und die japanischen und westeuropäischen Währungsmanipulationen ebenso wie das ergebnislose Veto des Herrn Eberle nichts mit einer sogenannten »freien Marktwirtschaft« und mit »natürlicher Konkurrenz« zu tun haben, daß sie vielmehr Auseinandersetzungen um die bisherige imperialistische Hegemonie der USA sind. Jede

---

[4] »Der Spiegel«. 26. Jg., Nr. 8. Hamburg, 14. Februar 1972, p. 4 und p. 19 s.

Stärkung des Imperialismus bedeutet aber intensivierte Ausbeutung in den imperialistischen Staaten selbst wie in den Ländern der Dritten Welt.
Um dem Bewußtsein der Arbeiter und der übrigen Abhängigen fernzuhalten, zu welcher imperialistischen Politik sie mißbraucht werden, ist den politisch Verantwortlichen offenbar jedes Mittel recht. Um sich über die entsprechenden zweckmäßigen Methoden zu einigen, haben sich die Ministerpräsidenten der Bundesländer am 28. Januar 1972 in Bonn zur Konferenz mit Bundeskanzler Brandt getroffen. Die auf dieser Konferenz beschlossenen *Grundsätze zur Frage der verfassungsfeindlichen Kräfte im öffentlichen Dienst* sind – den heutigen Verhältnissen gemäß modifiziert – eine Neuauflage des eingangs zitierten Bismarckschen *Gesetzes gegen die gemeingefährlichen Bestrebungen der Sozialdemokratie,* freilich mit zwei gravierenden Unterschieden: sozialdemokratische Politiker haben sie gemeinsam mit Kollegen von FDP und CDU/CSU beschlossen gegen Genossen, für die der Sozialismus nach wie vor ein gesellschaftlich notwendiges Ziel ist; und im Gegensatz zu Bismarcks *Gesetz* verstoßen die *Grundsätze* gegen die geltende Verfassung, wie soeben zehn Juristen in ihren Stellungnahmen dargelegt haben [5].
Die Zielrichtung der *Grundsätze* wird kaschiert, indem man behauptet, sie würden gleichermaßen auf rechte wie linke Radikalinskis angewandt werden. Und Bölls Urteil, die Hetzkampagne gegen die Linken sei faschistisch, versucht man zu neutralisieren, indem man zu Ausdrücken wie »rotem Faschismus« greift. Allein, der Begriff »roter Faschismus« (oder »Linksfaschismus«) ist eine contradictio in adjecto; denn Faschismus ist eine bestimmte Spielart des Imperialismus, und die Träger des Faschismus sind die bourgeoisen Eigentümer des Monopolkapitals und deren ideologisch verseuchte Mitläufer aus dem alten Kleinbürgertum und der Angestelltenschaft. »Rot« ist am Faschismus nur das Rot der Fahne mit dem Hakenkreuz, und »links« ist nichts an ihm. Faschistisch aber ist in der BRD so manches, und wie könnte es anders sein, da das Gros der Faschisten aus Wirtschaft und Behörden nach kurzer Internierung bei Kriegsende seine alten Machtpositionen wieder übernommen hat. Hat nicht ›Der Spiegel‹ eben – und mit unverständlicher Verspätung – enthüllt, daß der Chefmanager der Jagd auf die »Linksradikalen«, Hubert Schrübbers, der Präsident des Bundesamtes für Verfassungsschutz, eine seiner Position gemäße braune Weste trägt? [6]
Beseitigung der Rechtsradikalen aus dem öffentlichen Dienst würde diesen

---

[5] *Cf.* die Stellungnahmen von Wolfgang Abendroth, Wolfgang Däubler, Heinrich Hannover, Friedrich Müller, Ulrich K. Preuß, Helmut Ridder, Peter Römer, Hans-Peter Schneider, Ilse Staff, Gerhard Stuby *in* »Blätter für deutsche und internationale Politik«. 17. Jg., Heft 2. Köln, Februar 1972, pp. 124–165.
[6] *Cf.* »Der Spiegel«, l. c., pp. 26–27.

um seine aktivsten und bedeutendsten Funktionäre bringen und wahrscheinlich funktionsunfähig machen. Also bleiben von vornherein nur die Linken übrig. Doch selbst bei diesen dienen Radikalinskis, die Gewalt für ein politisches Mittel halten, bloß als willkommener Vorwand für die Zerschlagung jeglicher Organisation, die ernstlich das Ziel verfolgt, unsere Gesellschaft mit politischen Mitteln graduell in eine sozialistische umzugestalten, heiße sie nun DKP oder Spartakus, oder handle es sich um jene gewerkschaftlichen Gruppen, die in der verspäteten Annäherung der Löhne an die inflationär davongaloppierenden Preise nicht ihre einzige Aufgabe sehen. Sie, ihre Mitglieder und Sympathisanten sollen mundtot gemacht werden, denn ihre Aufklärungsarbeit in den Betrieben, an den Schulen und Hochschulen und mittels der Informationsmedien bildet eine latente Gefahr für die so fein eingefädelte Politik im Interesse der Monopole und ihrer imperialistischen Tendenzen, die von SPD und FDP im Verein mit dem BDI und anderen einschlägigen Interessenverbänden um so leichter vorangetrieben werden kann, als CDU/CSU das tatsächliche Ziel dieser Politik mit ablenkendem Gezeter gegen eine halbwegs realistische Ostpolitik verdecken.

Was hat man Heinrich Böll eigentlich angelastet? Explizit, daß er sich mit den Desperado-Aktionen von ein paar in die Enge getriebenen Anarchisten gemein gemacht habe, und das ist schon eine Verfälschung. Implizit doch aber dies: daß er die Allianz zwischen Springer-Journalismus und offizieller Regierungspolitik beim Namen genannt hat. Mögen ›Bild‹ und ›Welt‹ gemeinsam mit dem ›Bayern-Kurier‹ gegen Brandts Ostpolitik geifern, mit der vom selben Bundeskanzler verantworteten Innenpolitik seines Ministers Genscher geht die rechtsradikale Presse durchaus konform. Wer's vor Bölls Aufruf nicht bemerkt hat, jetzt kann er's kaum mehr übersehen. Die unvernünftigen Aktionen und Sprüche der Genossen Baader und Mahler sind ein zweckdienliches Alibi für den einsetzenden »weißen Terror«, der – wenn der Staat mit bösem Beispiel voranschreitet, schnell auf die übrigen Bereiche der Gesellschaft übergreifen wird –, und wie dieser Terror sich eskaliert, hat man in den USA in den letzten Jahren beobachten können: täglich fast wird in New York ein Neger von der Polizei erschossen, und jeden erschossenen Neger ernennt die Polizei posthum zum Black Panther, der auf der Flucht gewesen sei und gegen die Staatsgewalt Widerstand geleistet habe. Noch sind die Mittel und Methoden des »weißen Terrors« hier andere als in den USA oder als zu Zeiten der anarchistisch infizierten Kaiser-Attentäter Hödel und Nobiling oder der französischen Dynamitards und Bakunin-Adepten Ravachol, Auguste Vaillant, Emile Henry und Santo Caserio (in den 90er Jahren). Aber wie lange noch? Und befürchtet die SPD nicht, daß sie wie 1933, als sie als »Grenzträger der bürgerlichen Herrschaft« [7] von der NSDAP abgelöst

---

[7] *Cf.* Helms, *Marxismus und Bundesrepublik,* pp. 28–37.

wurde, selbst dem »weißen Terror« zum Opfer fallen könnte, wenn das Monopolkapital den Zeitpunkt für gekommen erachtet, die Amtsgeschäfte durch die zunehmend nach rechts sich radikalisierenden CDU und CSU wieder besorgen zu lassen?

Es ist ein aus mangelndem Klassenbewußtsein und aus oft erstaunlich großer Wirklichkeitsfremdheit geborenes Verhängnis der bildungsprivilegierten Intellektuellen, daß sie eher dazu neigen, die Propagandisten der Tat zu verherrlichen denn zu verurteilen, daß sie die Dynamitaktionen damals und die Bankeinbrüche heute irrtümlich für politische Taten freier und selbstbewußter Individuen halten, daß sie nicht begreifen, daß es sich dabei um das blinde Umsichschlagen von Menschen handelt, die zwar die allgemeine Repression überstark empfinden, aber versäumt haben, deren systemimmanente Ursachen zu analysieren und diesen politisch auf den Leib zu rücken. Hätten sie sich um eine Analyse der Ursachen und Zusammenhänge bemüht, dann hätten sie erkennen müssen, daß nur eine auf breitestmöglicher Basis organisierte politische Arbeit die Ursachen der Repression und damit die Repression selber beseitigen kann, nicht aber ziellose Aktionen vereinzelter Personen und Gruppen. Für die organisierte politische Arbeit sind solche Aktionen schädlich, weil sie den Rechtsradikalen von Springer bis Strauß die Argumente liefern, um die Regierungskoalition zu einer rechtsradikalen Innenpolitik zu veranlassen. Es ist vielleicht Heinrich Bölls größtes Verdienst, diesen Funktionszusammenhang aufgedeckt zu haben, indem er die ganze rechte Phalanx mit seinem Aufruf dermaßen erregt hat, daß sie sich selbst als Interessenverband decouvriert hat.

Im übrigen hat Heinrich Böll nicht um Sympathie für die Baader-Meinhof-Gruppe geworben, wie in den 90er Jahren z. B. Zola, Mirabeau oder Pissarro sich für Ravachol und seine Nachahmer eingesetzt haben; Böll hat nicht einmal insgeheime Sympathie mit ihren Ideen bewiesen wie möglicherweise Peter Brückner; wohl aber hat Böll gefordert, daß die Repräsentanten eines Systems, das für sich in Anspruch nimmt, ein freiheitliches und rechtsstaatliches zu sein, sich verfassungsgemäß verhalten, zumal sie diese Verfassung gegen die Baader-Meinhof-Gruppe zu verteidigen behaupten. Ein verfassungskonformes Verhalten gebietet nicht nur, daß die Regierung nicht mit der rechtsradikalen Presse in eine insgeheime Komplicenschaft gerät; es gebietet überdies, daß die Regierung die rechtsradikale Presse zu zwingen hat, die Gebote der Verfassung zu beachten. Rechtsmittel stehen ihr dafür ausreichend zur Verfügung. In einem Rechtsstaat muß es einen Unterschied geben zwischen einem Sozialisten, der sich an die Verfassungsgebote hält, aber begriffen hat, daß der soziale Wandel auch eine analoge künftige Modifikation der Verfassung notwendig machen wird, der dies ausspricht und auch anstrebt, und einem Rechtsradikalen, der die in der Verfassung verankerten Rechte und Gesetze hier und jetzt ständig bricht. Doch noch immer darf die Springer-Presse die Persönlichkeitsrechte der lohn- und gehaltsabhängigen Einzelnen verletzen, darf sie zu Mördern stempeln und verurteilen, ohne daß ein Gericht sie auch nur gehört hätte, und darf eine Massenhysterie verursachen, die in mindestens drei Fällen bereits in Lynchjustiz umgekippt ist: im Fall Ohnesorg, beim Attentat auf Rudi Dutschke und bei der polizeilichen Erschießung Georg v. Rauchs. Aber nicht Springer und seine Leser werden vom Staatsdienst ausgeschlossen, sondern Sozialisten.

Heinrich Böll hat sich mit Recht darüber entsetzt, daß die rechtsradikalen Organe von liberalen Kritikern leichtfertig als »Boulevard-Presse« abgetan werden und ihnen damit gewissermaßen politische Harmlosigkeit attestiert wird. Bewußt oder unbewußt übersieht man, daß ›Bild‹ oder ›Bild am Sonntag‹ für Millionen, die außerhalb der Großstädte leben, die wichtigsten oder einzigen täglichen Informationsmittel sind, nach deren Inhalt sie ihre Meinungen bilden. Die Fernsehnachrichten von ARD und ZDF spielen daneben eine vergleichsweise untergeordnete Rolle. Die übrige ländliche und kleinstädtische Presse, soweit sie noch nicht über die Monopolklinge der Häuser Springer und Bauer hat springen müssen, folgt dem Leitbild ihrer Herren schon aus Selbsterhaltungstrieb. Was diese korrupte Tagespresse noch nicht besorgt, das besorgen in der Tendenz und nach dem Grad der Nachrichtenmanipulation vergleichbare Wochenblätter aus denselben oder geschäftlich liierten Häusern. In ihnen steht nirgends zu lesen, wie sich etwa deutsche, französische, holländische und englische Konzerne die künftige Monopolisierung des europäischen Computermarkts vorstellen; wie in der chemischen, der Elektro- oder der Stahlindustrie fleißig über die Grenzen hinweg fusioniert wird, nicht zuletzt auch, um die Produktion gegebenenfalls aus dem einen Land in ein anderes verlagern zu können, falls der Profit es wünschenswert erscheinen läßt oder falls es gilt, gewerkschaftlichen Forderungen zu entgehen; oder daß ein SPD-Verteidigungsminister die Offizierskader der Bundeswehr von dem früheren SS-Oberführer und Himmler-Vertrauten Reinhard Höhn zu gesteigerter Funktionalität im Einsatz fürs Monopolkapital zurechttrimmen läßt.

Statt die Wirkung einer solchen Presse zu verniedlichen – und der Inhalt dieser Dokumentation läßt über Wirksamkeit und Wirkung dieser Presse und ihrer Kollaborateure in Rundfunk und Fernsehen keinen Zweifel –, sollten sich die liberalen Kritiker Gedanken über das machen, was in liberalen Publikationsanstalten geschieht: streng nach Parteienproporz monopolisieren die Parteien die Aufsichtsgremien der Rundfunk- und Fernsehanstalten und die für die Programmgestaltung entscheidenden Schlüsselpositionen, während angeblich oder wirklich linke Redakteure widerrechtlich entlassen werden; Tageszeitungen und Wochenblätter eliminieren – vielleicht aus Sorge um etwaigen Anzeigenentzug – unbequeme, weil auf betriebliche Mitbestimmung pochende Journalisten; politisch engagierte Verlagslektoren werden fristlos gekündigt, und die Arbeit sozialistisch organisierter Verlage wird durch Polizeiaktionen unmöglich zu machen versucht. Wenn aber protestierende Studenten sich nicht von ZDF-Teams filmen lassen wollen, weil sie – für jeden Zuschauer deutlich vernehmbar – befürchten, daß die Fernsehaufzeichnungen von der politischen Polizei gegen sie verwendet werden könne, etwa nach Gerhard Löwenthals Grundsatz: wer sich an einer Demonstration beteiligt, ist ohnehin ein Verfassungsfeind, dann kann dieser Löwenthal ungestraft von studentischem Terror gegen das Fernsehen und von lichtscheuem Gesindel reden, und keiner fährt ihm übers Maul [8].

Nach dem, was diese Dokumentation beinhaltet, und nach den am 28. Januar von der Ministerpräsidentenkonferenz beschlossenen *Grundsätzen* muß tatsächlich jeder befürchten, als Verfassungsfeind verdächtigt und behandelt zu werden, wenn er auch nur in Erwägung zieht, daß unsere Gesellschaft das System monopolkapitalistischer Ausbeutung beenden muß und der Veränderung in Richtung auf den Sozialismus bedarf, soll sie überhaupt noch eine Zukunft haben. Sozialistische Veränderung heißt zunächst, die sozialen Gebote der Verfassung auszuschöpfen und ihr endlich die intendierte Verfassungswirklichkeit zu geben; es heißt sodann, sich das Handeln nicht von Staat und Kapital diktieren zu lassen, es vielmehr nach den gesellschaftlichen Bedürfnissen zu organisieren. Denn, wie Marx gegen das Gothaer Programm eingewandt hat: »Die Freiheit besteht darin, den Staat aus einem der Gesellschaft übergeordneten in ein ihr durchaus untergeordnetes Organ zu verwandeln.« Wer solche Veränderung verbieten will, faschisiert die Verfassung. Wird die Verfolgung von Sozialisten nicht gestoppt und der rechte Radikalismus nicht zurückgedämmt, wird unsere Gesellschaft keine Zukunft haben, sondern neuerlich in faschistische Barbarei versinken. Diese nimmt auch auf Liberale keine Rücksicht: Der ›Fall Böll‹ hat es gezeigt.

(Köln: 20 – 02 – 72)

---

[8] ZDF-Magazin vom 16. Februar: Filmbericht über eine Studentendemonstration gegen eine Propagandaveranstaltung der Bundeswehr an der Universität Bonn und Löwenthals sich anschließende Moderation.

Otto Köhler

»Bölls bittere Polemik trifft nicht auf geschliffene Federn, sondern versinkt im Sumpf einer Presselandschaft, die den Begriff Aufklärung nur noch mit dem Unterleib assoziiert.«

Deutsches Allgemeines Sonntagsblatt

Bevor wir uns in den Sumpf der deutschen Presselandschaft (einschließlich zumindest einer Fernsehanstalt) begeben, sollten wir sichten, was uns an festem Land bleibt. Das ist nicht schwer: Wann immer wir lesen, Böll habe dies oder jenes gesagt oder gewollt, dürfen wir dies erst einmal nicht für wahr halten, sondern müssen uns der Mühe unterziehen, in Bölls Artikel für den »Spiegel«, im Protokoll des »Panorama«-Interviews nachzulesen, was Böll wirklich gesagt hat. Und wir werden schnell feststellen, daß er die Baader-Meinhof-Gruppe nicht decken wollte, daß er vielmehr von ihr verlangte, sich dem Gericht zu stellen. Wir werden erkennen, daß er nicht für die Baader-Meinhof-Gruppe eintritt oder sie verharmlost, sondern ausspricht, daß Ulrike Meinhof dieser Gesellschaft den Krieg erklärte. Wir werden begreifen, daß Böll sich nicht weigerte, den russischen Schriftsteller Bukowski zu unterstützen, daß er vielmehr über den richtigen Weg nachdenkt, ihm wirklich zu helfen.
Doch nun verlassen wir das feste Land und begeben uns in den Sumpf: »Bild« am Tag nach dem Erscheinen des Böll-Artikels: »Böll, dieser christliche Dichter, bedient sich einer Sprache, die Gemeinschaftswerk Karl-Eduard von Schnitzlers und Josef Goebbels sein könnte. Wir wollen auf Bölls Plädoyer für Gewalttäter nicht im gleichen Stil antworten.« Nein, das hat »Bild« auch nicht nötig. Das Blatt hat seinen eigenen, überlegenen Stil. Unter der deutlich gegen Baader – Meinhof und Böll gerichteten Überschrift »Narren, Hofnarren, blutige Narren« zitiert »Bild« gegen Böll einen Artikel aus der »Mainzer Allgemeinen Zeitung«, die »sich progressiv wähnenden Köpfe« attackiert, welche »noch immer mit der perfiden List ihres verqueren Intellekts Gründe, Ausreden, Entschuldigungen finden, um diese Bande zu decken«. Dieser Aufsatz der »Mainzer Allgemeinen« – ohne Bezug auf Bölls noch nicht veröffentlichten Artikel geschrieben –, ihn spielte jetzt »Bild« gegen Böll aus.
Die »Welt«, aus dem gleichen Verlagshaus, hält nicht so vornehm Distanz von Goebbels. Karikaturist Hicks, der unter Goebbels jüdische und russische Untermenschen – wie soll man sagen? – treffsicher zeichnete, bildet jetzt Heinrich Böll ab, wie er Ulrike Meinhof – schönes bewährtes Flintenweib-Motiv – Deckung bietet, damit sie einen Polizisten niederschießen kann. Und gleich darunter – damit es auch deutlich wird – denunziert Rudolf Krämer-Badoni: der »internationale Meinungsfreiheits-

präsident« Heinrich Böll trete »für die Meinhof-Gruppe« ein, »die der bewaffneten Meinungsfreiheit huldigt«. Tags darauf bedenkt »Welt«-Redakteur Bilges Böll mit der Kategorie, die man in diesem Verlagshaus am besten kennt – der Verkäuflichkeit: »Man möge endlich aufhören, Heinrich Böll als Apologeten der Moral und Freiheit zu ›verkaufen‹, ob durch einen Verlag oder das Fernsehen.« – »Welt«-Redakteur Zehm schließt sich etwas später an und macht auch Böll zum Kaufmann: »Und jedermann weiß inzwischen auch..., daß es Böll und seinesgleichen gar nicht mehr um eine effektive Hilfe für Bukowski oder andere geht. In Wahrheit sind ihnen die östlichen Dissidenten lästig und unangenehm, desavouieren sie doch ein System, das man dem westlichen Publikum als das ›höherentwickelte‹, ›im Grunde humanere‹ verkaufen möchte.«
Herbert Kremp schließlich, der Chefredakteur dieser Veranstaltung, macht sich treuherzig Sorgen um die »teilweise auch schon unterwanderte SPD«. Denn jetzt sei es heraus, daß »nicht nur die Grenzen zwischen Politik und Kriminalität fließend geworden sind, sondern auch die Demarkationslinie zwischen Baader-Bande und linksintellektuellen Gruppen«. Er mokiert sich über das »enthüllte Gruppenbild«, über das »Gruppenbild«, das »den Kölner Autor in der Gesellschaft des Bundespräsidenten zeigt«. Kremp fragt: »Wer veröffentlicht jetzt das Gruppenbild mit Brandt?« Und so gerät für Kremp die SPD in den »Ruch der Kolaboration«; denn »die SPD rutscht nach links ab, ihre aktivsten Kader durchbrechen schon die Grenze zwischen Reform und Revolution«. So wird mit vielen Absicherungen und manchem Aber (»Die SPD-Führung... will nicht Böll-Partei werden«) schließlich doch der Kreis von Andreas Baader über Heinrich Böll zu Willy Brandt vorgezeichnet.
Jetzt muß eigentlich nur noch entschieden werden, wer gefährlicher ist: die Bölls oder die Meinhofs. Die »Berliner Morgenpost« – ebenfalls aus Springers Verlagshaus – übernimmt diese Aufgabe: »Eines Tages wird der Spuk der Baader-Meinhof-Bande vorüber sein. Doch die Bölls und die Brückners werden bleiben. Und von ihnen droht der Demokratie langfristig die größere Gefahr.« Schließlich gibt es nur einen Unterschied in der Methode: »Während die Linksextremen in den Universitäten, in den Redaktionen gewisser Sender und Zeitschriften mehr auf einen ›Langen Marsch durch die Institutionen‹ setzen, bedient sich die Baader-Meinhof-Bande des Schießeisens.« Trotzdem sind die anderen Linksextremen mit ihrem »grundsätzlich gleichen Wesenszug« leicht zu erkennen, auch wenn sie noch nicht sagen, daß von ihnen »im Prinzip die politische Zielsetzung der Baader-Meinhof-Bande bejaht wird«. Wie entlarvt man sie? Ganz einfach: Soweit diese Baader-Meinhof-Bejaher Ämter bekleiden oder gar öffentliches Ansehen genießen, tun sie, was auch Böll tat: »... weichen sie aus in die massive Kritik an den Folgeerscheinungen der polizeilichen Jagd auf die Bande.« Kurz: »Wer die Polizei kritisiert, steckt mit Baader – Meinhof unter einer Decke und ist als solcher zu behandeln.«

Der Heinrich-Bauer-Konzern (»Praline«, »Sexy«, »Neue Revue«), dessen Porno-Herz seit einigen Zusammenkünften mit Strauß, Dregger, Stoltenberg und der anzeigenspendenden Industrie voller Freude rechts schlägt, übernahm dankbar die bewährten Motive, die vom Springer-Konzern vorgegeben wurden. Bauers »Aktuelle Woche« fragt: »Müssen wir es dulden, daß intellektuelle Spinner unseren Staat kaputtmachen?« Die »Quick« urteilt schlicht: »Die Bölls sind gefährlicher als Baader-Meinhof.« Und sie verweist darauf, daß »Heinrich Bölls enger Freund Willy Brandt in Bonn als Kanzler waltet«.
Dennoch: die Kampagne der Springer- und Bauer-Presse gegen Böll und alle »intellektuellen Spinner« war – wenn auch nicht in diesen fanatischen Dimensionen – vorauszusehen. Unerwartet aber war, mit welch demagogischen Mitteln öffentlich-rechtliche Fernsehanstalten, besonders das ZDF, sich zu einem späten, aber nicht zufälligen Zeitpunkt in die Auseinandersetzung einschalteten. Bölls »Spiegel«-Artikel erschien am 10. Januar. Aber erst zwei Wochen später nahmen ARD und ZDF in Kommentaren Stellung gegen Böll – wenige Tage, bevor die Ministerpräsidenten der Länder am 28. Januar ihre Radikalisten-Beschlüsse gegen Kommunisten im öffentlichen Dienst verabschiedeten. Es begann am Montag, dem 24. Februar, mit dem Aufruf gegen »Deutschlands Salon-Anarchisten«, den der Südwestfunk in die abendliche ADR-Tagesschau einbrachte. Ulrich Frank-Planitz, Chefredakteur der »Deutschen Zeitung / Christ und Welt«, der den Kommentar verfaßt hatte, erkannte für Recht, daß die »Rote-Armee-Fraktion« das »terroristische Produkt der Studentenrevolte« sei. Er forderte – knapp acht Wochen nach der Erschießung Georg von Rauchs – »polizeiliche Courage«. Er urteilte, der Ruhland-Prozeß habe es »an den Tag« gebracht, daß »offenbar allerlei akademische und journalistische Prominenz in den Fall verstrickt ist«. Und in unmittelbarem Zusammenhang mit diesem Satz klagte er an: »Inzwischen hat sich der Literaturpräsident Heinrich Böll zum Anwalt der anarchistischen Gangster aufgeschwungen ...«
Und dann sprach er von »salonanarchistischen Sympathisanten«, die nun endlich »ihre Hilfestellung« für die Baader-Meinhof-Gruppe beenden sollten.
Heinrich Böll, der sich noch sehr gut erinnern konnte, wie einst in der Nazi-Presse liberale Demokraten als »Salonbolschewisten« diffamiert wurden, nannte diesen Sprachgebrauch faschistisch und verleumderisch. Frank-Planitz reagierte darauf in einer Erklärung für die »Welt«, die nur noch als Appell an »polizeiliche Courage« zu verstehen war. Böll, so sagte er der »Welt«, könne sich von dem Kommentar nur dann getroffen fühlen, »wenn auch er Mitgliedern der Baader-Meinhof-Gruppe Unterschlupf gewährt hat oder noch gewährt«.
Oder noch gewährt. Das war die Aufforderung zur Hausdurchsuchung, die Denunziation, mit der sich schon die Redateure des »Schwarzen Korps«

ihr Brot verdienten. Immerhin, dieser Satz wurde nicht mehr von der ARD gesendet, er konnte so nur in der »Welt« erscheinen. Im ZDF dagegen war alles möglich. Am Mittwoch, dem 26. Januar, zwei Tage vor der Ministerpräsidenten-Konferenz, wetteiferten Gerhard Löwenthal – im »ZDF-Magazin« – und Rudolf Woller – zwei Stunden später als Kommentator in den Nachrichten – um die übelste Nachrede auf Heinrich Böll.
Wem der Siegeslorbeer in diesem Wettstreit gebührt, läßt sich nicht entscheiden. Beide ZDF-Männer gaben ihr Bestes. Woller, um mit dem letzten zu beginnen, ernannte Böll zum Verfechter einer »einseitigen Moral« und dekretierte: »Moralisten mit einseitiger Moral erreichen das Gewissen eines Volkes nicht mehr.« Zwar erläuterte er nicht, was dies sei: das Gewissen eines Volkes – und ganz speziell des deutschen Volkes. Aber er machte sich ohne Zögern zum Staatsanwalt des deutschen Volksgewissens und zerrte Böll vor einen Volksgerichtshof, um »sein Staatsverständnis zu ermitteln«. Ermittler Woller stellte dem Angeklagten Böll hochnotpeinliche Fragen: »Gibt es das Recht für den, der mit der Rechtsordnung nicht einverstanden ist, im sogenannten ›Volkskrieg‹ mit Gewalt und Raub, im Notfall auch durch Mord die Mehrheit und ihre Überzeugungen niederzukämpfen?«
Böll – wäre er bei dem Fernseh-Prozeß, den Woller gegen ihn führte, – leibhaftig dabeigewesen –, er hätte wohl nicht mehr anders gekonnt: die Freisler-Rufe »Gestehen Sie, Sie Schuft!« im Ohr, hätte er als überführter Räuber und Mörder »ja« gesagt. Und doch, der Vergleich hinkt. Die Oberreichsanwälte, die Volksrichter von damals, sie tobten und wüteten nur – aber sie beherrschten noch nicht die ungleich wirkungsvollere Methode, die vom hohen Thron einer feinsinnigen Moral herab abgrundtief diffamiert. Woller aber kann auch das. Nachdem er Böll vorgeworfen hatte, er finde kaum – kaum! – ein Wort der Verteidigung für sowjetische Schriftsteller, die für ihre Überzeugung in Irrenhäuser und Gefängnisse gehen – stellte er die Schlußfrage über Böll an das Publikum: »Er, der mit seinen Büchern in Ost und West Millionen verdient haben dürfte – spürt er noch die Verantwortung des Wortes?«
Löwenthal machte es – aber mit gleichem Erfolg – genau umgekehrt. Er behandelte Böll wie einen Nazi oder – korrekt gesagt – er behandelte ihn, wie er einen Nazi behandeln würde, wenn er etwas gegen einen der wirklichen Nazis hätte, die es heute noch gibt. In seinem »ZDF-Magazin«, das sich wieder einmal »schwerpunktmäßig mit der kommunistischen Unterwanderung unserer Universitäten« beschäftigte, verkündete Löwenthal die Erkenntnis, der »rote Faschismus« unterscheide sich »in nichts von dem braunen Faschismus«. Dann folgte der Satz, der den »Evangelischen Pressedienst« zu der Anmerkung veranlaßte, »an der Brutalisierung der öffentlichen Diskussion sollten sich zuallerletzt die Rundfunkanstalten beteiligen«. Nämlich: »Und die Sympathisanten dieses Linksfaschismus, die Bölls und Brückners und all die anderen sogenannten Intellektuellen,

sind nicht einen Deut besser als die geistigen Schrittmacher der Nazis, die schon einmal soviel Unglück über unser Land gebracht haben.«
Das war nicht die Fehlleistung eines Einzelnen. Denn ZDF-Intendant Holzamer hielt es nicht für richtig, sich öffentlich von Löwenthals Böll-Beleidigung zu distanzieren. Er äußerte sich aber sehr rasch und sehr kräftig, als ihn einige ZDF-Redakteure aufforderten, Maßnahmen zu ergreifen, die verhindern, daß »in unqualifizierter Art und Weise bestimmte Personengruppen im Namen des ZDF diffamiert und beleidigt werden können«. Diese Aufforderung, Löwenthal das Diffamieren zu untersagen, kennzeichnete Holzamer schnell und hart als Aktion, die »meinem Verständnis von Kollegialität und journalistischem Selbstverständnis nicht entspricht und möglicherweise als eine erhebliche Störung des Betriebsfriedens angesehen werden kann«.
Da mag der Intendant recht haben: Wer Löwenthal bei seiner Volksaufklärung über den roten Faschismus dreinredet, stört mit Sicherheit den ZDF-Betriebsfrieden.
Freilich, wenige Tage später mag Holzamer, der einen bekannten Humor besitzt, versöhnlich gelächelt haben. Wenn er nämlich am 11. Februar auf der letzten Seite der »Welt« eine lustige Personalie entdeckte, die »Welt«-Redakteure mit einem eigenen Sinn für Jux und Tollerei aufgrund einer Meldung formuliert hatten: »Heinrich Böll versteht die Welt nicht mehr. Seit zwei Wochen hagelt ein Proteststurm wegen Äußerungen im ›Spiegel‹ und in der Fernsehsendung ›Panorama‹ über ihn herunter. Darin war von einer ›Hexenjagd‹ auf die Baader-Meinhof-Gruppe die Rede. In zahlreichen anonymen Telefonanrufen wird er als ›roter Hund‹ bezeichnet und aufgefordert, ›in die Zone abzuhauen‹. Außerdem wurde er in Briefen als ›politischer Halunke‹ und als ›rotes Luder‹ beschimpft, weil er den Kommunismus verharmlose. Heinrich Böll ist gar kein Schriftsteller, er heißt nur so – Heinrich Böll ist ein 73jähriger Rentner und lebt im Gegensatz zu seinem Namensbruder in Düsseldorf.«

Donnerstag, 23. Dezember 1971 *Bild*

Baader-Meinhof-Bande mordet weiter

Eine Kugel traf ins Herz: Polizeiobermeister Herbert Schoner

Bankraub: Polizist erschossen

Eine Witwe und zwei kleine Kinder bleiben zurück

Von W. W. WEBER, F. HORENI und J. GEHRKE

Kaiserslautern, 23. Dezember

Bankräuber haben gestern früh in Kaiserslautern einen Polizisten erschossen!

Die vier maskierten Gangster, unter denen vermutlich auch eine Frau war, sind mit rd. 134 000 Mark verschwunden.

Im Verdacht, dieses Verbrechen begangen zu haben, steht unter anderem die Baader-Meinhof-Bande. Sie wird durch folgende Indizien belastet:

● Die Polizei hat Informationen, daß sich die Gruppe seit etwa drei Wochen im südwestdeutschen Raum aufhielt. Deshalb waren auch die Verkehrskontrollen verstärkt worden.

● Ein beim Überfall benutzter roter Alfa Romeo, der vor Tagen in Stuttgart gestohlen worden war, ist bei einer Fahndung nach der Baader-Meinhof-Bande beobachtet worden.

● Die brutale Art des Überfalls, die einen Vater von zwei kleinen Kindern das Leben kostete, und die generalstabsmäßige Planung des Bankraubes.

Kripo-Chef Rauber aus Kaiserslautern: Wir haben zwar noch keine konkreten Anhaltspunkte, daß die Baader-Meinhof-Bande für den Überfall verantwortlich ist. Aber wir ermitteln selbstverständlich in dieser Richtung.

Um 8.10 Uhr waren gestern früh drei maskierte Gangster mit Maschinenpistole, Gewehr und einer normalen Pistole in die Filiale der Bayerischen Hypotheken- und Wechselbank am Fackel-Rondell in Kaiserslautern gestürmt.

(Lesen Sie weiter auf der letzten Seite)

Die beiden Kinder des erschossenen Polizisten: die sechsjährige Christine und der neunjährige Helmut Schoner

12 Tage nach dem Schlaganfall:

Heinz Erhardt muß wieder sprechen lernen

M.B. Hamburg, 23. Dezember

Heinz Erhardt (62), Deutschlands beliebtester Komiker, muß sprechen lernen wie ein kleines Kind. Nachdem Erhardt am 11. Dezember nach einem schweren Schlaganfall unter Lebensgefahr in das Hamburger Krankenhaus Barmbek eingeliefert worden war, ist seine Zungenmuskulatur immer noch gelähmt. Frau Gilda Erhardt: „Er kann immer noch nicht sprechen — er kann nur lallen." Deswegen ordnete der behandelnde Arzt Professor Dr. Heinrich Berning an, daß Heinz Erhardt Sprechunterricht bekommt. „Wir hoffen, daß er in einigen Wochen wieder Worte formulieren kann."

Der Sprechunterricht, den eine speziell dafür ausgebildete Assistentin gibt, ähnelt den Versuchen, einem Kleinkind das Sprechen beizubringen. Dabei werden Wörter, wie „Mama", „Papa", „Ball", „rollen" und „Konsonanten" geübt.

Gilda Erhardt: „Ob mein Mann die schwerste Krise überwunden. „Doch wann er aus dem Krankenhaus entlassen wird, ist noch nicht abzusehen."

Ärzte erklärten ihr: „Es kann noch einige Monate dauern. Denn nicht nur Heinz Erhardts Sprachlähmung ist kaum zurückgegangen, sondern auch die Lähmung seines rechten Armes und Beines.

Jeden Tag dreimal Besuch: Heinz Erhardt

Wir müssen Arm und Bein jetzt massieren, damit es zu keinem Muskelschwund kommt."

Gilda Erhardt, die an jedem Tag dreimal ins Krankenhaus geht: „Am Heiligen Abend werde ich natürlich versuchen, mit ihm zu

Montag, 10. Januar 1972

Der Spiegel, Heinrich Böll

»Will Ulrike Gnade oder freies Geleit?«

Wo die Polizeibehörden ermitteln, vermuten, kombinieren, ist »Bild« schon bedeutend weiter: »Bild« weiß. Dicke Überschriften auf der Titelseite der (Kölner) Ausgabe vom 23. 12. 71: »Baader-Meinhof-Gruppe mordet weiter«.

Im wesentlich kleiner gedruckten Bericht über den Kaiserslauterer Bankraub liest man dann von vier maskierten Gangstern, unter denen »vermutlich« eine Frau war; im Verdacht, so liest man weiter, stehe »unter anderem« die Gruppe um Ulrike Meinhof. Indizien: Informationen der Polizei über den Aufenthalt der Gruppe, ein roter Alfa Romeo, beim Überfall benutzt, Tage vorher in Stuttgart gestohlen, schon einmal bei einer Fahndung nach der Gruppe beobachtet; weitere Indizien: die »brutale Art« des Überfalls und die »generalstabsmäßige Planung«.

Nun sind Banküberfälle meistens brutal, auch wenn die Verdächtigen nicht der Gruppe um Ulrike Meinhof angehören. Und gerade durch generalstabsmäßige Planung eines Überfalls werden meistens Opfer vermieden.

Immerhin wird dann Herr Rauber, der Chef der Kaiserslauterer Kriminalpolizei, zitiert: »Wir haben zwar noch keine konkreten Anhaltspunkte, daß die Baader-Meinhof-Bande für den Überfall verantwortlich ist. Aber wir ermitteln selbstverständlich in dieser Richtung.« Das klingt schon anders; nüchtern, sachlich, angesichts der Indizien plausibel, legitim, wenn man es schon als legitim ansieht, daß Polizeibeamte für 1373 Mark monatlich ihr Leben riskieren, unter anderem, um Banktresore zu schützen. Ein riskanter, schlechtbezahlter Beruf.

Im Manifest der Gruppe, nach dem Untertauchen erst hektographiert, inzwischen im Wagenbach Rotbuch 26 (Alex Schubert, Stadtguerillas) erschienen, ist über dieses Problem zu lesen: »Am 14. Mai (1970 bei der Befreiung Baaders in Berlin) ebenso wie in Frankfurt, wo zwei von uns abgehauen sind, weil wir uns nicht einfach verhaften lassen wollten – haben die Bullen zuerst geschossen. Die Bullen haben jedesmal gezielte Schüsse abgegeben. Wir haben z. T. überhaupt nicht geschossen, und wenn, dann nicht gezielt: in Berlin, in Nürnberg, in Frankfurt. Das ist nachweisbar, weil es wahr ist.«

»Wir machen nicht ›rücksichtslos von der Schußwaffe Gebrauch‹. Der Bulle, der sich in dem Widerspruch zwischen sich als ›kleinem Mann‹ und als Kapitalistenknecht, als kleinem Gehaltsempfänger und Vollzugsbeamten des Monopolkapitals befindet, befindet sich nicht im Befehlsnotstand. Wir schießen, wenn auf uns geschossen wird. Den Bullen, der uns laufen läßt, lassen wir auch laufen.«

Hebt man die Kränkung, die in der Bezeichnung »Bulle« liegt, gegen das Wort »Bande« auf, zieht man von den zahlreichen vermuteten die bisher nachgewiesenen Taten ab und vergleicht man diese Passage mit dem wilden Schluß des Manifests DEN BEWAFFNETEN KAMPF UNTERSTÜTZEN. SIEG IM VOLKSKRIEG, so klingt das nicht ganz so wahnwitzig wild und schießlustig, wie die Gruppe bisher dargestellt worden ist. Ergänzt man die oben zitierte Passage durch eine andere, die sich mit der lebensgefährlichen Verletzung des Angestellten Georg Linke auseinandersetzt, so entsteht auch nicht gerade der Eindruck einer uneingeschränkten Ballerideologie: »Die Frage, ob die Gefangenenbefreiung auch dann gemacht worden wäre, wenn wir gewußt hätten, daß ein Linke dabei angeschossen wird – sie ist uns oft genug gestellt worden –, kann nur mit Nein beantwortet werden.«

Die Kriegserklärung, die im Manifest enthalten ist, richtet sich eindeutig gegen das System, nicht gegen seine ausführenden Organe. Es wäre gut, wenn Herr Kuhlmann, der Vorsitzende der Polizeigewerkschaft, dafür sorgte, daß seine Kollegen, die einen so gefährlichen und schlecht bezahlten Beruf ausüben, dieses Manifest einmal lesen.

Es ist eine Kriegserklärung von verzweifelten Theoretikern, von inzwischen Verfolgten und Denunzierten, die sich in die Enge begeben haben, in die Enge getrieben worden sind und deren Theorien weitaus gewalttätiger klingen, als ihre Praxis ist. Gewiß war die Befreiung Baaders eben doch nicht der so ganz überzeugende (weder für Beobachter noch für Mitwirkende überzeugende) Sprung von der Theorie in die Aktion. Das Manifest enthält unter anderem auch fast so etwas wie ein Geständnis: »Weder das bißchen Geld, das wir geklaut haben sollen, noch die paar Auto- und Dokumentendiebstähle, derentwegen gegen uns ermittelt wird, auch nicht der Mordversuch, den man uns anzuhängen versucht, rechtfertigen für sich den Tanz.«

Es kann kein Zweifel bestehen: Ulrike Meinhof hat dieser Gesellschaft den Krieg erklärt, sie weiß, was sie tut und getan hat, aber wer könnte ihr sagen, was sie jetzt tun sollte? Soll sie sich wirklich stellen, mit der Aussicht, als die klassische rote Hexe in den Siedetopf der Demagogie zu geraten?

»Bild«, ganz und gar vorweihnachtlich gestimmt, weiß ja schon: »Baader-Meinhof-Gruppe mordet weiter.« »Bild« opfert die Hälfte seiner kostbaren ersten und die Hälfte seiner ebenso kostbaren letzten Seite dem Kaiserslauterer Bankraub.

Auf der letzten Seite von »Bild« (23. 12. 71) findet man nur noch wenig von polizeilichen Ermittlungen. Statt dessen zwei Sonderspalten: »Die Opfer der Baader-Meinhof-Bande«, »Die Beute der Baader-Meinhof-Bande«. Unter die Opfer zählt »Bild« nicht nur das nachgewiesene (und zugegebene) Opfer Georg Linke, es zählt auch alle die hinzu, bei denen noch nicht ganz geklärt ist, wer auf sie geschossen hat: Helmut Ruf und Norbert

Schmid, und da »Bild« schon einmal beim Opfern ist, wird auch der Polizeiobermeister Herbert Schoner aus Kaiserslautern der Einfachheit halber hinzugezählt.
Der Rentner Helmut Langenkämper aus Kiel wird immerhin nur als einer bezeichnet, der sich »Bankräubern in den Weg stellte«. Welchen Bankräubern? Schwamm drüber, das nehmen wir nicht so genau, die Vorweihnachtsopferlitanei darf nicht zu kurz ausfallen. Und wohl deshalb auch zählt »Bild« Petra Schelm und Georg von Rauch (der hier zum Hauch wird) dazu. Das soll sicher ein Witz sein.
Ich hoffe, daß Herrn Springer und seinen Helfershelfern dieser Witz im Hals steckenbleibt mit den Gräten ihres Weihnachtskarpfens. Man kann die Nase schon voll kriegen, und ich habe sie voll. Wahrscheinlich wird »Bild« bald so weit sein, einen so armen Teufel wie Hermann Göring, der sich leider selbst umbringen mußte, unter die Opfer des Faschismus zu zählen.
In der zweiten Litaneispalte – »Beute der Baader-Meinhof-Bande« – wird schlicht auch der Schaden aufgezählt, den die Frankfurter Kaufhausbrandstiftung verursacht hat: 2,2 Millionen. Auch Baaders Befreiung und ein Schußwechsel am 24. 12. 70 in Nürnberg laufen unter »Beute«. Natürlich werden die erbeuteten Summen der Banküberfälle, bei denen die Polizei lediglich vermutet, »Bild« aber weiß, der Beute zugeschlagen. Logischerweise werden die 134 000 Mark aus Kaiserslautern mit-, aber nicht mehr aufgezählt, wo man doch Polizeiobermeister Schoner schon unter die Opfer gezählt hat. Da stimmt doch etwas nicht an der Rechenmaschine, die »Bild« bei solchen Additionen benutzt, denn es fehlen die 2,2 Millionen aus Frankfurt, Beutespalte bleibt Beutespalte, oder etwa nicht? Fragen dürfen wird man doch wohl.
Ich kann nicht annehmen, daß Polizeibehörden und zuständige Minister über Helfershelfer wie »Bild« glücklich sein können – oder sollten sie's doch sein? Ich kann nicht begreifen, daß irgendein Politiker einem solchen Blatt noch ein Interview gibt. Das ist nicht mehr kryptofaschistisch, nicht mehr faschistoid, das ist nackter Faschismus, Verhetzung, Lüge, Dreck.
Diese Form der Demagogie wäre nicht einmal gerechtfertigt, wenn sich die Vermutungen der Kaiserslauterer Polizei als zutreffend herausstellen sollten. In jeder Erscheinungsform von Rechtsstaat hat jeder Verdächtigte ein Recht, daß, wenn man schon einen bloßen Verdacht publizieren darf, betont wird, daß er nur verdächtigt wird.
Die Überschrift »Baader-Meinhof-Gruppe mordet weiter« ist eine Aufforderung zur Lynchjustiz. Millionen, für die »Bild« die einzige Informationsquelle ist, werden auf diese Weise mit verfälschten Informationen versorgt. Man hat ja wohl genug von den Verdächtigten oder nur verdächtig Aussehenden des Herrn XY Zimmermann gehört.
Die Bezeichnung Rechtsstaat wird fragwürdig, wenn man die gesamte Öffentlichkeit mit ihren zumindest unkontrollierbaren Instinkten in die

Exekutive einbezieht; wenn man die Qualität des Rechts der Quantität von Erfolg und Popularität opfert. Die nach Indizien zurechtdramatisierten Spielfilmrekonstruktionen, die Herr Zimmermann als Illustrationen zeigt, sind doch nichts weiter als miese Grusicals für den Spießer, der in Pantoffeln dasitzt, Bier trinkt und glaubt, er würde zum Augenzeugen, wo er doch nur einer undurchsichtigen Mischung von fact und fiction zuschaut, gelegentlich solchen, in denen Leichenteile die Hauptrolle spielen. Wie wär's, wenn Herr XY-Zimmermann einen der immer noch gesuchten Naziverbrecher in der heiligen Krimistunde suchen ließe? Nur als Probe, um zu testen, wie's deutsche Krimigemüt drauf reagieren würde?
Die Bundesrepublik Deutschland hat 60 000 000 Einwohner. Die Gruppe um Ulrike Meinhof mag zur Zeit ihrer größten Ausdehnung 30 Mitglieder gehabt haben. Das war ein Verhältnis von 1 : 2 000 000. Nimmt man an, daß die Gruppe inzwischen auf 6 Mitglieder geschrumpft ist, wird das Verhältnis noch gespenstischer 1 : 10 000 000.
Das ist tatsächlich eine äußerst bedrohliche Situation für die Bundesrepublik Deutschland. Es ist Zeit, den nationalen Notstand auszurufen. Den Notstand des öffentlichen Bewußtseins, der durch Publikationen wie »Bild« permanent gesteigert wird.
Was richtet eine Überschrift wie die zitierte an? Wer zieht »Bild« zur Rechenschaft, wenn die Vermutungen der Polizei sich als unzutreffend herausstellen? Wird »Bild« dementieren, sich korrigieren, oder wird Herr Springer sich an der Bildspalte auf Seite 5 trösten, die die Überschrift trägt: »Soviel Liebe auf einmal.« Dort werden die weihnachtlichen Spenden publiziert. Gott segne das ehrbare Handwerk. Ich hoffe, die Gräten im Weihnachtskarpfen waren nicht zu weich und haben sich tatsächlich quergelegt.
Ich wiederhole: Kein Zweifel – Ulrike Meinhof lebt im Kriegszustand mit dieser Gesellschaft. Jedermann konnte ihre Leitartikel lesen, jedermann kann inzwischen im Rotbuch 26 des Wagenbach Verlages das Manifest lesen, das nach dem Untertauchen der Gruppe geschrieben ist. Es ist inzwischen ein Krieg von 6 gegen 60 000 000. Ein sinnloser Krieg, nicht nur nach meiner Meinung, nicht nur generell, auch im Sinne des publizierten Konzeptes.
Ich halte es für psychologisch aussichtslos, Kleinbürgern, Arbeitern, Angestellten, Beamten (auch Polizeibeamten), die vom Erlebnis zweier totaler Inflationen geschreckt sind, ihren relativen Wohlstand ausreden zu wollen, wenn man ihnen nicht erst einmal ausführlich und nationalökonomisch exakt darlegt, wie fürchterlich »gleich« die Chancen bei der Währungsreform waren. Und hat je einer die jüngeren Polizeibeamten darüber informiert, auf dem Hintergrund welcher Polizei*geschichte* die ihren tatsächlich schweren Beruf ausüben, oder sind die jungen Juristen alle darüber informiert, auf dem Hintergrund welcher Rechts*geschichte* sie ihren Beruf ausüben? Es gab einmal kurzfristig einen Bundesminister in einem CDU-

Kabinett, der sofort, fast über Nacht aus dem Verkehr gezogen wurde und dann auch zurücktrat, als sich herausstellte, daß er einmal Richter in Schneidemühl gewesen war.
Für einen so abscheulichen Satrapen wie Baldur von Schirach, der einige Millionen junger Deutscher in die verschiedensten Todesarten trieb und zu den verschiedensten Mordarten ermutigte, sogar für ihn gab es Gnade. Ulrike Meinhof muß damit rechnen, sich einer totalen Gnadenlosigkeit ausgeliefert zu sehen. Baldur von Schirach hat nicht so lange gesessen, wie Ulrike Meinhof sitzen müßte. Haben die Polizeibeamten, Juristen, Publizisten je bedacht, daß alle Mitglieder der Gruppe um Ulrike Meinhof, alle, praktische Sozialarbeit getan haben und Einblick in die Verhältnisse genommen, die möglicherweise zu dieser Kriegserklärung geführt haben? Schließlich gibt es das Rotbuch 24 des Wagenbach Verlags, Titel: »Bambule«, Verfasserin: Ulrike Marie Meinhof. Lesenwert, aufschlußreich – als Film immer noch nicht gesendet.
Wieviel junge Polizeibeamte und Juristen wissen noch, welche Kriegsverbrecher, rechtmäßig verurteilt, auf Anraten Konrad Adenauers heimlich aus den Gefängnissen entlassen worden und nie wieder zurückbeordert worden sind? Auch das gehört zu unserer Rechtsgeschichte und läßt Ausdrücke wie Klassenjustiz so gerechtfertigt erscheinen wie eine Theorie des Strafvollzugs der politischen Opportunität.
Ulrike Meinhof und der Rest ihrer Gruppe haben keinerlei Chance, irgend jemand politisch opportun zu erscheinen. Äußerste Linke, äußerste Rechte, linke und rechte Mitte, Konservative und Progressive aller Schattierungen, sie alle kennen keine Parteien mehr, sie sind dann nur noch Deutsche und sich einig, einig, wenn sie endlich in ihre deutsche Schwatzgenüßlichkeit zurückfallen, sich ungestört ihrem Fraktionschinesisch ergeben können, wenn geschehen sollte, was nicht geschehen darf; wenn man eines Tages lesen würde, daß auch Ulrike Meinhof, später Grashof, dann Baader und Gudrun Ensslin als »erledigt« zu betrachten sind. Erledigt wie Petra Schelm, Georg von Rauch und der Polizeibeamte Norbert Schmid. Erledigt, vom Tisch, wie man so hübsch sagt, und aus dem deutschen Gemüt, mag's sich noch so links dünken.
Man wird das uralte Gesabbere hören. Es mußte ja so kommen. Schade, aber ich hab's ja immer gesagt. Diese ganze verfluchte nachträgliche Rechthaberei, wie sie Eltern mißratenen Kindern hinterherbeten. Und dann kann man weiter seine verschiedenen Gebetsmühlen drehen. Man hat ja recht gehabt, man hat's ja immer gewußt, und es mußte ja so kommen. Paulinchen war allein zu Haus.
Muß es so kommen? Will Ulrike Meinhof, daß es so kommt? Will sie Gnade oder wenigstens freies Geleit. Selbst wenn sie keines von beiden will, einer muß es ihr anbieten. Dieser Prozeß muß stattfinden, er muß der lebenden Ulrike Meinhof gemacht werden, in Gegenwart der Weltöffentlichkeit. Sonst ist nicht nur sie und der Rest ihrer Gruppe verloren,

es wird auch weiter stinken in der deutschen Publizistik, es wird weiter stinken in der deutschen Rechtsgeschichte.
Haben alle, die einmal verfolgt waren, von denen einige im Parlament sitzen, der eine oder andere in der Regierung, haben sie alle vergessen, was es bedeutet, verfolgt und gehetzt zu sein. Wer von ihnen weiß schon, was es bedeutet, in einem Rechtsstaat gehetzt zu werden von »Bild«, das eine weitaus höhere Auflage hat, als der »Stürmer« sie gehabt hat?
Waren nicht auch sie, die ehemals Verfolgten, einmal erklärte Gegner eines System, und haben sie vergessen, was sich hinter dem reizenden Terminus »auf der Flucht erschossen« verbarg? Wollen sie in dieser überreizten Situation, in dieser gegenseitigen Verhetzung, die Entscheidung ganz allein den Polizeibeamten überlassen, die verstört und überarbeitet sind und – hier mag's angebracht sein – auf eine psychologisch gefährliche Weise frustriert?
Weiß keiner mehr, was es bedeutet, einer gnadenlosen Gesellschaft gegenüberzustehen? Wollen die ehemals Verfolgten die verschiedenen Qualitäten des Verfolgtseins gegeneinander ausspielen und ernsthaft die Termini »kriminell« und »politisch« in absoluter Reinheit voneinander scheiden, einer Gruppe gegenüber, die ihre Erfahrungen unter Asozialen und Kriminellen gesammelt hat, und auf dem Hintergrund einer Rechtsgeschichte, wo das Stehlen einer Mohrrübe schon als kriminell galt, wenn ein Pole, Russe oder Jude sie stahl? Das wäre weit unter einem Denkniveau, wie es unter verantwortlichen Politikern üblich sein sollte.
Ulrike Meinhof will möglicherweise keine Gnade, wahrscheinlich erwartet sie von dieser Gesellschaft kein Recht. Trotzdem sollte man ihr freies Geleit bieten, einen öffentlichen Prozeß, und man sollte auch Herrn Springer öffentlich den Prozeß machen, wegen Volksverhetzung.
Die inzwischen längst nicht mehr so jungen Pragmatiker, die allerorts in wichtigen beratenden Funktionen sitzen, manche von ihnen mitten in der politischen Verantwortung; sie, die gelegentlich Plattheit und Pragmatismus aufs gröblichste miteinander verwechseln; die so mühelos und schmerzlos vom Faschismus in die freiheitlich demokratische Grundordnung übergewechselt haben oder worden sind; sie waren bis 1945 zu gläubig oder zu dumm, um nachdenklich zu werden, im Jahre 1945 waren sie zu jung, um für schuldig gehalten zu werden. Sie waren »desillusioniert«, ein bißchen reumütig, sehr rasch bekehrt, und ihre Schmerzen waren nicht viel mehr als ein bißchen Hitlerjugendwehwehchen.
Diese gelegentlich etwas glattzüngigen Mechaniker, die alles so gut und das meiste besser wissen und nun im Vollgefühl ihrer Etabliertheit hin und wieder mit gelinder Wehmut sich nach Ideologie sehnen (wie nach einem Parfüm, das ihnen fehlt in ihrer absoluten Geruchlosigkeit), ist es ihnen nicht ein bißchen zu leicht geworden und gemacht worden, haben sie nicht ein bißchen zu wenig Ideologie, Weltanschauung, Metaphysik in Erinnerung, als daß sie begreifen könnten, was sie nie erfahren haben: was

es bedeutet: verfolgt und gehetzt zu sein, ständig auf der Flucht? Als Politischer, als Krimineller, und als »Krimineller«?
Wollen sie, daß ihre freiheitlich demokratische Grundordnung gnadenloser ist als irgendein historischer Feudalismus, in dem es wenigstens Freistätten gab, auch für Mörder, und erst recht für Räuber? Soll ihre freiheitlich demokratische Grundordnung sich als so unfehlbar darstellen, daß keiner sie in Frage stellen darf? Unfehlbarer als alle Päpste zusammen je waren? Ich weiß, das sind viele Fragen, aber fragen dürfen wird man ja noch.
Die Bundesrepublik hat mehr als 60 000 000 Einwohner, die Gruppe um Ulrike Meinhof wahrscheinlich inzwischen sechs Mitglieder. Die Auflage von »Bild« liegt wohl um die 4 000 000, die Zahl der Leser wahrscheinlich um die 10 000 000. Die Weihnachtsbotschaft von Herrn Springer lautete: »Baader-Meinhof-Gruppe mordet weiter.« Mordet. Weiter. Fröhliche Weihnachten gehabt zu haben und ein glückliches Neues Jahr. Harte Gräten, zähe Karpfen. Soviel Liebe auf einmal, wie Herr Springer sie uns bietet, ist schwer zu ertragen, besonders in einem Rechtsstaat.

Deutsches Fernsehen, NDR-Hamburg, »Panorama«

Interview Peter Merseburger mit Heinrich Böll

Peter Merseburger: Herr Böll, bis heute hat der internationale PEN-Club nicht gegen dieses Urteil (gegen Bukowski: zwei Jahre Gefängnis, fünf Jahre Zwangsarbeit und fünf Jahre Verbannung) von Moskau protestiert. Sind Sie sich bewußt, daß Schweigen in einem solchen Fall Sie dem Vorwurf aussetzt, der häufig erhoben wird gegen Progressive, Sie seien auf dem linken Auge blind, protestierten nur gegen das Unrecht in konservativ-autoritären Regimen. Werden Sie im Namen des PEN-Clubs in einem solchen Fall um Milde bitten?
Heinrich Böll: Die Schwierigkeit ist die, daß ich selber als Person, als Vorsitzender dieses internationalen Schriftsteller-Clubs gar nicht protestieren kann. Es gibt ein Komitee, Writers in Prison, also Autoren im Gefängnis, des amerikanischen PEN-Clubs, es gibt ein ähnliches Komitee des internationalen PEN, das könnte protestieren. Ich kann gar nicht. In meiner Eigenschaft als Vorsitzender dieser Vereinigung kann ich gar nicht protestieren, weil ich abhängig bin von parlamentarischen Beschlüssen des sogenannten Exekutiv-Komitees. Ich kann als Person, ich kann als Autor protestieren und werde mir das überlegen, aber in meiner Eigenschaft als Vorsitzender kann ich nicht im Namen des PEN-Clubs protestieren. Der PEN-Club hat in der Vergangenheit im Falle Solchenizyn, im Falle Twardowski, im Falle Pasternak, im Falle Daniel und Sinjawski protestiert.

Die Schwierigkeit, Herr Merseburger, ist die Frage, ob bloßes Protestieren noch Sinn hat.
Peter Merseburger: Ja, was wissen Sie über die Wirkung solcher Proteste in der Sowjetunion? Bestätigen sie die Haltung der Herrschenden, bedeutet das eine Versteifung des brutalen Zugriffs oder können Sie in Einzelfällen, können Proteste in Einzelfällen wirklich Erleichterung bringen?
Heinrich Böll: Ja, es ist ... Ja, natürlich in manchen Fällen verhindern sie einiges, in anderen Fällen versteifen sie, ich vermute, daß sie im Falle Bukowski versteifen, und zwar aus einem ganz simplen Grunde: Ein Autor wie Solchenizyn, der gedeckt ist, durch ein hier publiziertes Œuvre. Ein großes Œuvre, sehr bekannt, viel kritisiert, viel besprochen, genießt einen anderen Schutz als ein Autor wie Bukowski, der lediglich als Oppositioneller, als Protestant hier bekannt wird und wahrscheinlich zu bekannt wird. Auf eine gefährliche Weise bekannt. Ich glaube, wir unterschätzen das hierarchische Denken der sowjetischen Behörden. Ich weiß von Fällen, wo Publikationen hier Leute vor dem Gefängnis möglicherweise bewahrt haben, andere in anderen sozialistischen Ländern gerade auch vor dem Tod gerettet worden sind. Die Schwierigkeit ist die, daß man nicht genau herausfinden kann, in welchem Fall welche Art des Protestes wirkungsvoll ist.
Peter Merseburger: Sie haben eben von Solchenizyn gesprochen und gesagt, er genieße praktisch den Schutz der Bekanntheit, gibt es also doch im Grunde verschiedene Schonbezirke in der Sowjetunion und deuten Sie das harte Urteil gegen Bukowski etwa in der Richtung, daß diejenigen, die weniger bekannt sind, Abschreckungsurteilen unterworfen werden, damit sie nicht zu sehr Zulauf haben?
Heinrich Böll: Das ist meine Interpretation, nicht, von der ich nicht weiß, ob sie zutrifft. Nach dem, was ich erfahren habe, was ich lese, was ich aus erster, zweiter, dritter Hand erfahre, glaube ich, daß Prominenz, Bekanntheit hier uns zwar Bekanntheit des Werkes, wenn einer einen Artikel schreibt, ein Buch hier veröffentlicht hat, ein größerer Schutz ist, als wenn er lediglich als politisch Protestierender hier bekannt wird. Das träfe zum Beispiel nicht zu, meine Theorie, auf Amalrik, der ja auch als Autor hier sehr bekannt ist. Man weiß nicht genau, wie und wo und durch wen da reagiert wird.
Peter Merseburger: Herr Böll, Bukowski bezeugte vor westlichen Reportern, eine, wie ich finde, infame Methode vom Umgang mit der Opposition, die auch General Gregorenkow und auch Solchenizyn angeprangert haben. Es geht darum, daß der Andersdenkende gar nicht mehr mit Argumenten bekämpft wird, sondern daß man ihn einfach zum geistig Kranken stempelt, ihn für verrückt erklärt. Ist das nicht eigentlich noch schlimmer als die Absonderung im Lager, denn das zielt ja auf die Zerstörung des Geistes, auf die Vernichtung der Persönlichkeit, ich glaube, Solchenizyn hat vom geistigen Mord gesprochen.

Heinrich Böll: Ja, es ist ... Es zielt vor allen Dingen darauf hin, daß auch ... weil wahrscheinlich diese Patienten, in Anführungsstrichen, isoliert sind, in den Häusern Solidarität nicht entsteht. Das halte ich fast für noch schlimmer daran. Ich frage mich nur, und das ist wirklich eine Überlegung, bei der man nie zu einem endgültigen Ergebnis kommen kann, ob der bloße Protest, ob ein Brief an die sowjetischen Behörden, eine Publikation in der westlichen Zeitung noch Sinn hat, ob es nicht eigentlich auch die Funktion hat, der eigenen Gewissensreinigung, nicht, man hat hier ...
Peter Merseburger: Sie haben auf dem PEN-Kongreß, in Dublin glaube ich, gesprochen davon, daß Sie der Resolutionen müde seien und daß Sie das Gefühl hätten, solche Deklarationen sollten eigentlich eher das eigene Gewissen erleichtern.
Heinrich Böll: Ich habe gleichzeitig gesagt, daß ich weiß, daß Resolutionen nützen könnten. Ich möchte eher soweit kommen, ich weiß nicht, ob mir das gelingen wird, meine Vorgänger haben das versucht, einen anderen Einstieg zu finden, und zwar mit verantwortlichen Funktionären, Schriftstellerverbandsleitern, Abgeordneten usw. in ein Gespräch zu kommen über die Tatsache, ob sie sich darüber klar sind, wie eine solche Politik jetzt im Falle Bukowski der Sowjetunion schadet, also die Sache pragmatisch anzufassen, und ob der Nutzen, den sie sich möglicherweise davon versprechen, diesem Schaden entspricht. Ich glaube, da ist sehr viel aufzuräumen, Herr Merseburger, vor allen Dingen eine ganze ... eine lange Geschichte der westlichen Arroganz gegenüber Ost-Europa und eine daraus resultierende Über-Verletzlichkeit Ost-Europas, nicht nur der Sowjetunion. Man muß auch wissen, daß die Geschichte der Freiheit eine andere ist in Rußland und der Sowjetunion, daß Dostojewski bis einen Tag vor seinem Tode der Zensur unterlag, und der war nicht oppositionell ... (gekürzt)

Dienstag, 11. Januar 1972

Die Welt, Rudolf Krämer-Badoni

Bewaffnete Meinungsfreiheit

Heinrich Böll und die Baader-Meinhof-Bande

Heinrich Böll ist Präsident des internationalen »PEN-Clubs«, der für Meinungsfreiheit eintritt. Im »Spiegel« vom 10. Januar tritt der Präsident für die Meinhof-Gruppe ein, die der bewaffneten Meinungsfreiheit huldigt.
Zwar befindet sich Ulrike Meinhof »im Kriegszustand mit dieser Gesellschaft«, aber sie hat vorher »praktische Sozialarbeit getan«, und dabei hat

sie »Einblick in die Verhältnisse genommen, die möglicherweise zu dieser Kriegserklärung geführt haben«. Da bringt Heinrich Böll also Verständnis auf. Oder?
Zwar ist es ein »sinnloser Krieg« geworden, gegen sechzig Millionen Bundesbürger, aber es ist doch ein Krieg, und im Krieg wird geschossen von beiden Seiten. Oder?
Zwar schießt die Gruppe Meinhof, aber sie gibt auch Pardon. Meinhof hat wissen lassen, daß sie einen Unterschied zwischen Bullen und Bullen macht. Wenn nämlich ein Bulle erkennt, daß er als kleiner Gehaltsempfänger nur zum Vollzugsbeamten des Monopolkapitals mißbraucht wird, dann wird er sie laufenlassen. Und so hat sie also wissen lassen: Den Bullen, der uns laufenläßt, lassen wir auch laufen. Böll findet, das klinge »nicht ganz so wahnwitzig wild und schießwütig«, wie man immer behaupte. Darf ich daraus schließen, daß Böll meint, es klinge immerhin e i n w e n i g wild und schießwütig? Denn daß ein von der Polizei Gesuchter die Polizisten in Ruhe läßt, wenn sie ihn laufenlassen, das bezweifelt sowieso niemand. Aber wenn Ausweise kontrolliert werden, und statt der Ausweise kommen Pistolenkugeln aus dem Autofenster, dann darf ich doch fragen, ob schon Ausweiskontrollen die Pardonbedingung der Bande verletzen? Kann Ulrikes Pardon nur wirksam werden, wenn überhaupt keine Ausweiskontrollen mehr vorgenommen werden? Meint der internationale Meinungsfreiheitspräsident es so?
Böll spricht von legitimer Polizeiarbeit nach Bankraub, »wenn man es schon als legitim ansieht, daß Polizeibeamte für 1373 DM monatlich ihr Leben riskieren, unter anderem, um Banktresore zu schützen«. Er fragt sich also auch, ob Polizisten legitim handeln, wenn sie Banken schützen. Oder würde es für mehr als 1373 DM monatlich legitimer?
Dankbar zitiert Böll eine Mitteilung der Gruppe über die bewaffnete Befreiung Baaders in Berlin, wobei der Institutsangestellte Linke lebensgefährlich verletzt wurde. »Die Frage, ob die Gefangenenbefreiung auch dann gemacht worden wäre, wenn wir gewußt hätten, daß ein Linke angeschossen wird, kann nur mit Nein beantwortet werden.« Also, wenn sie vorher wissen, daß außer Bullen noch andere Leute getroffen werden, dann schießen sie nicht. Das nennt Böll eine Einschränkung der »Ballerideologie«. Vielleicht erklärt der internationale Meinungsfreiheitspräsident, wie ein Bewaffneter bei einem Überfall vorher wissen kann, wen er trifft.
Aber es kommt noch schöner. Die Gruppe hat heute vermutlich noch sechs Mitglieder. Die Bundesrepublik hat sechzig Millionen Einwohner. Also ein Krieg zwischen sechs Personen und sechzig Millionen Gegnern. Dazu sagt Böll: »Das ist tatsächlich eine äußerst bedrohliche Situation für die Bundesrepublik Deutschland. Es ist Zeit, den nationalen Notstand auszurufen. Den Notstand des öffentlichen Bewußtseins, der durch Publikationen wie ›Bild‹ permanent gesteigert wird.«

Ansichten eines Clowns Zeichnung: Hicks (Copyright DIE WELT)

Das muß man zweimal lesen. Böll hält es offenbar für unvertretbar, daß sechzig Millionen zustimmend hinter der polizeilichen Suche nach sechs Personen stehen. Soweit ich mich erinnere, war der Hitler des Bürgerbräukellers ein einziger gegen sechzig Millionen. Und wir werfen uns mit Recht heute noch vor, daß nicht sechzig Millionen sich auf diesen Hitler gestürzt haben, bevor er seinen terroristischen Apparat aufbauen konnte. Ich dachte immer, Terror sei Terror, gleich von welcher Seite er ausgeübt wird. Aber Böll weiß es besser. Das öffentliche Bewußtsein ist krank, »Herr XY-Zimmermann« fabriziert miese Grusicals für den »Spießer, der in Pantoffeln dasitzt«. Was soll er denn statt dessen anziehen, der Spießer?
»Haben alle, die einmal verfolgt waren«, so hebt der Meinungsfreiheitspräsident an, »haben sie alle vergessen, was es bedeutet, verfolgt und gehetzt zu sein?« Gegenfrage: Weiß Böll nicht, daß diese alle verfolgt wurden als Anhänger der freiheitlichen Republik und als Gegner einer antiparlamentarischen nazistischen Terroristengruppe? Ist diesem Präsidenten alles gleichwertig, alles ein einziger Brei? »Schwatzgenüßlichkeit« und »Gesabbere« sagt er den Deutschen nach, und er fürchtet nicht, daß diese Titel auf ihn zurückfallen könnten.
Böll wünscht, man möge Ulrike Meinhof freies Geleit zu ihrem Prozeß anbieten. Er sagt selbst, daß sie darauf wahrscheinlich keinen Wert legt. Wozu also das Ganze? Nur um auch als Meinungsfreiheitspräsident endlich in die Reihen derer einzutreten, die so tun, als kühlten sechzig Millionen Verbrecher ihr Mütchen an sechs Gerechten?

Bild

Narren, Hofnarren, blutige Narren: Sie sagen „befreien", sie meinen „zerstören"

Im jüngsten „Spiegel" verteidigt der Schriftsteller Heinrich Böll die Baader-Meinhof-Bande, während er gleichzeitig die Berichterstattung der BILD-Zeitung angreift. In der Sache hat Böll unrecht, wie gerade die letzte Entwicklung zeigt. Böll, dieser christliche Dichter, bedient sich im „Spiegel" einer Sprache, die Gemeinschaftswerk Karl-Eduard von Schnitzlers und Josef Goebbels sein könnte. Wir wollen auf Bölls Plädoyer für Gewalttäter nicht im gleichen Stil antworten. Wir wollen die „Mainzer Allgemeine" zum Komplex Baader-Meinhof zitieren: Die Zeitung schrieb gestern:

Angekränkelt?

N. N. Wie angekränkelt müssen einige Teile der Gesellschaft sein, die es trotz Aufbietung eines gewaltigen Apparates nicht fertigbekommt, die Hauptakteure der Baader-Meinhof-Bande dingfest zu machen? Längst säumt eine Kette von Gewaltakten ihren Weg in die Anarchie, die sie als notwendiges Instrument zur Schaffung einer neuen „humaneren" Gesellschaft ausgeben. Was für eine einfache Logik, die im Mord an der Humanität die Voraussetzung neuer Menschlichkeit sieht und dabei gleich ein ganzes politisches Lager mit diffamiert.

Die Vermutungen, daß auch der brutale Überfall in Kaiserslautern und der Mord an dem Polizisten Schoner auf ihr blutiges Konto gehen, bestätigen sich offenbar. Doch welche schizophrene Verwirrung muß in einigen sich progressiv wähnenden Köpfen herrschen, die noch immer mit der perfiden List ihres verqueren Intellekts Gründe, Ausreden, Entschuldigungen finden, um diese Bande zu dektolerieren.

Die Bandenmitglieder sind zwar Außenseiter dieses Staates, doch offensichtlich gibt es weiterhin stille Verbündete, die am Zündeln anderer Geschmack finden, weil ihr geistiger Hochmut sie von gewaltsamen Veränderungen träumen läßt, vorgeblich um „unterdrückte Massen" zu befreien, tatsächlich um Herrschaft auszuüben und die Freiheit anderer zu zerstören. Der Skandal der überaus langwierigen Fahndung mit immer neuen Akten der Brutalität dieser Bande ist die bittere Frucht eines aberwitzigen Revolutionsgeredes …

Aber der Vorwurf solch geistiger Urheber- oder gar Mittäterschaft wäre einseitig, richtete er sich nicht gleichzeitig gegen eine Gesellschaft, die sich aus Langeweile, Überdruß oder purer Torheit „Revoluzzer" als Hofnarren hält, ohne zu bedenken, wer hier letzten Endes wen zum blutigen Narren hält.

Soweit die „Mainzer Allgemeine". Ein letztes Wort zu Böll: Erinnern Sie sich noch daran, daß er Beate Klarsfeld Blumen sandte, nachdem sie Bundeskanzler Kiesinger geohrfeigt hatte?

Mittwoch, 12. Januar 1972

Bild Mittag 12. 1. 72

Genscher: Baader-Meinhof-Bande nicht verharmlosen

»Ich halte nicht viel davon, die Aktivität dieser Bande zu verharmlosen«, sagte Bundesinnenminister Genscher gestern, als er auf einer Pressekonferenz in Bonn nach der Baader-Meinhof-Bande gefragt wurde.

Die Bundesregierung besitze keinerlei Informationen darüber, daß der Kern der Baader-Meinhof-Bande nur aus sechs Personen bestehe, wie es der Schriftsteller Böll im »Spiegel« und in einer Fernsehsendung behauptet hatte.

Zu dem von ihm gewählten Begriff »Bande« sagte Genscher: »Diese Bezeichnung lehnt sich an den Begriff der kriminellen Vereinigung an, aufgrund dessen die Baader-Meinhof-Bande verfolgt wird.«

Die Welt, Hans-Erich Bilges

Heinrich Böll und die »Freiheit der Arroganten«

Möge das »Panorama«-Interview mit Heinrich Böll gedruckt werden und die Auflage seiner Bücher erreichen, die ihn zum »Kapitalisten« nach Bankkonto-Maßstäben machte. Zu hoffen ist auch, daß die in sowjetischen Zwangslagern und Irrenanstalten gepeinigten Intellektuellen erfahren, was das Oberhaupt des internationalen PEN-Clubs zur Freiheit im allgemeinen und für die inhaftierten sowjetischen Schriftsteller im besonderen zu sagen hat.

...

Bölls Erkenntnis: Mit dem Begriff der Freiheit gingen wir im Westen »arrogant« um. Die »Leidensbereitschaft« der sowjetischen Intellektuellen werde im Westen oft »mißbraucht«. Daher wohl werden des Dichters Proteste ausbleiben, wenn Amalrik, Bukowskij, Grigorenko, Biermann, Havemann, Kohut und so weiter und so weiter hinter Betonmauern verschwinden, nach Sibirien deportiert, unter Hausarrest gestellt oder schlicht für verrückt erklärt werden. Es sei denn, Heinrich Böll »überlegt es sich«.

Da die Geschichte der Freiheit in Osteuropa »eben eine andere« ist, ist es wohl auch eine unabänderliche Fügung, daß tumbe Funktionäre dem Rest der »Schriftsteller« die Feder führen. Vermutlich, um für sich selbst Verständnis zu erbitten, meinte Böll, man könne ja nie wissen, wie die sowjetischen Behörden auf westliche Proteste reagierten. Es komme auf den Bekanntheitswert dessen an, für den man protestiere. Sei ein sowjetischer Schriftsteller bekannt, etwa Solschenizyn, dann könnten Proteste etwas bewirken. Half es etwa Amalrik, daß er im Westen »bekannt« war? Für Kurt Tucholsky oder Carl von Ossietzky zum Beispiel war der Begriff »Freiheit« unteilbar. Heinrich Böll differenziert sehr fein und merkt nicht, daß seine Äußerungen von den totalitären Systemen nur allzu dankbar goutiert werden.

Voll Stolz meldete der Dichter, daß seine Bücher in der Sowjetunion Millionenauflage erreichten. Böll wußte zu berichten, daß auch Bücher von Solschenizyn in der Sowjetunion zu haben sind. Freilich unter der Hand, zumeist handgeschrieben. Er vergaß nur zu sagen, daß mit Zuchthaus bestraft wird, bei wem derartige Lektüre gefunden wird.

Noch etwas hatte er mitzuteilen: Auch hier im Westen, so ließ er in indirekter Beziehung zur sowjetischen Untergrundliteratur verlauten, könne auf diese Art Publikationen nicht verzichtet werden. Als Beispiel nannte er das Berliner APO-Blättchen »Extra-Dienst«. Uns ist nicht bekannt, daß Redakteure dieses Dienstes in »Heilanstalten« eingewiesen oder zu Zuchthausstrafen verurteilt werden oder das Blatt handgeschrieben verteilt werden müßte. Was wir wissen, ist dies: In der Druckerei dieses Dienstes wird mit Steuergeldern der amtliche Informationsdienst der beiden Berliner Universitäten hergestellt.

Man möge endlich aufhören, Heinrich Böll als Apologeten der Moral und Freiheit zu »verkaufen«, ob durch einen Verlag oder das Fernsehen.
(gekürzt)

Süddeutsche Zeitung, Olaf Ihlau

»Nachrichten, die zum Himmel stinken«

Der Polizistenmord von Kaiserslautern: »Bild«, Böll und die Darstellung der Beamten

Während die Polizei auf der Suche nach den Tätern zunächst ziemlich im dunkeln tappte, machte Springers Boulevard-Blatt *Bild* bereits am nächsten Morgen einen vagen Verdacht zur Schlagzeilen-Gewißheit: »Baader-Meinhof-Bande mordet weiter«, meldete das Zwei-Groschen-Blatt auf der Titelseite. Die dazu gehörende Nachricht aus der Feder der Frankfurter Redakteure hingegen war wesentlich vorsichtiger formuliert. Aber in zwei von der Hamburger Zentrale zusammengestellten Sonderspalten wurden darüber hinaus Vermutungen, erwiesene Strafhandlungen und kühne Spekulationen zu einem bombastischen Tätigkeitsbrevier der gesuchten Gruppe zusammengerührt. Die Sparte »Opfer« wies neben dem Polizisten Schoner makabrerweise auch den Namen Georg von Rauchs auf, obwohl schon damals zumindest die Möglichkeit bestand, daß der ehemalige Student von einer Polizeikugel in Berlin getötet worden war, wie sich inzwischen zu bestätigen scheint.

...

In demselben Bericht lieferte *Bild* indessen einen neuerlichen Beweis für den Vorwurf gezielter Nachrichtenmanipulation. Die polizeilichen Ermittlungen hätten den Verdacht erhärtet, daß der Kaiserslauterner Überfall von »Mitgliedern der Kerngruppe der Baader-Meinhof-Bande« ausgeführt wurde, hieß es in einem von der Hamburger Zentralredaktion geschriebenen Artikel. Außer Jünschke seien »nach Zeugenaussagen« Ulrike Meinhof, Manfred Grashoff und Bernhard Wolff mit von der Partie gewesen.
Kaiserslauterns Oberstaatsanwalt Erwin Denger allerdings hatte tags zuvor eine völlig andere Darstellung gegeben. In einer Erklärung, die über die Deutsche Presse-Agentur auch der *Bild*-Redaktion zuging, betonte Denger ausdrücklich, es sei »nicht erwiesen«, daß der flüchtige Student Klaus Jünschke der Baader-Meinhof-Gruppe angehört habe. Zudem gebe es »keine gesicherten Erkenntnisse« über die Anwesenheit Ulrike Meinhofs zur Tatzeit in Kaiserslautern. Während die *Welt* dieses offensichtliche Abrücken von einer Kaiserslauterner Meinhof-Theorie meldete, berichtete *Bild* darüber kein einziges Wort und hielt trotzig an seiner Täter-Version fest. Dabei war der Oberstaatsanwalt gerade durch die Berichterstattung der Boulevard-Wochenendschwester *Bild am Sonntag*, die sogar Datum

und Aufenthaltsort Ulrike Meinhofs in Kaiserslautern zu nennen wußte, zu seinem Statement veranlaßt worden. »Dafür gibt es keinerlei konkreten Anhaltspunkt«, versicherte Denger am Mittwoch gegenüber der SZ, »diese Nachrichten von *Bild* sind einfach aus der Luft gegriffen und stinken zum Himmel. Man könnte am journalistischen Gewerbe fast verzweifeln.« (gekürzt)

Donnerstag, 13. Januar 1972

Frankfurter Rundschau, Wolfram Schütte

»Böll«

Was »WELT«männer gegen ihn haben

Man möge endlich aufhören, Heinrich Böll als Apologeten der Moral und der Freiheit zu »verkaufen«, ob durch einen Verlag oder das Fernsehen. Hans-Erich Bilges (*»Die Welt«*, 12. 1. 72).

»Verkaufen« – das ist ein Reizwort im Hause Springer. Es wird dort sehr viel verkauft: Zeitungen, Illustrierte, Bücher; Meinungen, Tatsachen (auch mal), Unwahrheiten und Wahrheiten. Genau genommen, gibt's dort nichts anderes als: verkaufen. Die Leute, die dort hingehen, hat sich Herr Springer gekauft, und sie haben sich an ihn verkauft. Wie er lesen läßt, läßt er auch verkaufen. Kein Wunder, daß Gekaufte und Verkäufer nichts anderes denken können als ans Verkaufen. So verkauft man zum Beispiel auch »den Ausverkauf deutscher Interessen«. Das ist dort kein Saisonschlager, sondern ein Dauerkundendienst. Wird abgestoßen, täglich, zu Schleuderpreisen. Nichts billiger als ein solcher Ausverkauf.

Insofern ist man also an der richtigen Adresse, wenn man einen Rat haben will, was und wer sich wie und wo verkauft. Die Empfehlung, damit aufzuhören, Heinrich Böll als Apologeten der Moral und der Freiheit weiterhin zu verkaufen (ob durch einen Verlag oder das Fernsehen), ist ganz ernst gemeint. »Die Welt«, Hans-Erich Bilges und alle Springer-Blätter haben mit diesem Unfug, einen Ladenhüter an den Mann zu bringen, längst aufgehört. Denn Böll hatte das Geschäft verdorben, und es ist nur eine Frage der Zeit, bis er bei Springer in An- und Abführungszeichen erscheinen wird. »Böll« hatte nämlich am Montag (im »Spiegel«) geschrieben, Springers »Bild«-Zeitung sei »nicht mehr kryptofaschistisch, nicht mehr faschistoid, (sondern) nackter Faschismus«. Und Axel Springer, dem sollte man »öffentlich den Prozeß machen, wegen Volksverhetzung«.

Die Leute, von denen Springer für sich lesen und schreiben läßt, reagieren auch für ihn. Er braucht sie erst gar nicht dazu zu lassen. Rudolf Krämer-Badoni hat sich denn auch sofort nach vorne gedrängt. Einen Tag nach

Bölls »Spiegel«-Text macht er sich in der »Welt« über den »Meinungspräsidenten« Böll lustig – übrigens mit genau dem Quentchen Intelligenz, das nötig ist, um einen Apportierhund zur Pflichterfüllung gegenüber seinem Herrn zu befähigen und jenem großen Rest, der Schweigen ist über die wirklichen Motive Bölls, seinen Nachweis, daß »Bild« Volksverhetzung betreibt und zur Menschenjagd aufruft. Der ehemalige Nazikarikaturist Hicks hat seinen Senf dazugegeben.

Böll (»Böll«?) hatte sich aber, am selben »Spiegel«-Montag, noch einmal »verraten«, und damit »verkauft« an die »Welt«. In einem »Panorama«-Interview hatte er auf die Frage, warum er als PEN-Präsident nicht unverzüglich gegen das skandalöse Bukowski-Urteil in der Sowjetunion protestiert habe, geantwortet, als Präsident sei er nicht dazu legitimiert, als Privatperson werde er es sich überlegen. Außerdem äußerte er Zweifel an der Wirksamkeit von Protesten dieser Art. Er suche andere Möglichkeiten. Zuletzt erwähnte er die »Leidensbereitschaft« sowjetischer Autoren, die bei uns oft »mißbraucht« und ausgebeutet werde. Auf die sowjetische Untergrundliteratur angesprochen, meinte Böll, sie sei auch bei uns nötig – unausgesprochen dazugesetzt: Gerade wegen des Springer-Monopols in Berlin der dortige »Extra-Dienst«.

Nun nimmt sich die »Welt« Heinrich Böll ein zweites Mal vor, und Hans-Erich Bilges knetet sich da etwas zurecht. Schon im dritten Satz ist vom »Kapitalisten Böll« nach »Bankkonto-Maßstäben« die Rede, einige Absätze weiter, daß Bölls »Bücher in der Sowjetunion Millionenauflagen erreichten, die Tantiemen fließen ständig«.

Also schon wieder einer »gekauft«, aber nicht von Springer, sondern von den »Soffjetts«? Daß es ein »Kapitalist nach Bankkonto-Maßstäben« ist, offenbart: Geld allein feit nicht gegen Verrat, man muß schon Haus- und Grundbesitz haben, um Kapitalist wie Springer zu sein, damit man nicht zum Verräter wird an der Freiheit, der man doch alles verdankt.

Bölls Skepsis gegen verbale Proteste; sein Hinweis, daß der Begriff der Freiheit abstrakt (und nichtssagend) bleibt, wenn er nicht auf seine konkrete Geschichte hin befragt wird; daß es zu differenzieren gelte; daß der persönliche Mut Bukowskis und anderer bei uns oft zu nichts anderem herhalten müsse, als zu einem Verkaufsschlager und auch das Ritual des Protestierenden dazu gehöre: das alles erscheint der »Welt« als Absage an Moral und Freiheit. Beide sind ihr selbstverständlich – wie Deutschland, wie das Imperium Axel Springers – »unteilbar«. Dabei müßte man gerade dort wissen, daß es eine doppelte Moral gibt; verdankt man es doch eben dieser Tatsache, an ihr teilhaben zu können. Denn ist das keine doppelte Moral, zu verschweigen:

1. daß Böll als PEN-Präsident auch von sozialistischen Kollegen gewählt wurde und deshalb diplomatisch, vorsichtig sich verhalten muß;
2. daß er nach einem anderen, nicht-öffentlich auszuposaunenden »Einstieg« sucht, um dem Verurteilten zu helfen;

3. daß eben jeder Versuch, einzuwirken, Risiken enthält, das Gegenteil von dem zu erreichen, was man will;
4. daß Böll, trotz der »Millionenauflagen seiner Bücher in der Sowjetunion«, öffentlich und früh für Solschenizyn eingetreten ist;
5. daß es ihm weder an Moral noch an Mut, noch an Risiko, noch an Bewußtsein für Freiheit fehlt –
allerdings fehlt es ihm an Unvernunft, es fehlt ihm die Freiheit der »Welt«, die Moral der »Welt«; es fehlt ihm vor allem jene Mesalliance aus Unverschämtheit und Perfidie, mit der dort Tucholsky und Carl v. Ossietzky gegen Böll ins Feld geführt werden, wobei doch sicher ist, daß d i e in der »Welt« ganz bestimmt nicht geschrieben hätten, sondern wie Böll als Opportunisten und Freiheits-Verräter inkriminiert worden wären.
Weil Heinrich Böll all das fehlt, ist er für die »Welt« unverkäuflich.

Bild

Auch das Bundes-Kriminalamt: Jünschke gehört zur Baader-Meinhof-Bande

dpa. **Mainz, 13. Januar**

Das Innenministerium in Mainz sieht in Zusammenhang mit dem Kaiserslauterner Banküberfall und Polizistenmord vom 22. Dezember Hinweise auf die Baader-Meinhof-Gruppe. In einem Bericht über den jüngsten Stand der Ermittlungen, bei dem vier Verbrecher 134 000 Mark erbeuteten und den 32jährigen Polizeiobermeister Schoner erschossen, nannte das Ministerium am Mittwoch neue Einzelheiten.

Unter den benutzten Autos befand sich ein roter Alfa Romeo, nach dem das Bundeskriminalamt in Zusammenhang mit der Baader-Meinhof-Bande fahndete. Gefälschte Kraftfahrzeugbriefe für diesen Wagen seien in den kürzlich in Berlin gestoppten Päckchen für die Baader-Meinhof-Gruppe gefunden worden.

In einem Bungalow in Kaiserslautern entdeckte die Polizei drei provisorische Schlafgelegenheiten. Es stehe fest, daß sich in dem Bungalow der 24jährige Student Klaus Jünschke zusammen mit anderen Personen aufgehalten habe. Jünschke wird vom Bundeskriminalamt der Baader-Meinhof-Gruppe zugerechnet.

Auch andere bisher noch ungesicherte Erkenntnisse ließen auf die Anwesenheit von anderen Mitgliedern der Baader-Meinhof-Gruppe in Kaiserslautern schließen.

☆

Gestützt auf vertrauliche Informationen, hatte die BILD-Zeitung unmittelbar nach dem Verbrechen berichtet, daß auch dieses Gangsterstück mit großer Wahrscheinlichkeit auf das Konto der Baader-Meinhof-Bande komme. Das nahm der Schriftsteller Böll zum Anlaß einer haßerfüllten Attacke. Ihm schloß sich gestern die „Süddeutsche Zeitung" an (die es übrigens a b s i c h t l i c h unterließ, sich bei der BILD-Chefredaktion die notwendigen Informationen zu holen).

Jetzt wurde unsere Berichterstattung vom Mainzer Innenministerium und vom Bundeskriminalamt bestätigt.

Freitag, 14. Januar 1972

Rheinischer Merkur, G. R.

Dichter in Aktion

Heinrich Böll (»Ansichten eines Clowns«) hat zugeschlagen. Im jüngsten »Spiegel« wünschte er Hamburgs Verleger Axel Springer nachträglich, daß ihm die möglichst harten Gräten des Weihnachtskarpfens im Halse steckenbleiben und sich dort quer legen sollten.
Da der unfromme Wunsch ein wenig spät kam und nichts Abträgliches über Springers Weihnachtskarpfen bekannt geworden war, sah Böll in der Justiz einen Ersatz für die Grätentortur, denn er forderte dazu auf, »Herrn Springer öffentlich den Prozeß (zu) machen, wegen Volksverhetzung«.
Den Grund für die gemischte Behandlung mit Gräten und Richtern bot Böll die »Bild-Zeitung«; denn was sie treibt, das ist laut Böll »nicht mehr kryptofaschistisch, nicht mehr faschistoid, das ist nackter Faschismus, Verhetzung, Lüge, Dreck«.
Die markigen Worte aus Dichtermund sprudelten, weil »Bild« zwar im Text differenziert, aber in der Überschrift plakativ der Baader-Meinhof-Gruppe unterstellt hat, was Staatsanwalt und Polizei als erwiesen ansehen: Daß nämlich die »Rote-Armee-Fraktion« Baader-Meinhof ungeniert auf jeden schießt, der sie verfolgt, auch wenn dessen Tod einkalkuliert werden muß.
Böll bestreitet die Schüsse nicht einmal, aber weil »Bild« Kaufhausbrandstiftung, Gefangenenbefreiung und Polizistenmord ohne Entschuldigung für die armen, von der »Gesellschaft« verfolgten Genossen publiziert, ist das für Böll »eine Aufforderung zur Lynchjustiz«. Bundesinnenminister Genscher meinte unlängst, der Gruppe wäre das schießwütige Handwerk längst gelegt, wenn sie nicht von prominenten Leuten unterstützt würde. Er scheint recht zu haben.

Frankfurter Rundschau, epd

Böll: Astel-Entlassung »alarmierend«

FRANKFURT A. M. Die Entlassung des Literaturredakteurs des Saarländischen Rundfunks, Arnfried Astel, durch den Intendanten der Anstalt, Franz Mai, wird nach Ankündigung von Heinrich Böll den deutschen und auch den internationalen PEN-Club »sehr intensiv beschäftigen«. Böll erklärte in einem Interview mit dem Norddeutschen Rundfunk: »Die Entlassung eines PEN-Mitgliedes auf Grund einer literarischen Äußerung ist ein alarmierender Fakt.« Der PEN-Club habe sich schon vor der jetzt aus-

HAMBURG:
Autokontrolle mit Maschinenpistole

MÜNCHEN:
Polizeistreifen auf der Autobahn

ESSEN:
Jede Autonummer wird kontrolliert

KÖLN:
Weiße Polizeiwagen auf der Kreuzung

Großfahndung nach der Baader-Meinhof-Bande: Notwendig, unbequem, erfolglos

Köln, 14. Januar

● **Über dem Autobahn-Kreuz bei Kamen kreisten zehn Hubschrauber.**
● **Hamburgs Ausfallstraßen wurden durch Straßensperren so abgeriegelt, daß Autofahrer nur im Schrittempo an Polizisten vorbeifahren konnten, die zum Teil mit Maschinenpistolen und kugelsicheren Westen ausgerüstet waren.**
● **An den Grenzübergängen und Flughäfen waren Grenzschutzmänner und Kriminalbeamte im Sondereinsatz.**

Überall in Deutschland wurden gestern Fahrer von BMW, Alfa Romeo und Mercedes 280 SE gestoppt und überprüft. Einige der Autofahrer wurden auf Waffen „abgeklopft".

Zehntausende von Beamten waren im Einsatz. Allein in Berlin mehr als 1000 Beamte, in Düsseldorf mehr als 500.

Aber der große Aufwand brachte nur ein kleines Ergebnis: Kein Mitglied der Baader-Meinhof-Bande wurde gefaßt — lediglich einige „Kontaktleute".

Weshalb war diese Groß-Aktion ein Schlag ins Wasser?

Der Pressesprecher der Hamburger Polizei, Oberkommissar Eberhardt Hohler, gibt die Schuld dem Norddeutschen Rundfunk, der eine Nachricht über die Großfahndung bereits um 12.30 Uhr verbreitet hatte. „Eine astreine Warnung", meinte Hohler.

NDR-Sprecher Guest: Die Meldung kam von der Deutschen Presse-Agentur (dpa).

Niemand hatte dpa um eine Sperrfrist gebeten!

Trotz dieser vorzeitigen Information ging die Fahndung bis zum späten Nachmittag weiter.

Die Polizei konzentriert sich auf drei Spuren:
● Sie suchte im norddeutschen Raum gezielt nach Andreas Baader und Gudrun Ensslin.
● Sie fahndete nach einem unbekannten langhaarigen Autofahrer, der am 11. Januar mit einem gestohlenen 2,8-Liter-BMW bei Rehren (Niedersachsen) auf einen haltenden Lastzug geprallt war. Der Unfallfahrer flüchtete zum Flughafen Hannover-Langenhagen und flog nach Berlin. Die Polizei nahm eine 16jährige Schülerin und einen 29jährigen Grafiker aus Essen fest, die ebenfalls in dem Wagen gesessen hatten. Im Gepäck des Mädchens waren eine Pistole mit Munition sowie Notizbücher mit Anschriften von Linksextremisten.
● Im Raum Mannheim fahndete die Polizei nach Ulrike Meinhof, Klaus Jünschke und Manfred Grashof.

thema des tages

Manche der überprüften Autofahrer mußten Wartezeiten bis zu 20 Minuten in Kauf nehmen. Was sagten diese Autofahrer dazu? Die meisten waren mit der Polizei-Aktion einverstanden.

Einer von ihnen ist Hans Kettinger (32) aus Stuttgart. Er sagt: „Ich bin froh über diese Großfahndung der Polizei. Die radikalen Kräfte müssen endlich gestoppt werden. Vor den Waffen der Polizei habe ich keine Angst. Die müssen sein, sonst hätten die Beamten überhaupt keine Chance. Bei einer solchen Aktion nehme ich eine Behinderung gern in Kauf."

Der Architekt Heiner Boecker (30) aus Hannover dagegen möchte seinen roten Alfa Romeo „am liebsten verkaufen": „Mich umringten heute morgen sechs Streifenwagen. 14 Polizisten stürmten mit Maschinenpistolen auf mich zu und brachten mich ins Polizeipräsidium. Erst da klärte man mich auf, worum es ging."

Boecker: „Morgen hole ich mir eine neue Autonummer." Sein Ärger ist verständlich: Denn ein nachgemachtes Nummernschild seines Wagens wurde kürzlich in einem Waffenpaket der Baader-Meinhof-Bande in Berlin gefunden. Seitdem wurde er mehrfach von der Polizei vernommen.

Wie manchen Polizisten bei einer solchen Großfahndung zumute ist, geht aus den Worten eines 34jährigen Kölner Beamten hervor: „Wenn über Funk ein verdächtiger Wagen gemeldet wird und ich diesen Wagen sehe, kann ich doch nicht einfach drauflosballern. Wer nimmt mir die Verantwortung ab, wenn sich der Verdacht als unbegründet herausstellt? Also, ich fühle mich nicht wohl in meiner Haut."

Ein 27jähriger Düsseldorfer Polizeiobermeister: „Wir haben bestimmt nicht mehr Angst als die anderen, nach denen wir fahnden."

Bild

gesprochenen dritten Kündigung Astels wegen eines in der Zeitschrift »konkret« veröffentlichten Gedichts mit dem SR-Intendanten in Verbindung gesetzt. Böll betonte, er glaube nicht, daß ein Gedicht als Kündigungsgrund angesehen werden könne. Man könne zwar über die Qualität des Gedichtes, das sich mit Bundesminister Schmidt und der Baader-Meinhof-Gruppe befaßte, streiten, vorher jedoch müsse man Astels politisch-polemisches Epigramm sorgfältig interpretieren.

Samstag, 15. Januar 1972

WELT-Umfrage zu Bölls »Spiegel«-Artikel über die Baader/Meinhof-Bande

Sechs prominente Politiker widersprechen dem Schriftsteller Heinrich Böll

...

Frage der WELT an die Politiker: Stellt Böll nach Ihrem Urteil die Tatbestände und die konkrete Situation objektiv dar, und ist die Rechtsauffassung zu billigen, die aus seiner Darstellung spricht?

»Krieg gegen die Gesellschaft«

Filbinger: »Es ist bestürzend und beschämend zugleich, daß ein Schriftsteller wie Heinrich Böll politische Auseinandersetzung nicht streng als geistige Auseinandersetzung begreift, sondern Verständnis für Menschen zu wecken versucht, die den ›Volkskrieg‹ praktizieren wollen. Die rücksichtslose Tötung eines anderen bleibt verbrecherisch, gleichgültig, ob sie die führenden oder ausführenden Organe in unserem Staat trifft.«

Merk: »Herr Böll will offensichtlich gar nicht objektiv, sondern sehr subjektiv darstellen. Man vermag auch keine ›Rechtsauffassung‹ zu erkennen, es sei denn die, daß er die Auseinandersetzung mit Kriminellen in einem freiheitlichen Rechtsstaat als eine Art ›Krieg gegen die Gesellschaft‹ bezeichnen will. Wollte man die Gedanken weiterführen und solchen ›Krieg‹ für legitim halten, dann kann man schließlich nur zur Gewerbefreiheit für Bankräuber kommen.«

Weyer: »Meiner Auffassung nach handelt es sich bei den Ausführungen des Schriftstellers Heinrich Böll nicht um eine Sachverhaltsschilderung, sondern vielmehr um eine politische Meinungsäußerung.«

Titzck: »Weder die Tatbestände noch die konkrete Situation hat Böll objektiv dargestellt. Ich lehne die Auffassung Bölls ab.«

Vogel: »Jeder Versuch, die Angehörigen der Baader/Meinhof-Bande zu politischen Märtyrern aufzuwerten, muß angesichts der erwiesenen Verbrechen scheitern. Die Verfolgung richtet sich ausschließlich gegen das kriminelle Tun und nicht gegen deren etwaige politische Motivation.«

Böll unterstellt in seinem Aufsatz, »Konservative und Progressive aller Schattierungen« seien »sich einig, einig, wenn sie endlich in ihre deutsche Schwatzgenüßlichkeit zurückfallen, sich ungestört ihrem Fraktionschinesisch ergeben können, wenn geschehen sollte, was nicht geschehen darf: Wenn man eines Tages lesen würde, daß auch Ulrike Meinhof, später Grashof, dann Baader und Gudrun Ensslin als ›erledigt‹ zu betrachten sind. Erledigt wie Petra Schelm, Georg von Rauch und der Polizeibeamte Norbert Schmid. Erledigt, vom Tisch, wie man so hübsch sagt, und aus dem deutschen Geist, mag's sich noch so links dünken«.
Böll fordert freies Geleit für Ulrike Meinhof: »Muß es so kommen? Will Ulrike Meinhof, daß es so kommt? Will sie Gnade oder wenigstens freies Geleit? Selbst wenn sie keines von beiden will, einer muß es ihr anbieten. Dieser Prozeß muß stattfinden, er muß der lebenden Ulrike Meinhof gemacht werden in Gegenwart der Weltöffentlichkeit. Sonst ist nicht nur sie und der Rest ihrer Gruppe verloren, es wird auch weiter stinken in der deutschen Publizistik, es wird weiter stinken in der deutschen Rechtsgeschichte.«
Frage der WELT an die Politiker: Kann nach Ihrer Meinung die pauschale Verurteilung der »Konservativen und Progressiven aller Schattierungen« unwidersprochen bleiben, und was ist Ihre Auffassung zu der Forderung Bölls nach Gnade oder freiem Geleit für Ulrike Meinhof?
Einhaltung der Rechtsordnung ist notwendig
Filbinger: »Es geht meines Erachtens nicht darum, den Fall ›Ulrike Meinhof‹ zu erledigen, sondern darum, unsere Gesellschaft gegen verbrecherische Angriffe zu schützen. Alles andere geht an der Sache vorbei. Die vornehmste staatliche Aufgabe ist es, Gerechtigkeit zu üben. Das aber verlangt, gegen Unrechtstaten entschlossen vorzugehen. Freies Geleit für Ulrike Meinhof ist blanker Hohn für den Rechtsstaat.«
Merk: »Was die Frage freien Geleites zu einem Prozeß in voller Öffentlichkeit betrifft, so brauchen sich die Mitglieder der Bande nur bei der nächsten Polizeidienststelle zu melden. Über einen Gnadenakt soll und kann man überhaupt erst reden, wenn ein Gericht Schuld festgestellt und Strafe zugemessen hat.«
Weyer: »Jedes Pauschalurteil ist falsch: die Juden, die Deutschen, die Konservativen oder Progressiven. Insoweit muß ich Böll widersprechen. Es kann für begangene Verbrechen auch kein freies Geleit geben. Jeder – auch die Mitglieder der Baader/Meinhof-Gruppe – wird in der Bundesrepublik Deutschland nach den geltenden rechtsstaatlichen Grundsätzen behandelt werden müssen. Ich stimme mit Böll überein, daß der Prozeß der lebenden Ulrike Meinhof gemacht werden muß. Daher sollte sie sich ihren Richtern freiwillig stellen.«
Titzck: »Das gedeihliche Zusammenleben der Bürger in der Bundesrepublik Deutschland erfordert die Einhaltung der Rechtsordnung, die wir uns in unserem freiheitlichen Staat selbst gegeben haben. Ulrike Meinhof soll

sich den Strafverfolgungsorganen stellen und sich verantworten. In unserem Land kann jeder mit einem rechtsstaatlichen Prinzipien entsprechenden Verfahren rechnen.«

Vogel: »Die Forderung Bölls, man müsse Ulrike Meinhof ›freies Geleit‹ anbieten, mag auf Publikumswirksamkeit angelegt sein. Gemäß Paragraph 295 Strafprozeßordnung kann aber nur das zuständige Gericht einem abwesenden Beschuldigten ›sicheres Geleit‹ erteilen.«

Böll spricht in seinem Artikel die »Herren Pragmatiker, die allerorts in wichtigen beratenden Funktionen sitzen, manche von ihnen mit in der politischen Verantwortung«, an: »Wollen sie, daß ihre freiheitlich-demokratische Grundordnung gnadenloser ist als irgendein historischer Feudalismus, in dem es wenigstens Freistätten gab, auch für Mörder und erst recht für Räuber? Soll ihre freiheitlich demokratische Grundordnung sich als so unfehlbar darstellen, daß keiner sie in Frage stellen darf? Unfehlbarer als alle Päpste zusammen je waren? . . .«

Frage der WELT an die Politiker: Ist es nach Ihrer Meinung angemessen, den Konflikt mit der freiheitlich-demokratischen Grundordnung unseres Staates, welchen Ulrike Meinhof und die Mitglieder ihrer Bande willentlich gesucht haben, in dieser Weise zu behandeln?

Filbinger: »Böll möge uns die staatliche Ordnung zeigen, in der es mehr persönliche Freiheit gibt als bei uns. Der hier vorhandene Freiheitsspielraum kann für alle nur dann erhalten werden, wenn es einzelnen, wie Ulrike Meinhof, verwehrt wird, die freiheitlich-demokratische Grundordnung zu beseitigen. Würde Böll, würden Millionen Mitbürger in einigen Jahren hier noch leben wollen, wenn der Staat militante Gruppen gewähren ließe?«

Gefährliche Verharmlosung des Konflikts

Merk: »In Wahrheit sichern im freiheitlichen Rechtsstaat Polizei und Justiz Freistätten für Mörder. Da werden sie nämlich davor geschützt, etwa von den Angehörigen der Ermordeten umgebracht zu werden.«

Weyer: »Böll überzeichnet in seiner Kritik und hat dadurch zu Mißverständnissen Anlaß gegeben. Ich mißbillige die Ziele als auch Methoden der Baader/Meinhof-Gruppe.«

Titzck: »Bölls Vergleiche mit den Zeiten des Mittelalters sind abwegig. Die Art und Weise, wie Böll den Konflikt behandelt, ist eine gefährliche Verharmlosung.«

Vogel: »Unsere freiheitlich-demokratische Grundordnung ist sicherlich nicht unfehlbar. Aber sie ist rechtsstaatlich. Diese Rechtsstaatlichkeit ist die wirksamste Freiheitsgewährleistung, die die Geschichte bisher anzubieten hat.«

Der hessische Justizminister hat die Fragen der WELT wie folgt beantwortet:

Hemfler: »Ich bin der Letzte, der der Jugend das Recht zur Kritik an dieser Gesellschaft absprechen möchte. Ich räume den jungen Menschen auch

das Recht ein, gegen diese Gesellschaft zu demonstrieren und zu versuchen, das Gewissen anderer Menschen wachzurufen.
Aber für mich gibt es eine Grenze des Zulässigen, dort, wo Ideologie verlassen wird und wo das Kriminelle beginnt. Letzteres muß für die Baader/Meinhof-Gruppe gelten, wobei ich einschränkend sagen möchte, daß jeder Einzelfall, den diese Gruppe begangen hat – und einige Fälle sind ihr zweifellos anzulasten –, erst genau nachgewiesen und untersucht werden muß.
Mit welchem Recht sollen diese sechs Menschen besser behandelt werden als jeder andere, der ein Verbrechen begangen hat? Ich meine, in einem Rechtsstaat muß der gleiche Grundsatz für alle gelten.
Es tut mir sehr leid, wenn Herr Böll meint, die Baader/Meinhof-Gruppe würde wegen ihrer politischen Auffassung gehetzt, und wenn er einen Vergleich mit den unschuldig gehetzten und verfolgten Gegnern des Naziregimes bringt. Dieser Personenkreis ist aus rein ideologischen Gründen verfolgt worden. Bei der Baader/Meinhof-Gruppe ist das kriminelle Handeln der Grund der Fahndung.
Es gibt Hunderte und Tausende von jungen Menschen, die gesellschaftskeritisch viel radikalere Auffassungen vertreten als die Baader/Meinhof-Gruppe, die aber keine strafbaren Handlungen begehen und denen im Bundesgebiet auch kein Haar gekrümmt wird.« (gekürzt)

Bild

Kann die Baader-Meinhof-Bande Bomben über Funk zünden?

Sonderkommission fahndet nach einem Elektro-Spezialisten

Von WERNER KAHL

Köln, 15. Januar

Die Baader-Meinhof-Bande ist nach Feststellungen von Experten funktechnisch so ausgerüstet, daß sie

- Aufrufe zu Revolten im UKW-Bereich ausstrahlen,
- Bomben auf dem Funkweg zünden und
- den Funkdienst der Sicherheitsbehörden im 80- und 160-MHz-Bereich stören kann.

Zu diesem Schluß sind Gutachter der Bundespost und Spezialisten des Bundeskriminalamtes gekommen.

Die Polizei sucht einen Elektronik-Spezialisten, der nach den bisherigen Ermittlungen die Beschaffung von kompletten Funkanlagen, Sendern, Nachtsicht-Geräten und Mini-Spionen organisiert haben soll.

Beamte der Sonderkommission „Baader-Meinhof" stießen auf eine Hamburger Scheinfirma, die von der Bande eigens für den Ankauf von Spezialapparaturen (u. a. Funksprechgeräte und Verstärker) gegründet worden war. Die Bande ist zum Beispiel nach Ansicht der Experten in der Lage, im gesamten Stadtgebiet von Westberlin Funkverkehr aufzunehmen.

Das Bundeskriminalamt ist davon überzeugt, daß die Bande sogar die Frequenzen der Sicherheitsbehörde auf dem Zwei- und Viermeterband mit Koffer- und Autoradios abhören kann.

Mit Hilfe von Mini-Spionen — so Experten der Polizei — versucht die Bande, Informationen auch aus der Intimsphäre anderer zu erlangen. Mit diesen Informationen seien Erpressungen möglich.

Bayern-Kurier, Wilfried Scharnagel

Demaskierter Böll

Ein linker Biedermann hat sich demaskiert. Seit Montag dieser Woche – mit dem Erscheinen des »Spiegel« und der neuesten Sendung von Mersebürgers »Panorama« – hat Heinrich Böll die von ihm oft und gern usurpierte Rolle als politisch-moralische Oberinstanz in der Beurteilung bundesrepublikanischer Zeitläufte verwirkt. Der rheinische Poet, dem Kirche und Unionsparteien seit eh und je bevorzugte Zielscheiben seiner Schelte sind, hat sich als opportunistischer Heuchler decouvriert. Während er in Augsteins »Spiegel« warmherzig und beredt um Verständnis für Ulrike Meinhof und ihre Bande warb und dabei gleichzeitig die »gnadenlose Gesellschaft« der Bundesrepublik heftig attackierte, weigerte sich der gleiche Böll auf dem Bildschirm, als Kollege und als Präsident des Internationalen PEN-Zentrums die jüngste brutale Verfolgung oppositioneller Schriftsteller in der Sowjetunion mit einem Wort des Protestes oder auch nur einer Äußerung des Abscheus zu bedenken. Gnadenlos ist für Heinrich Böll zwar die Gesellschaft der Bundesrepublik, wenn sie sich mit aller Kraft gegen verbrecherische Elemente wendet, die Mord und Raub nicht nur zum theoretischen Prinzip erheben, sondern beides praktizieren. Dem kommunistischen Regime der Sowjetunion, das jede freiheitliche Regung mit Gewalt erstickt und mit der Verurteilung des Schriftstellers Bukowski zu zwölf Jahren Gefängnis einen neuen Markierungspunkt ihrer terroristischen Praktiken gesetzt hat, mag Herr Böll jedoch das Attribut »gnadenlos« nicht geben.

Im Gegenteil: Heinrich Böll schämt sich nicht, mit fadenscheinigen Kompetenz-Erläuterungen zu begründen, warum er als Vorsitzender einer weltumspannenden Schriftstellervereinigung nichts zu den unrechtmäßigen Verfolgungen und Verurteilungen sowjetischer Kollegen sagen könne: Nicht er, so versichert er mit gespielter Treuherzigkeit (Besitzer von Farbfernsehgeräten müßten an dieser Stelle Schamröte konstatiert haben!), sei hier kompetent, man hätte einen eigenen Ausschuß, der sich mit solchen Dingen befasse, der sei zuständig. Unglaubwürdiger hätte Heinrich Böll nicht argumentieren können: Er, der arme, der sonst nicht heftig genug gegen hierarchische Strukturen und gegen Autoritäten zu wettern vermag, als bedauernswertes Opfer einer Verbandssatzung! Daß dies, die Nichtzuständigkeit, der wahre Grund für das peinliche Böllsche Schweigen sein könnte, werden wohl nicht einmal die engagiertesten Anhänger des Kölner Moral-Schiedsrichters zu glauben vermögen. Vielleicht – und dies wäre fatal – kann ein Hinweis auf die Tatsache weiterführen, daß Bölls Bücher in der Sowjetunion in Millionenauflage verkauft wurden und werden, und daß der Herr PEN-Präsident bei einer demnächst anstehenden Rußland-Reise sichtbare Ergebnisse vorweisen und seine Gastgeber nicht verärgern will.

Bölls Enthaltsamkeit bei der Verurteilung sowjetischer Zustände steht in merkwürdigem Gegensatz zu seinem wilden Dreinschlagen auf alles, was ihm in der Bundesrepublik nicht paßt – und das ist so ziemlich alles, was nicht links ist. Bölls Meinhof-Plädoyer im »Spiegel« liefert den ideologisch-intellektuellen Hintergrund für die Ansicht der Polizei, die Baader-Meinhof-Bande könne sich nur dank umfänglicher Unterstützung gutbürgerlicher Kreise so lange der Freiheit erfreuen. Böll hält es der Baader-Meinhof-Bande zugute, daß sie in ihrem Manifest mitteile, nicht rücksichtslos von der Schußwaffe Gebrauch machen zu wollen, sondern nur, wenn die »Bullen« schießen. Sein Kommentar: »Hebt man die Kränkung, die in der Bezeichnung ›Bulle‹ liegt, gegen das Wort ›Bande‹ auf, zieht man von den zahlreichen vermuteten die bisher nachgewiesenen Taten ab und vergleicht man diese Passage mit dem wilden Schluß des Manifests ›Den bewaffneten Kampf unterstützen. Sieg im Volkskrieg!‹, so klingt das nicht ganz so wahnwitzig wild und schießlustig, wie die Gruppe bisher dargestellt worden ist.« Daß auch der Kaiserslauterer Bankraub in der Vorweihnachtszeit, bei dem ein Polizeibeamter ermordet wurde, doch, wie die »Bild«-Zeitung vermutet hatte und deswegen von Böll in übelster Weise (»Das ist nicht mehr kryptofaschistisch, nicht mehr faschistoid, das ist nackter Faschismus, Verhetzung, Lüge, Dreck«) angegriffen wurde, auf das Konto von Polit-Kriminellen gehen könnte, paßt zu des katholischen Dichters Wertung der Gruppe: »Es ist eine Kriegserklärung von verzweifelten Theoretikern, von inzwischen Verfolgten und Denunzierten, die sich in die Enge begeben haben, in die Enge getrieben worden sind und deren Theorien weitaus gewalttätiger klingen, als ihre Praxis ist.« Die Opfer und die Hinterbliebenen werden diese tröstliche Versicherung des braven Menschen Böll erleichtert zur Kenntnis nehmen!

Es ist ungeheuer

Versteckter Tadel – und das ist neu bei Heinrich Böll – wird sogar an die Adresse der SPD gerichtet, wenn weinerlich gefragt wird: »Haben alle, die einmal verfolgt waren, von denen einige im Parlament sitzen, der eine oder andere in der Regierung, haben sie alle vergessen, was es bedeutet, verfolgt und gehetzt zu sein ... waren nicht auch sie, die ehemals Verfolgten, einmal erklärte Gegner eines Systems, und haben sie vergessen, was sich hinter dem reizenden Terminus ›auf der Flucht erschossen‹ verbarg?« Es ist ungeheuer. Ohne jede Hemmung setzt Böll den Widerstand gegen Gewaltherrschaft, wie er etwa im Dritten Reich geleistet wurde, dem räuberischen und mörderischen Tun einer Bande Krimineller gleich. »Weiß keiner mehr«, so fragt der Bestseller-Autor mit einem Übermaß an gespielter Naivität, »was es bedeutet, einer gnadenlosen Gesellschaft gegenüberzustehen? Wollen die ehemals Verfolgten die verschiedenen Qualitäten des Verfolgtseins gegeneinander ausspielen und ernsthaft die Termini ›kriminell‹ und ›politisch‹ in absoluter Reinheit voneinander scheiden ...?«
Heinrich Böll leistet mit seinem Verhalten, insbesondere weil es von ihm

mit hohem moralischen Anspruch versehen und vorgetragen wird, einen Beitrag zur Verwirrung der Geister, wie er konfuser und beispielhafter nicht erfunden werden könnte. Wenn sich unser Staat Vorhaltungen gefallen lassen muß, daß er sich gegen jene zur Wehr setzt, die ihn zerstören wollen und selbst vor dem Töten seiner Bürger nicht zurückschrecken, so zeigt dies einen erschreckenden Verfall allgemein sittlich-moralischer Vorstellungen bei jenen, die vorgeben, im Namen dieser Vorstellungen zu urteilen.
Kommt, wie im Falle Heinrich Böll, noch das Kuschen vor der wirklichen Diktatur hinzu, so ergibt sich eine Kombination, die, sollte sie Schule machen, diesen Staat Bundesrepublik in kürzester Zeit ruiniert haben wird.

Die Welt, Herbert Kremp

Der Wahn der Epoche

Das Verbrechen und die Veränderung des gesellschaftlichen Bewußtseins

Gewaltsamkeiten, Verbrechen, Illegalitäten haben stets gesellschaftliche Hintergründe. Sie sind diffizil. Der Bankräuber muß seine Tat verantworten. Die Tat selbst gilt heute jedoch als typisch, als Ausdruck der Zeit und ihrer großen Konflikte. Während der Räuber Einbruch oder Überfall plant und ausführt, wird um ihn herum der Eigentumsbegriff, besonders die Kumulation von Eigentum, der Reichtum, das Eigentum an Produktionsmitteln, das Kapital, kritisiert, diffamiert, inkriminiert. Dieser Geist – es ist der Geist einer Epoche – übt Einfluß aus. Bankräuber sind in der Regel keine Revolutionäre. Aber sie merken durchaus, wenn ihre Betätigung auf einmal sozialrelevant und nicht mehr nur kriminell eingeschätzt wird. Vom Verbrecher zum Symptom befördert, geht der Kriminelle jedenfalls dreister, selbstbewußter vor.
Es ist überhaupt die Mode der Epoche, das Verbrechen gesellschaftspolitisch zu motivieren und zu relativieren. Kunstraub wird verständlich, wenn er den privaten Sammler trifft und der Hehlererlös pakistanischen Flüchtlingen zukommen soll. Generalmotiv: Umverteilung der Mittel. Die gewaltsame Behinderung des Politologenkongresses in Berlin in dieser Woche konnte der Kommunistische Studentenverband aussichtsreich mit dem Generalmotiv Frieden verteidigen: Die Professoren wollten angeblich »Projekte zur Durchführung von Kriegen« erarbeiten. Die Rote-Zelle-Ökonomie an der Universität in West-Berlin ging mit Gewalt gegen den Wissenschaftler Jürgen Zerche vor, der die Dozenten-Kandidatur eines Trotzkisten nicht unterstützen will. Grundmotiv: Veränderung des gesellschaftlichen Bewußtseins. Illegalitäten dieser Art richten sich gegen »das System«, nicht primär gegen dessen ausführende Organe. So objektivierte Böll in dieser Woche im »Spiegel« die Arbeit der Baader/Meinhof-Bande: Indem sie auf Bullen schießt, will sie Sachen treffen.

Da Sachen, Verhältnisse, Gesellschaftszustände inkarniert sind, fließt gelegentlich Blut (Böll: »... wenn man es schon als legitim ansieht, daß Polizeibeamte für 1373 Mark monatlich ihr Leben riskieren, unter anderem um Banktresore zu schützen ...«). Man kann bei der »Zerstörung bürgerlicher Denk- und Bewußtseinsformen« (Politologealtvater vor der Bundestagung des Ausschusses junger Lehrer in Kaiserslautern) nicht immer legalistisch und formal-demokratisch verfahren. Gesellschafts-Recht bricht positives Recht. Es wird ein Unterschied gemacht zwischen dem gewöhnlichen Verbrecher, wie dem mittlerweile gestorbenen Räuber Vincenik, und Denker-Tätern vom Schlage Meinhof und von Rauch. Der Bankräuber von Köln griff die Gesellschaft zwar an ihrer schwächsten Stelle, dem Tresor, an, er besaß aber weder die niederen noch die höheren Weihen seiner ideologisierten Konkurrenz.

Wenn bei einer Tat Grundmotive wie die Veränderung des gesellschaftlichen Bewußtseins, Frieden, Umverteilung des Kapitals im Spiele sind, erfaßt manche Politiker und Publizisten ein geheimer, heiliger Schauer. Sie empfinden sich dann als Zeugen eines ganz besonderen Vorganges. Ähnlich wie den germanenblonden, blauäugigen Mördern Walter Rathenaus (Juni 1922), denen Hitler am Ort der letzten Schüsse, der Burg Saaleck bei Kösen, ein Denkmal setzen ließ, billigt ihnen der progressive Geist entweder eine futuristische Doktrin oder tiefe Verzweiflung zu. (Böll über das Meinhof-Motiv: »Es ist eine Kriegserklärung von verzweifelten Theoretikern, von inzwischen Verfolgten und Denunzierten ...«) Im Stile von Entwicklungsromanen werden bei den Kriminellen »politische Schlüsselerlebnisse« gesucht und selbstverständlich gefunden, die in den jungen, hochsensiblen, oft stolz trauernden Menschen unweigerlich den Entschluß zur Gewalt reifen ließen. Sie schossen zwar mit Kugeln, aber keineswegs seelenlos.

Aus dieser Sicht entwickeln sich Rechtfertigungs- und Gerichtsverfahren, die oft an Publizistik und Justiz der Weimarer Zeit erinnern. Daß Grundmotive wie zum Beispiel der Kampf gegen das Kapital die Anwendung von Gewalt rechtfertigen, ist ja keineswegs neu. In der Epoche des Faschismus * hatte die Gewalt andere sie legitimierende Gründe. Damals standen Nation und Rasse im Vordergrund, heute durchweht die westlichen Gesellschaften der Wahn der Egalité. Sie ist das zentrale Motiv. Es fehlt heute zwar der Kollektivheld des Marxschen Revolutionsdramas, das Proletariat. Aber die »Emanzipationsbestrebungen der Unterprivilegierten in der kapitalistischen Gesellschaft« rühren sich dank der Neuen Linken recht kräftig. Einzelne Analytiker nennen es immer noch ein Psychodrama, eine Simulation oder schlichter: Hysterie. Aber der Wahn der Epoche, die Sucht nach Gleichheit, hat bedeutende Rechtsanwälte.

...

---

* Ernst Nolte: Der Faschismus in seiner Epoche, Piper, 71

Noch bestehen prinzipielle Unterschiede, Grenzen, ja Barrikaden zwischen den Verantwortlichen und den Verantwortungslosen. Aber das Schicksal der Weimarer Republik liefert den Nachweis, daß Grundmotive von der rechtsprengenden Kraft der Egalité, zunächst in menschenfreundlicher Absicht akzeptiert und als Einheit von Gesellschaft und Staat praktiziert, daß Motive dieser Revolutionskraft, die auch antikapitalistisch und antiplutokratisch ausschlagen, in ihr antihumanes Gegenteil umschlagen können. Jedes Infragestellen des Rechts provoziert den Antikörper der Gewalt. Man muß das wissen. Denn wir operieren heute in der Organ-Tiefe des Gesellschaftsvertrags. (gekürzt)

Sonntag, 16. Januar 1972

Welt am Sonntag, Hans Habe

Hans Habe ist Mitglied des amerikanischen PEN und des PEN-Zentrums der deutschsprachigen Autoren im Ausland. Sein Buch »Ob tausend fallen« erschien in einer Millionenauflage in der Sowjetunion, andere seiner Bücher kamen in Hunderttausenden Exemplaren im Ostblock heraus. Sein vieldiskutierter Roman »Die Mission« wurde auch vom Aufbau-Verlag in der »DDR« verlegt.

Der Schriftsteller Heinrich Böll verlangt Gnade für Ulrike Meinhof. Doch zur Verurteilung des russischen Schriftstellers Wladimir Bukowski schweigt der PEN-Präsident. Deshalb fordert der Kritiker und Schriftsteller Hans Habe:

Treten Sie ab, Herr Böll!

Der Schriftsteller Heinrich Böll ist seit einigen Monaten Präsident des bedeutendsten internationalen Schriftstellerverbandes, des PEN-Clubs. Er ist es zu lange gewesen.

...

Böll, eine Mischung aus Albert Schweitzer, Schwejk und Fritz Teufel, spielt teils die Rolle des Biedermanns, teils des Brandstifters.
Auf die Frage des »Panorama«-Moderators, ob er etwas für Bukowski unternehmen wolle, antwortete Böll mit kühlen Ausflüchten: »Ich kann da nicht in meiner Eigenschaft als Vorsitzender dieser Vereinigung protestieren, weil ich abhängig bin von parlamentarischen Beschlüssen des sogenannten Exekutiv-Komitees.« Das übersteige die Kompetenzen des Präsidenten. *Zum erstenmal, als es für den neuen Präsidenten galt, einen Intellektuellen zu verteidigen, verschwieg Böll, was ihn – neben seinen*

Millionenauflagen in der Sowjetunion – daran hindere, die kompetenten Ausschüsse eilends zu mobilisieren. Er wisse nicht, »welche Art des Protestes wirkungsvoll« sei, einen »anderen Einstieg« müsse man finden, »mit verantwortlichen Funktionären, Schriftstellerverbandsleitern, Abgeordneten« müsse man »ins Gespräch kommen«. Für ein »pragmatisches Vorgehen« setzte der Präsident sich ein, und dieses besteht wohl darin, just jenen Funktionären, die Bukowski denunziert, verurteilt, eingesperrt und verbannt haben, ein »Ei, ei, das tut man nicht« zuzuraunen.
»Übrigens«, fuhr der Präsident fort, sei »sehr viel aufzuräumen«. Das ist aber nicht etwa der Augiasstall des sowjetischen Kulturterrors, sondern »die westliche Arroganz gegenüber Osteuropa und eine daraus resultierende Überverletzlichkeit Osteuropas« – wir gehen »mit unserem westlichen Begriff der Freiheit zu arrogant um«; offenbar meint der *Biedermann,* und meint es nicht zu Unrecht, daß wir nur unsere Freiheitsbegriffe begraben müssen, um Gnade für Bukowski zu erwirken.
Bukowski ist verurteilt worden, weil er in einem Interview mit dem CBS den Neo-Stalinismus anzuklagen gewagt hatte. »Hättest du bloß einen anderen Text zu deiner Bergpredigt genommen«, scheint der Präsident mit Heine zu klagen; der arrogante Westen habe Bukowski als »Instrument« benutzt, eine »intellektuelle Unredlichkeit« haben wir begangen – die sowjetische Lesart ist das aufs Wort – und deshalb müsse sich Böll »überlegen«, ob er vielleicht »als Autor«, doch als PEN-Präsident mitnichten, in Moskau vorstellig werden könne.
Unterdessen krepiert Bukowski. Unterdessen krepiert Andrej Amalrik, der sich sechs Monate auf einem Transport ins Straflager von Talaya befand, ohne ärztliche Hilfe für den gefolterten Invaliden. Unterdessen krepiert die russische Intelligenz.
Es sei »dringlich« geworden, sagte Böll in London, daß der PEN zur Umweltverschmutzung Stellung nehme. *Aber von der intellektuellen Umweltverschmutzung der Sowjets will Moskaus westlicher Liebling, der sich, wie die Amerikaner sagen würden, als »Goodie-Goodie« ausgibt, als ein Hans-Wohltäter-in-allen-Gassen, nichts wissen. Er hat keine arroganten Freiheitsbegriffe, der Präsident. Er hätte wohl, wäre er zur Zeit Ossietzkys PEN-Präsident gewesen, die Hitlerschen Freiheitsbegriffe respektiert.* Er verdrängt den Gedanken, daß der PEN zu einem literarischen Kegelklub werden würde, wenn er seine einzige Aufgabe nicht erfüllte: Hilfe für die Bedrängten. Sibirien ist eine kalte Zone, sie läßt ihn kalt.
Doch kann der Präsident auch anders. Ein paar Tränen hat er schon übrig, der zum westlichen Popanz hinaufgelobte Bestseller-Autor, und diese vergießt er im Monopol-Nachrichtenmagazin für Ulrike Meinhof.
Für Ulrike Meinhof, deren »Theorien weitaus gewalttätiger klingen als ihre Praxis ist«, der man »Gnade, oder wenigstens freies Geleit ... anbieten« müsse, deren Film, man denke, »immer noch nicht gesendet« wird – Bukowski wird zwar auch nicht gesendet, doch geschickt wird er immerhin,

nach Sibirien. Keineswegs gefährlich sei die Meinhof, denn die Bundesrepublik habe »mehr als 60 Millionen Einwohner, die Gruppe um Ulrike Meinhof wahrscheinlich inzwischen sechs Mitglieder«. Und Bukowski? Die Sowjetunion hat beinahe 242 Millionen Einwohner und nur eine Handvoll von Schriftstellern, die aufzubegehren wagen.

Aber wie sollte dem Präsidenten ein solcher Vergleich einfallen, da ja die Gewaltliese zu den »verzweifelten Theoretikern« gehört, die nur den Westen in die Luft sprengen wollen, während Wladimir Bukowski – theoretisch – den östlichen Freiheitsbegriff zu kritisieren wagte. *Der internationale Präsident vertritt die Freiheit der Terroristin Meinhof. Die Freiheit des Intellektuellen Bukowski vertritt er nicht.*

Tritt man aber für den gewaltlosen Schriftsteller ein, nennt man die »Bullen«-Mörder beim Namen, dann ist das, nach Böll, »nicht mehr kryptofaschistisch, nicht mehr faschistoid, das ist nackter Faschismus«. Nicht Faschismus ist es dagegen, wenn der Präsident in seinem »Spiegel«-Ausbruch an drei Stellen dem politischen Gegner Axel Springer und dessen »Helfershelfer« den Tod wünscht, und weil das mit dem Tod in Irrenhäusern, Folterkammern und Straflagern im arroganten Westen noch seine Weile hat, mögen sie ersticken: »Ich hoffe, die Gräten im Weihnachtskarpfen waren nicht zu weich und haben sich tatsächlich quergelegt.« Eine neue Methode: Vielleicht empfiehlt sie der Präsident bei seinem Moskauer Freundschaftsbesuch.

Es ist unmöglich, den Menschen und Autor Böll vom PEN-Präsidenten zu trennen. Der Intellektuelle muß nicht nur mit seinem Gewissen, er muß mit unser aller Gewissen leben. Es wäre kein guter Intellektueller, der aus Ekel oder Genügsamkeit oder Opportunismus oder Angst vor der Ansteckung die Kranken meiden würde, deren Leiden er exakt diagnostiziert hat.

Wen das Vertrauen Tausender Schriftsteller auf den Schild hob, dem ist mit Pflicht und Aufgabe auch eine Würde zuteil geworden. Er kann sich die Momente seiner Menschlichkeit nicht aussuchen, kann Sprache und Gesinnung der Gosse nicht zu seinen eigenen machen, kann sich nach dem Beifall aus einer Himmelsrichtung nicht einordnen.

Es gab schwache und eitle PEN-Präsidenten, aber keine – auch nicht den »linken« Arthur Miller –, die ihre Schutzbefohlenen so schutzlos ausgeliefert, Verbrecher so leidenschaftlich beschützt, Andersdenkende der Gewalt empfohlen hätten. Heinrich Böll glaubt sich gefeit gegen das »Hitlerjugendwehwehchen«, das er anderen ankreidet, und scheint doch, traurig genug, ewig an ihm zu leiden. Was er befürwortet und was er duldet, den Schmerz, den er vergißt und die Sprache, die er spricht, das, in der Tat, ist »nicht mehr kryptofaschistisch, nicht mehr faschistoid«. Das ist nackter Faschismus.

Faschismus wäre es aber auch, wenn der verkleidete Biedermann das Unrecht, das er getan, nicht einsähe. Faschismus wäre es, wenn Präsident Böll auf seinem Posten verharrte. (gekürzt)

Bild

Ich träume jede Nacht von meinem toten Mann

Bei der Debatte, ob die Baader-Meinhof-Bande den Polizisten in Kaiserslautern ermordete, sind das Mordopfer und seine Familie völlig vergessen worden.

Von WERNER KIRCHNER

Weilerbach bei Kaiserslautern, 17. Januar

Sie heißt Inge Schoner und ist die Frau des Polizisten, der zwei Tage vor Heiligabend bei dem Bankraub in Kaiserslautern erschossen wurde. Wenn sie schlafen will, greift sie zur Schlaftablette. Wenn sie das Haus verlassen will, greift sie schutzsuchend nach dem Arm ihres Schwagers. Ohne ihn geht sie nicht fort. Weil ihr anonyme Anrufer gedroht haben, wagt sich Inge Schoner

thema des tages

nur noch am Nachmittag aus ihrer Wohnung — wenn sie sich von ihrem Schwager im Auto schnell zum Friedhof fahren läßt.

Seit ihr Mann erschossen wurde, ist für sie kein Tag mehr, wie er früher war. Für sie gibt es keine Nacht mehr, in der nicht irgendein Traum daran erinnert, wie es war, als ihr Mann zum Dienst ging und zwei Stunden später erschossen wurde. Und sie träumt fast jede Nacht von ihrer Ehe mit ihm.

So erlebt sie im Traum noch einmal den Tag der Hochzeit 1962.

So erlebt sie im Traum noch einmal den letzten Urlaub in Spanien.

So träumt sie noch einmal das Richtfest, das sie gefeiert haben.

„Hier erinnert mich alles an ihn", sagt sie über das Haus, das sie in neun Jahren Ehe gebaut haben.

Dann geht sie in dem 30 Quadratmeter großen Wohnzimmer auf und ab:

„Da liegen noch seine Pfeifen, da steht noch der Sessel, in dem er immer gelesen hat, und da sind seine Lieblingsbücher." Von Simmel „Alle Menschen werden Brüder" und „Jenseits der Gesetze" von Frank Arnau.

Auch sie lebt in einem Jenseits, in einem irdischen Jenseits. Ihr Gesicht ist von unwirklicher Blässe, ihre Stimme versagt oft:

„Da, auf der Terrasse . . ."

Dann ein Weinen, dann ein Versuch, den Satz zu Ende zu bringen: „Da auf der Terrasse hat er sich immer gesonnt."

Inge Schoner sagt: „Alles wäre für mich einfacher gewesen, wenn er natürlich gestorben wäre wie andere Männer. Aber der Tod kam so plötzlich, daß er so wehrlos war."

Inge Schoner: „Anfangs habe ich den Mördern den gleichen Tod gewünscht. Jetzt sind sie mir gleichgültig. Ich muß weiterleben ohne Haß."

Wie sie weiterlebt?

- Sie lebt von 560 Mark Witwenpension monatlich plus zweimal 50 Mark Kindergeld für den neunjährigen Helmut und die sechsjährige Christine.
- Sie lebt mit dem Gedanken, daß ihr Mann noch nachträglich zum Hauptwachtmeister befördert wird.
- Und sie lebt mit der Hoffnung, daß sie in einem Jahr ihre Trauer mit weniger Verzweiflung und mehr Gefaßtheit tragen kann.

Und sie denkt an den 18. Vers des 145. Psalms, den der Pfarrer zur Hochzeit und zur Beerdigung verlesen hat: „Der Herr ist nahe allen, die ihn anrufen. Allen, die ihn mit Ernst anrufen."

Jetzt ist sie mit 2 Kindern allein: Inge Schoner mit ihrem Herbert an ihrem Hochzeitstag

„Böll, zeige uns den Staat, in dem es mehr Freiheit gibt!"

Fünf Politiker und ein Schriftsteller antworten Heinrich Böll

Haßerfüllt hatte der Schriftsteller Heinrich Böll auf eine Meldung der BILD-Zeitung reagiert, daß die Baader-Meinhof-Bande neben vielen anderen Verbrechen auch den Polizistenmord in Kaiserslautern verübt habe. Am gleichen Tage, als Bölls pöbelhafter Angriff im „Spiegel" erschien, sagte er in der Fernsehsendung „Panorama" zu dem Terror-Urteil (12 Jahre) gegen den sowjetischen Schriftsteller Wladimir Bukowski, er müsse darüber nachdenken, ob er dagegen protestieren wolle. Am Wochenende haben viele Politiker und der Schriftsteller Hans Habe zu Böll Stellung genommen.

Jürgen Echternach und Wulf Schönbohm von der Jungen Union in einem offenen Brief an Böll:

„Tatsache ist, daß es erstmalig in der Geschichte der Bundesrepublik einer bewaffneten Bande durch die Herausstellung politischer Motive gelungen ist, monatelang im Untergrund zu ‚arbeiten', Unterschlupf bei ‚rechtschaffenen' Bürgern zu finden und für ihre kriminellen Handlungen partielles Verständnis, wie zum Beispiel bei Ihnen, Herr Böll, zu finden . . . In diesen Tagen, in denen wir uns empören über die brutalen Urteile gegen kritische Schriftsteller in der Sowjetunion, sollten wir nicht vergessen, daß unser demokratischer Staat kein so starkes Fundament besitzt, um den permanenten Angriffen von allen Seiten ohne weiteres gewachsen zu sein."

Der berühmte Schriftsteller Hans Habe in der WELT am SONNTAG:

Böll, eine Mischung aus Albert Schweitzer, Schwejk und Fritz Teufel spielt teils die Rolle des Biedermanns, teils des Brandstifters . . . Er vertritt die Freiheit der Terroristin Meinhof. Die Freiheit des intellektuellen Bukowski vertritt er nicht.

Tritt man aber für den gewaltlosen Schriftsteller ein, nennt man die Bullen-Mörder beim Namen, dann ist das, nach Böll, nicht mehr faschistoid, das ist nackter Faschismus. Nicht Faschismus ist es dagegen, wenn Böll in seinem Spiegel-Ausbruch an drei Stellen dem politischen Gegner Axel Springer und dessen Helfershelfer den Tod wünscht . . ."

DIE WELT fragte Politiker nach ihren Meinungen zu Böll.

Der Ministerpräsident von Baden-Württemberg, Filbinger:

„Böll möge uns die staatliche Ordnung zeigen, in der es mehr persönliche Freiheit gibt als bei uns. Der hier vorhandene Freiheitsspielraum kann für alle nur erhalten werden, wenn es einzelnen, wie Ulrike Meinhof, verwehrt wird, die freiheitlich-demokratische Grundordnung zu beseitigen."

Bayerns Innenminister Merk:

„Was die (von Böll aufgeworfene) Frage des freien Geleits zu einem Prozeß in voller Öffentlichkeit betrifft, so brauchen sich die Mitglieder der Bande nur bei der nächsten Polizeidienststelle zu melden . . . Im freiheitlichen Rechtsstaat sichern Polizei und Justiz Freistätten für Mörder. Da werden sie nämlich davor geschützt, etwa von den Angehörigen der Ermordeten umgebracht zu werden."

Hessens Justizminister Hempfler:

„Mit welchem Recht sollen diese sechs Menschen (gemeint ist der Kern der Baader-Meinhoff-Bande) besser behandelt werden als jeder andere, der ein Verbrechen begangen hat."

Montag, 17. Januar 1972

Der Spiegel

Wo was los ist

Am Dienstag geißelte Verfassungsschützer Genscher vor Bonns Presse die Umtriebe von Gastarbeitern, Radikalen und Spionen in der Bundesrepublik. Vor den TV-Kameras schlug er den Rat des Kabinettskollegen und Rechtsprofessors Horst Ehmke aus, in einer Stellungnahme zu der Baader-Meinhof-Kolumne Heinrich Bölls im SPIEGEL nicht nur die Polizeischelte des Schriftstellers zu tadeln, sondern auch Bölls Kritik an der »Bild«-Hetze gutzuheißen. Ordnungshüter Genscher schenkte sich den zweiten Teil des Ehmke-Rates.
Zwei Tage später, am Donnerstag, löste sein Bundeskriminalamt die bisher größte bundesweite Fahndung gegen die Baader-Meinhof-Gruppe aus. Doch Genschers Wochen-Show blieb ohne krönendes Finale, des Ministers Unrast hatte sich nicht ausgezahlt. (gekürzt)

Dienstag, 18. Januar 1972

Österreichischer Rundfunk, Werner Schneyder

Ansichten keines Clowns

Versuch einer Wertung der »Affäre Böll«

...
Wenn wir gesagt haben, daß die Baader-Meinhof-Gruppe ein öffentliches Ungeheuer geworden ist, ein bundesdeutscher Nachtmahr, als Verdächtiger allgegenwärtig bei Verbrechen jeder Art, ob im Witz, ob indirekt, ob namentlich bezeichnet, dann trägt die Presse dazu ihr Teil bei, im speziellen der spezielle Feind des Feindes, die Springer-Presse und hier besonders BILD, das Superblatt mit einer 4-Millionen-Auflage, etwa 10 Millionen Lesern und einer Elite an journalistischen Experten für Halbwahrheiten, Aufbauschungen, Verallgemeinerungen, Unterstellungen und unterschwelliger Hetze. Was diese Zeitung mit der Entschuldigung, sich um Popularität zu bemühen, an Schlagzeilenherstellerei betreibt, ist jede Dissertation wert. Für die denkenden Menschen in der Bundesrepublik ist Bild ein ebenso großer Horror wie der Name Baader-Meinhof. An dieser Stelle wäre natürlich wieder eine ausführliche Differenzierung fällig, aber wir wollen zu Böll.
...
Böll argumentierte nicht für Baader-Meinhof, sondern gegen BILD. Was die Gruppe anlangt, verlangte er nur Maß: »Kein Zweifel – Ulrike Meinhof

lebt im Kriegszustand mit der Gesellschaft... Es ist inzwischen ein Krieg von 6 gegen 60 000 000.«
Böll meinte, diesem Verhältnis wäre besser entsprochen, wenn man die Bande nicht stellt und im Feuerwechsel besiegt, sondern wenn man versucht, »Gnade« oder wenigstens »freies Geleit« anzubieten. Böll will einen Prozeß. Er verspricht sich eine sinnvollere Konfrontation vor dem Gericht, er vermutet allerdings auch, daß Ulrike Meinhof von dieser Gesellschaft kein Recht erwartet. Böll sagt aber, und das ist das Zentrum seiner Agitation: »Trotzdem sollte man ihr freies Geleit bieten, einen öffentlichen Prozeß, und man sollte auch Herrn Springer öffentlich den Prozeß machen, wegen Volksverhetzung.«
Das war also Böll in erster Instanz, und jetzt ging der Wirbel los. Die flinken Federn des gesunden Volksempfindens hatten Großeinsatz gegen Heinrich Böll. Der Kommentator einer Fernsehstation bezeichnete ihn als »Salonanarchisten«. Böll verbot daraufhin der Station, fürderhin noch etwas aus seiner Feder zu senden.
Hans Habe – wie denn nicht – machte sich sofort wichtig, und da diesem Literatur-Schlamm sehr viele Publikationsmöglichkeiten offenstehen, hatte Böll ebenso viele künftige Mitarbeiten aufzukündigen. Aber auf den Springerschen Einsageliteraten Habe einzugehen lohnt sich nicht.
Ein anderer Mann antwortete Böll: Nordrhein-Westfalens Minister für Bundesangelegenheiten Diether Posser. Diese Erwiderung war wertvoll, weil sie die beiden Teile der Böllschen Argumentation nicht durcheinanderwarf. Minister Posser unterschrieb Bölls Meinung über BILD und BILD-Berichterstattung voll und ganz. Er bezeichnete die Mordschlagzeile in BILD als »in der Tat skandalös«.
Aber Posser schenkte Böll keinen Fehler in der Beschreibung der Baader-Meinhof-Gruppe. Er wies nach, daß die Baader-Meinhof-Leute das Feuer zu eröffnen pflegen, und er stellte Umfang und Häufigkeit der Kriminaltaten klar. (Auf den Grundsatzstreit, inwieweit sich Anarchisten des Gesetzes überhaupt bedienen können und wollen, kann sich ein Funktionär der bestehenden Rechtsordnung natürlich nicht einlassen).
...
Böll wollte es besonders gut machen, er wollte die Kluft zwischen Wahrheit und BILD-Zeitung in maximaler Größe ziehen. Er hat sich mit der Einschätzung der einen Seite geirrt. Es hätte der anfechtbaren Argumente nicht bedurft. Die Kluft zwischen der Wahrheit um die Baader-Meinhof-Gruppe und der Haltung einer BILD-Zeitung ist auch so groß genug.
Politik, gar Pressepolitik, ist für einen Mann dieses Engagements – zu verstehen im besten Sinne des Wortes – eben schwer. Sie ist dennoch nicht zu unterlassen. Und wenn ein Heinrich Böll sich teilweise irrt, dann finden sich Köpfe und Fachleute von Rang, die Fehler klarzustellen. Da bedarf es nicht hämischer Nachstellungen der Drittklassigen, da bedarf es nicht der Selbstinszenierung eines Habe. Wenn Böll Ansichten hat, dann sind das allemal die keines Clowns. (gekürzt)

Frankfurter Allgemeine Zeitung

Polizeigewerkschaft greift Genscher an

Kuhlmann bezeichnet geplantes Gesetz über Bundesgrenzschutz als verfassungswidrig / Aufbau einer Bundespolizei?

L. B. DÜSSELDORF, 17. Januar. Die Gewerkschaft der Polizei hält das von Bundesinnenminister Genscher geplante neue Gesetz über den Bundesgrenzschutz für verfassungswidrig, weil es den Aufbau einer Bundespolizei anstrebe, deren Aufgaben weit über die Sicherung der Staatsgrenzen hinausgehen sollen ...

Kuhlmann sieht in dem Gesetz, das Genscher am Mittwoch im Bundestag einbringen will, die Gefahr, daß der Bundesgrenzschutz eine Generalvollmacht für jeden Einsatz an jedem Ort erhalte, sobald er von einem Bundesland angefordert werde. Auf diese Weise werde die innere Sicherheit nicht verbessert, sondern verschlechtert. Der Einsatz eines paramilitärisch organisierten, ausgebildeten und bewaffneten Verbandes zum Beispiel bei Demonstrationen oder Arbeitskämpfen müsse die Arbeit der Polizei erschweren, weil dann mit großer Wahrscheinlichkeit die Gewalt eskalieren werde. Dadurch würden aber erst die Krisen heraufbeschworen, die es zu verhindern gelte.

Der Bundesgrenzschutz sei schon deshalb keine Polizei, weil er einen Kombattantenstatus habe, im Verteidigungsfall zur Bundeswehr gehöre, von Offizieren geführt werde und auch finanziell zu den Verteidigungsausgaben gerechnet werde. Die zur Zeit konkret erkennbaren Gefährdungen der Bundesrepublik beruhten innenpolitisch auf einer Auslieferung der gemeinen Kriminalität, vor allem der Gewaltverbrechen. Ihnen vorzubeugen und sie zu bekämpfen, sei aber Sache der Polizei der Länder. Kuhlmann meinte ferner, es sei politisch sinnvoller und verfassungsrechtlich gebotener, die allgemeine Polizei personell und finanziell zu verstärken, als den Bundesgrenzschutz von 20 000 auf 30 000 Mann auszubauen und aus ihm indirekt eine Bundespolizei zu machen.

Die Polizeigewerkschaft hält das Vorhaben von Genscher, das auch schon von seinen Amtsvorgängern Höcherl und Schröder betrieben worden sei, für »schizophren«. Früher habe man versucht, aus der Polizeit mit Hilfe des Kombattantenstatus »so ganz nebenbei Soldaten zu machen«. Nachdem das gescheitert sei, solle aus dem Bundesgrenzschutz, der soldatisch ausgebildet werde, jetzt nebenbei eine Polizeitruppe geschaffen werden.

(gekürzt)

Mittwoch, 19. Januar 1972

Bild

Mit Maschinenpistole und Sprechfunkgerät: Einer der vielen Polizisten, die das Düsseldorfer Oberlandesgericht bewachen

Kurz vor Prozeßbeginn: Der schußsichere Glaskasten für den Angeklagten wird noch einmal überprüft

Strenge Ausweiskontrolle vor dem Eingang des Gerichtssaals

Mit dicken Stiefeln und Ohrenschützern: Wachdienst in klirrender Kälte

Pfarrer und ein Professor halfen der Meinhof-Bande

Bild

Komplice enthüllt Baader-Meinhof-Pläne

Bomben auf Rathäuser – egal, ob dabei Menschen sterben

Aussage im schußsicheren Glaskasten: Karl-Heinz Ruhland (33)

Polizisten mit Maschinenpistolen sichern das Gerichtsgebäude

Von WOLFGANG BERNEY

Düsseldorf, 19. Januar

Zum erstenmal hat jetzt ein Baader-Meinhof-Komplice die geheimen Pläne der Anarchisten-Bande aufgedeckt.

Von schwerbewaffneten Polizeibeamten gesichert, hinter schußsicherem Panzerglas geschützt, gestand der Autoschlosser Karl-Heinz Ruhland (33) vor dem Oberlandesgericht Düsseldorf: „Die bestehende Gesellschaft sollte umgestürzt und verändert werden. Sagen wir mal, Verunsicherung durch Zünden von Sprengkörpern in öffentlichen Gebäuden."

Der Gerichtsvorsitzende fragte: „Öffentliche Gebäude? Was meinen Sie damit?"

Der Angeklagte: „Rathäuser und so."

Der Vorsitzende: „Und wenn Menschen draufgegangen wären? War das egal?"

Der Angeklagte: „Ja, egal."

Ruhland enthüllte weiter, daß ein Waffenlager in Munsterlager überfallen werden sollte. Als Anführer der Bande bezeichnete er den Berliner Rechtsanwalt Horst Mahler und Andreas Baader.

Lesen Sie bitte den Bericht auf der letzten Seite

Deutsche Tagespost, Winfried Martini

Kriminalpolitiker

Im Gespräch mit einem bayerischen Polizeiwachtmeister, einem ruhigen, bedächtigen Mittfünfziger, erklärte er etwas unvermittelt: »Unser Staat ist doch im Eimer!« Er setzte mir seine düstere Prognose auseinander: ein Staat, dessen Behörden und Massenmedien mehr Verständnis für die Verbrecher als für die Opfer aufbrächten, könne sich auf die Dauer nicht halten; sie, die Polizeibeamten, spielten eine ziemlich lächerliche Rolle. Faßten sie Kriminelle, würden diese von den Gerichten häufig nicht angemessen bestraft, schössen sie auf einen fliehenden Verbrecher, schalteten sich die Massenmedien zu seinen Gunsten ein, stellten die Vorgesetzten den Beamten aus Angst erst einmal zur Disposition; bis der sein Verfahren bekomme, vergingen ein bis zwei Jahre, solange teile sich die Ungewißheit seines Schicksals den Kollegen mit, die daher immer weniger geneigt seien, sogar fliehende Mörder zu behindern. Er jedenfalls, so schloß der Wachtmeister seine pessimistischen Betrachtungen, mache von der Schußwaffe allenfalls zu seiner eigenen Sicherheit Gebrauch.
Der Mann gehörte ganz gewiß nicht zu der Sorte von »Bullen«, die heute zu tollwütigen Schießern stilisiert zu werden pflegen. Seine Bemerkungen verallgemeinerten zwar, enthielten aber einen Wahrheitskern, der alles andere als leichtzunehmen ist. Daß sich Vorgesetzte nicht mehr vor ihre Untergebenen stellen, wenn sie von den Massenmedien gehörig angegriffen werden, ist auf allen Ebenen des Staates üblich geworden: in der Verwaltung, in der Justiz, in der Bundeswehr, bei der Polizei. Eine Statistik, wäre sie möglich, hätte vielleicht den Wachtmeister insofern widerlegt, als zumindest damals die Mehrzahl der Fälle nicht seiner Darstellung entsprochen haben mochte, sie würde aber auch ergeben haben, daß er eine wachsende Tendenz korrekt wiedergab.
Seit jenem Gespräch sind 12 Jahre vergangen. Inzwischen liberalisierte der Bundestag 1964 das Haftrecht mit den bekannten Folgen, »reformierte« er das Strafrecht im Mai 1970 auf eine schlechthin aberwitzige Weise, zeigt Bundespräsident Heinemann mehr Interesse für verurteilte Verbrecher als für das Verbrechen, steigt die Kriminalität und sinkt die Aufklärungsquote auf bestürzende Weise.
Mehr und mehr wird das Verbrechen psychologisiert. Dagegen ist nichts einzuwenden, solange eine ernsthafte Kriminologie die Motivationen, die zu einer strafbaren Handlung führen, zu ergründen sucht. Der Richter hat ohnehin einen Ermessensspielraum, der auch die Motivationen im Strafmaß berücksichtigen kann. Aber das ändert nichts daran, daß die Rechtsordnung, soll sie irgendeinen Sinn haben, geschützt werden muß – was auch immer einen Rechtsbrecher zu seiner Tat veranlaßt haben mag. Und Schutz der Rechtsordnung ist Schutz des Volkes.

Amateurpsychologen treten penetrant in den Vordergrund. Sie wollen uns einreden, daß die Motivation des Verbrechens ungefähr das gleiche sei wie Schuldlosigkeit. Die Mode will es, daß die Kriminalität der »Gesellschaft« angelastet wird. Souverän ignoriert man die statistisch erhärtete Tatsache, daß in den ersten Jahren nach 1945 die Kriminalität der Heimatvertriebenen, die also nichts besaßen, weitaus geringer war als die der Einheimischen. Die bekannte Erscheinung der Wohlstandskriminalität mag auf die Gesellschaft zurückgehen. Aber der ist wohl noch nicht geboren, der deswegen eine drastische Senkung der Löhne und Gehälter verlangte.
Heinrich Böll erregte Aufsehen, als er im »Spiegel« die Baader-Meinhof-Bande – Pardon: Gruppe – in Schutz nahm. Aus sechs Personen bestehe sie lediglich, 60 Millionen Bürger bedrohten die Unglücklichen. Sie hat doch »nur« der »Gesellschaft« den »Krieg erklärt«. Hat etwa die »Gesellschaft« sie vorher angegriffen? Das Aufsehen war unangemessen. Denn Böll ist ein Literat, kein Politiker, kein Strafrechtler, kein Kriminologe – zahllose seiner Äußerungen belegen es. Aber er hat nun einmal Aufsehen erregt: das zwingt auch ernsthafte Personen, sich mit seinen subalternen Ausführungen zu beschäftigen. Er gehört zu den vielen Literaten, die sich, weil sie einen Namen haben, schließlich auf nahezu allen Gebieten für zuständig halten.
Das gilt auch von Klaus Harpprecht. Ein brillanter Feuilletonist, nicht weniger, aber auch nicht mehr. Seine politischen Vorstellungen entsprechen etwa denen des liebenswürdigen und harmlosen Kulenkampff. Daß er sich auch als Kriminalpolitiker für kompetent hält, ließ er kürzlich im »Vorwärts« wissen, als er sich über den Kölner Bankraub ausließ. Er gab uns als »Steuerzahler«, wie er anmerkte, zu bedenken, daß »die tage- und nächtelange Rotation eines komplizierten Fahndungs- und Ahndungsapparates auf Bundes- und Landesebene weit mehr kostet« als die geraubten 300 000 DM, überdies sei die Deutsche Bank wohl auch versichert. Und der »Schrecken über die wuchernde Kriminalität«, schrieb der gut verdienende Feuilletonist, sei »bürgerlich«, was doch wohl heißen soll: spießig, abwegig, vorgestrig, reaktionär, also unbeachtlich.
Im Gegensatz zu Böll und Harpprecht leben wir Bürger unbelehrbar noch im 19. Jahrhundert. Verstockt tun wir den Gewalttätern, Kidnappern und Geiselnehmern bitter Unrecht. Ahnungslos, wie wir nun einmal sind, indem wir mit unseren Steuergeldern kostspielige Fahndungen finanzieren, statt auf eine Verfolgung und Bestrafung zu verzichten und den Kriminellen grünes Licht zu geben, an deren Treiben doch nur die Gesellschaft, also wir, schuldig sind, und deren Motive wir endlich verstehen sollten. Wie heil könnte unsere Welt sein, würde nur der PEN-Club das Bundeskriminalamt übernehmen, würden unsere Literaten Polizeipräsidenten!

Offener Brief an den Schriftsteller Heinrich Böll

Sehr geehrter Herr Böll!
Daß Schriftsteller sich zur Politik äußern, begrüßen wir, politische Äußerungen sind eben in unserem System nicht sakrosankt, weshalb wir uns erlauben, Ihrem Artikel im »Spiegel« über die Baader-Meinhof-Gruppe grundsätzlich zu widersprechen. Sie weisen durch Zitate aus dem »Manifest« der Gruppe darauf hin, daß sich ihre Kriegserklärung zwar gegen das System, aber nicht gegen dessen ausführende Organe richte, daß man die »Bullen« laufen ließe, die die Gruppe laufen lassen, daß die Polizisten doch bedenken sollten, wie die Gruppe durch »praktische Sozialarbeit« zu ihren Erkenntnissen gekommen wäre. Tatsache aber ist: Angehörige der Gruppe entziehen sich der Festnahme durch rücksichtslosen Waffengebrauch gegen Personen. Das gewaltsame Verhalten der Baader-Meinhof-Gruppe und der gesetzliche Auftrag der Polizei, weitere Gewalttaten durch Festnahmen zu verhindern, führen daher Ihre oben angeführten Entschuldigungsgründe ad absurdum.

Tatsache ist, daß es erstmalig in der Geschichte der Bundesrepublik einer bewaffneten Bande durch die Herausstellung politischer Motive gelungen ist, monatelang im Untergrund zu »arbeiten«, Unterschlupf bei »rechtschaffenen« Bürgern zu finden und für ihre kriminellen Handlungen partielles Verständnis, wie z. B. bei Ihnen, Herr Böll, zu finden.

Sie betonen mehrfach, daß die Baader-Meinhof-Gruppe der Gesellschaft den Krieg erklärt habe, was also bedeute, daß 6 gegen 60 000 000 kämpfen. Sie erwecken den unzutreffenden und abwegigen Eindruck, als wenn 60 000 000 Bürger auf Baader-Meinhof-Pirsch wären und nicht ausschließlich die Polizei, die dafür auch zuständig ist. Wieso unterstellen Sie, daß Ulrike Meinhof bei ihrer Festnahme in den »Siedetopf der Demagogie« gerate und der »totalen Gnadenlosigkeit« ausgeliefert sei, wo doch ordentliche Gerichte über sie urteilen werden?

Als besonders peinlich empfinden wir die Gleichsetzung der Verfolgung durch den NS-Staat mit der Verfolgung der Baader-Meinhof-Gruppe durch die rechtsstaatlichen Organe der Bundesrepublik.

Sie, sehr geehrter Herr Böll, machen den durchsichtigen Versuch, die Baader-Meinhof-Gruppe zu verharmlosen und die »Gesellschaft«, das System, als gnadenlos, als die eigentlichen Schuldigen hinzustellen. Sie diffamieren in fahrlässiger Oberflächlichkeit und in Pauschalurteilen unsere Rechtsstaatlichkeit und stellen die Existenz und Legitimation unserer Demokratie in Frage. Natürlich ist das Ihr gutes Recht, aber Sie müssen sich unserer Meinung nach darüber im klaren sein, daß solche Diskussionsbeiträge wie der Ihrige, die unser »System« diffamieren und von den wesentlichen Problemen eher ablenken, mit dazu beitragen, den Radikalismus hoffähig zu machen.

In diesen Tagen, in denen wir uns empören über die brutalen Urteile gegen kritische Schriftsteller in der Sowjetunion, sollten wir nicht vergessen, daß unser demokratischer Staat kein so starkes Fundament besitzt, um den permanenten Angriffen von allen Seiten ohne weiteres gewachsen zu sein.
Gerade weil Sie ein bedeutender Schriftsteller sind, haben Ihre politischen Aussagen besonderes Gewicht, und deshalb bedauern wir es, daß Ihr Beitrag im »Spiegel« unausgewogen, unsachlich und unfair war.
Da Sie unsere Kritik sicherlich nicht teilen, sind wir auch gerne bereit, mit Ihnen über diese oder andere politische Fragen in einem von Ihnen zu bestimmenden Kreis zu diskutieren. Sie werden sicherlich damit einverstanden sein, daß wir diesen Brief der Öffentlichkeit übergeben.

Mit freundlichen Grüßen
gez. Jürgen Echternach
Bundesvorsitzender der Jungen Union
gez. Wulf Schönbohm
Landesvorsitzender Junge Union Rheinland

Donnerstag, 20. Januar 1972

Abgeordnetenhaus von Berlin, Auszug aus der 22. Sitzung

Oxfort: Meine Damen und Herren! Ich möchte noch eine letzte Bemerkung machen. Der Bürgermeister hat am Ende seines Berichtes mit sehr viel Leidenschaft argumentiert gegen bestimmte Tendenzen und Berichte, in denen versucht wird, die Baader-Meinhof-Gruppe, wenn nicht in Schutz zu nehmen, so doch, sagen wir mal, zu verharmlosen. Ich hatte am Eingang meines Beitrages deutlich zu machen versucht, wo für mich der Unterschied zwischen politischer Betätigung und krimineller Tätigkeit liegt. Es kann also nicht um Unterschiede in der Beurteilung in diesem Hause gegangen sein, als der Bürgermeister auf all diese Dinge einschließlich des Artikels von Böll noch einmal eingegangen ist. Aber ich meine, eins ist doch auch der Überlegung wert – und ich hoffe, ich werde jetzt nicht mißverstanden, da ich jedenfalls mein persönliches Eintreten für Rechtsstaatlichkeit für unangreifbar halte –, nämlich dies, daß es in unserem Volke mit den von Ihnen gewählten Formulierungen, Herr Bürgermeister, auch zu ungewünschten und unerwünschten Reaktionen kommen kann, wenn Sie in dieser Weise einzelne Personen bereits als Verbrecher bezeichnen, bevor sie gerichtlich verurteilt worden sind.

(Unruhe)

Ich finde, in Ihre Darstellung, Herr Bürgermeister, hätte auch der Artikel 11 Absatz 1 der Allgemeinen Erklärung der Menschenrechte gehört, der da lautet, daß jeder Mensch, der einer strafbaren Handlung beschuldigt wird, so lange als unschuldig anzusehen ist, bis seine Schuld in einem öffentlichen Verfahren, in dem alle für seine Verteidigung nötigen Voraussetzungen gewährleistet waren, gemäß dem Gesetz nachgewiesen ist.

(Abg. Hannemann: Baader-Meinhof-Gruppe! –
Weitere Zurufe)

– Ich nehme, verehrter Herr Zwischenrufer, wenn Sie mir richtig zugehört hätten, die Baader-Meinhof-Gruppe weiß Gott nicht in Schutz, dazu habe ich keine Veranlassung, sondern ich bin ihr immer und überall mit genau derselben Deutlichkeit entgegengetreten wie andere auch. Aber ich meine, wenn man dauernd die Kritik in der Öffentlichkeit beklagt, dann muß man auch genug Selbstkritik haben, um zu fragen, ob die eigenen Äußerungen geeignet genug sind, um das Entstehen einer Hysterie, auf welcher Seite auch immer, zu vermeiden.
Ich habe hier eine sehr bemerkenswerte Postkarte bekommen – die ist noch nicht mal anonym – aus Hamburg; da heißt es – vielleicht gefällt die dem einen oder anderen –: »Im Falle von Rauch sollten Sie sich lieber nicht um solche kleinen Betriebsunfälle von Verbrechern kümmern. Es spielt auch keine Rolle, wie das geschehen ist. Die Hauptsache ist doch, daß ein Verbrecher weniger auf der Welt ist. Stärken Sie der Berliner Polizei lieber den Rücken und machen Sie sich darüber Gedanken, daß Scheel für die F.D.P. das Todesurteil bedeutet.«

(Heiterkeit)

Nun mag das eine oder andere ganz sicherlich gefallen. Und die Heiterkeit, die das Zitat – ich habe es wohlweislich in vollem Umfange vorgelesen – bei dem einen oder anderen auslöst, macht vielleicht auch hier und dort nachdenklich. Ich sage noch einmal: Es ist kein Kunststück, sich zur Rechtsstaatlichkeit zu bekennen, wenn es um den Fall Müller gegen Meier geht.

(Unruhe)

Das Bekenntnis zur Rechtsstaatlichkeit läßt sich nur an den Fällen messen, in denen es in der Tat um umstrittene Personen und umstrittene Objekte geht. Nur, die Einstellung des einzelnen in diesem Falle läßt in der Tat erkennen, ob von den großen Worten von Bewahrung von Rechtsstaatlichkeit und Rechtssicherheit auch etwas glaubwürdig ist.

(Beifall bei der F.D.P.)

(gekürzt)

»Sollen wir uns wirklich der Polizei stellen, Ulrike? Dieser Herr von der ›BILD-Zeitung‹ bietet uns eine halbe Million, wenn wir weitermachen!«

Stern

Vorwärts, Jochen Willke

Böll, Kneissl und Baader-Meinhof

Wie ein Phantom geistert die Baader-Meinhof-Gruppe durch die westdeutsche Presse. Und wenn brave Bürger bei der Erwähnung des verruchten Namens eine Gänsehaut bekommen, dann hat besonders das Haus Axel Springer Erkleckliches zur Förderung eines derartig gesunden Volksunterweltempfindens beigetragen. Die westdeutsche Polizei – von Hamburg bis München – tut über alle förderalistischen Grenzen hinweg ein übriges. Sie jagt das Phantom, und wo immer Funk- oder Mannschaftswagen massiert aufkreuzen, wo Straßensperren wie frischer Spargel aus dem Boden schießen, wo es – zuweilen – plötzlich knallt, darf der erstaunte Zuschauer sicher sein, einer Baader-Meinhof-Fahndung beizuwohnen.

Der Schriftsteller Heinrich Böll hat in einem leidenschaftlichen Appell den Unfug, auf solche Weise Staatsgewalt beweisen zu wollen, hart und schonungslos angeprangert. Er sprach auch von den Hintergründen, vor denen sich die Baader-Meinhof-Szene abspielt: Volksverdummung und Volksverhetzung durch die Bild-Zeitung, Verfälschung von Tatsachen, Aneinanderreihung unbewiesener Halbwahrheiten, Hochspielen einer gehetzten Minigruppe zur militanten Umsturzbewegung gegen die Verfassung der Bundesrepublik. Züchtung also eines anarchistischen Klopfgeistes im Gebälk des Establishments.

Verteilen wir die Verantwortung für das Baader-Meinhof-Spektakel richtig: Ohne die voreiligen und, wie wir heute wissen, viel zu weitgehenden Erklärungen schneidiger Staasanwälte, ohne die öffentlich geäußerten Vermutungen ratloser Polizeidirektionen mit Verdacht auf Ulrike und Andreas hätten selbst Springers publizistische Beete nicht so üppig und schillernd gedeihen können. Am Anfang jedenfalls waren es amtliche Verlautbarungen, die die Baader-Meinhof-Gruppe ins Feld einer tollwütigen verabscheuungswürdigen Kriminalität verwiesen. Leider wurde den Staatsanwälten und Polizeibeamten geglaubt, obwohl stets die letzten Beweise fehlten.

Es wäre an der Zeit, daß die Publizistik ihre Aufgabe erkennt: durch strenge und kritische Sachlichkeit wiedergutzumachen, was auf Grund behördlicher Fehl- und Falschinformationen an törichten Vorurteilen entstanden ist. Die Baader-Meinhof-Gruppe hat Straftaten auf dem Gewissen, aber sie ist nicht jener teuflische Erzfeind der guten Menschen, als der sie in gewissen Presse-Erzeugnissen wider besseres Wissen immer dargestellt wird. Die Baader-Meinhof-Psychose sollte endlich einer von Gesetz und Vernunft diktierten Betrachtungsweise weichen. Böll hat recht: Man muß der Gruppe um Ulrike Meinhof die Rückkehr aus der politischen und sozialen Unterwelt ermöglichen. Man muß einen vorurteilsfreien, fairen Prozeß garantieren.

Wer die bayerische Kriminalgeschichte kennt, wird im Hinblick auf die Baader und Meinhof an den berühmt-berüchtigten Räuber Mathias Kneissl denken, der nach seiner Ausstoßung aus der Gesellschaft des zu Ende gehenden 19. Jahrhunderts verfolgt und verfemt durch das Dachauer Moos irrte. Wir wissen längst, daß der Kneissl kein landläufiger Ganove, sondern eher eine Mischung aus Michael Kohlhaas und aus einem trotzigen Einzelkämpfer gegen obrigkeitliches Unrecht war. Auch er narrte die Staatsgewalt, die mit Gendarmerie und Militär auftrat, um ihn zu fangen.

Was für die heute Gesuchten der schnelle BMW ist, war für Kneissl der Odelwagen (Jauchewagen), auf dem seine bäuerlichen Freunde, unterdrückt wie er, ihn durch die polizeilichen Sperren fuhren. Da die damalige Welt angeblich noch »heil« war, wurde er, als man ihn schließlich gefangen hatte, ohne daß seine Entlastungsgründe gewertet wurden, zum Tode verurteilt. Die genasführte Staatsgewalt brauchte ihr Opfer zur »Wiederherstellung der Ordnung«.

Dieser Tage las man, daß erneut vergeblich nach der Baader-Meinhof-Gruppe gefahndet worden war. Ein riesiger Polizeiapparat ward in Gang gesetzt. Ergebnis: ein Mitarbeiter und eine Mitarbeiterin des »Spiegel« – verdächtig durch einen weißen BMW – mußten als »Andreas Baader« und »Ulrike Meinhof« den Gang zur Kripo antreten. Auch andere Autofahrer wurden verhaftet. Nur die wirklich Verfolgten entkamen wieder, wenn sie überhaupt am Ort der Polizeiaktion erschienen waren.
Der jüngste Fall der Auseinandersetzung zwischen westdeutschen Strafverfolgungsbehörden und dem offensichtlich nur noch sechsköpfigen Phantom mit Namen Baader-Meinhof. Ihm wird zu viel Ehre angetan, und es drängt sich der Schluß auf, Polizisten und Steuergelder könnten sinnvoller eingesetzt werden.

Kölnische Rundschau, Ekkhard Häussermann

Banden-Helfer zeigen sich

Unter dem monatelangen Streß der bundesweiten Fahndung nach dem Baader-Meinhof-Clan und jetzt in der Verhandlung gegen seinen ehemaligen Helfershelfer Karl-Heinz Ruhland offenbart sich Stück für Stück ehemaliger und gegenwärtiger untergründiger Opposition. Ihre Konturen sind noch nicht klar profiliert, ihre Träger agieren noch im Nebel. Aber es liegt im Wesen abgründiger Intoleranz, daß sich ihr Gesicht verschleiert und offen zugleich zeigt. Die Baader-Meinhof-Gruppe offenbart nicht nur ihre eigenen Gesichter, sondern zugleich auch die Haltung der intellektuellen Deckung, die ihr schon lange Schutz gewährt.
Da greift ein Rädchen ins andere. Der Wagenbach-Verlag, immerhin ein renommiertes Druckhaus, aber ein Druckhaus mit nachweislichen Verbindungen zum Baader-Meinhof-Clan, veröffentlichte das »Rotbuch 26«. Da findet der Schriftsteller Heinrich Böll über die Vorgänge um die Gruppe einige verständnisvolle Worte. Da ist es schon seit langem schick, sich in zahllosen Klubs und Grüppchen als Freizeit-Marxist »zeitgemäß« zu gerieren. Augestoßen wird, wer für vorsichtige Reformen plädiert und zum Innehalten mahnt. Der Abbruch muß schnell gehen.
Das ist der geistige Hintergrund, auf dem Mißverständnisse gedeihen, wo labile Naturen die Saat ihrer Gewalt züchten können. Wenn Bücher auf den Markt kommen, die zum Umsturz ermuntern – wer wundert sich da noch, wenn diese Theorien ernsthaft praktiziert werden? Wenn Che Guevara als Übermensch erscheint, wer kann sich da noch wundern, wenn Kinder seine Pose nachahmen?
Es ist fast sicher, daß der Redakteur eines angesehenen Funkhauses, ein Geistlicher bei Hannover und ein in Hannover und Bremen wirkender Hochschullehrer den Mitgliedern der Baader-Meinhof-Gruppe Hilfe und

Unterschlupf gewährten. Die Kriminalpolizei deutet an, daß sie hessische Politiker und andere angesehene Persönlichkeiten im Auge hat. Handelt es sich bei dieser an das kriminelle Verhalten grenzenden »Fürsorge« um Erpressung, aktive Beteiligung, Begünstigung?
Wer seinen Blick nur auf die Baader-Meinhof-Gruppe fixiert und ihre Umgebung, ihre Mithelfer und Freunde übersieht, prüft die gesellschaftliche Wirklichkeit nur mit halbem Blick. Die Ordnungskräfte werden hart bohren müssen, um zu ergründen, wie weit die Auflösungserscheinungen schon gedrungen sind. Die Verirrung ist manchen schlichten Geistern nicht anzukreiden: Einige Kommentatoren und Politiker schwelgen in Vokabeln wie »Umbruch« und »Abbruch«. Es hat Anfang der dreißiger Jahre große Philosophen und Hochschullehrer gegeben, die einen »Neubau einer verkrusteten Sozialstruktur« forderten und zur Gefolgschaft für den Diktator aufriefen. Das Ende ist uns allen bekannt.
Gefährlich letzten Endes ist nicht so sehr die Baader-Meinhof-Gruppe, sondern vielmehr der Boden, auf dem sie sich bewegt. Die Gruppe, von pseudomarxistischen Weltverbesserern zu gehetzten Kriminellen abgetrieben, kann zwar in ihrer bedrängten Situation eine verzweifelte Energie entfalten. Das ist aber vordergründig zu bewältigen. Viel bedenklicher ist der ideologische Gleitprozeß, in dem sie aufgewachsen ist und den eine halbgebildete Geistes-»Prominenz« begünstigt.

berliner EXTRA-dienst

Kreibich kontra Generalbundesanwalt Martin

In scharfer Form hat FU-Präsident Kreibich Behauptungen des Generalbundesanwalts Martin zurückgewiesen, der nach den Brachial-Aktionen der KSV-Gruppen in der letzten Woche die Gelegenheit nutzte, alle fortschrittlichen Studenten an der FU zu kriminalisieren. Martin erklärte, es gäbe an der FU Gruppen, die in der Gefährlichkeit der »Baader-Meinhof-Gruppe« gleichzuordnen wären und die sich metastasenartig – also: krebsartig – ausbreiten (Ähnlich hatte sich schon der Bonner Staatssekretär von Dohnany geäußert: Er sprach in bezug auf den Marxistischen Studentenbund Spartakus von einem »Krebsschaden an der Universität«).
...
Dazu Kreibich: »Ich halte die Äußerungen von Herrn Generalbundesanwalt Martin in zweifacher Hinsicht für unverantwortlich. Einmal meine ich, daß das, was Heinrich Böll im ›Spiegel‹ geschrieben hat, nämlich daß hier auf eine Gruppe eine Hexenjagd veranstaltet wird, nun noch zusätzlich auf die Universität übertragen wird.« Zwar könne man die Aktionen der Baader-Meinhof-Gruppe in keiner Weise verteidigen und er, Kreibich, wolle das mit aller Deutlichkeit betonen. »Trotzdem meine ich, daß gerade

auf diesem Hintergrund Einzelpersonen oder Gruppen an der Universität praktisch vogelfrei gesetzt werden und, wenn man so will, der öffentlichen Lynchjustiz möglicherweise ausgeliefert werden.« Zum zweiten halte er es für »besonders verwerflich«, wenn der Generalbundesanwalt Äußerungen dieser Art macht, obwohl weder beim Innensenat noch bei der Polizei Erkenntnisse vorliegen, die das bestätigen. Kreibich meint, »daß hier ein Zeichen gesetzt werden müßte, daß es so nicht geht in diesem Lande«.

(gekürzt)

Süddeutsche Zeitung

Neue Großfahndung nach Baader-Meinhof
Bundesweite Polizeiaktion ergebnislos abgebrochen
Suche nach bestimmten Autos

Hamburg (dpa) **Im ganzen Bundesgebiet fand Donnerstag nach Mitteilung der Hamburger Polizei eine Großfahndung nach Mitgliedern der Baader-Meinhof-Gruppe statt. Die Aufmerksamkeit der Beamten konzentrierte sich auf eine Reihe bestimmter nicht näher bezeichneter Fahrzeuge. Die Fahndung wurde am späten Nachmittag ergebnislos abgebrochen. Nach Mitteilung eines Sprechers der Bonner Sicherungsgruppe wurde niemand festgenommen ...**

In Bayern waren patrouillierende Kripofahrzeuge auf den Autobahnen, Polizeihubschrauber, Straßensperren und schwerbewaffnete Polizisten auf dem Flughafen München-Riem eingesetzt. An mehreren Stellen seien auch Polizeilastwagen postiert gewesen, berichteten Augenzeugen.

Das Grenzschutzamt in Saarbrücken bestätigte, daß an der deutsch-französischen Grenze scharfe Kontrollen stattgefunden hätten. Alle ausreisenden Personenwagen seien scharf »unter die Lupe« genommen worden.

(gekürzt)

Freitag, 21. Januar 1972

Die Welt, Herbert Kremp

Die Bande der Gesinnung
Gutbürgerliche Hilfe für Baader/Meinhof

Seit langem werden Vermutungen über Helfer der Baader/Meinhof-Bande angestellt. Und nun, im Prozeß gegen den Angeklagten Ruhland, tauchen sie wieder auf: die gutbürgerlichen Kreise, die den zentrifugalen Kriminellen die Accessoires der bekämpften Gesellschaft zur Verfügung gestellt haben sollen: Wohnung und Wäsche, Geld und Geleit, Trost und Theorie. Namen werden laut, manche kennt man, manche hört man zum ersten Male. Die Behauptungen Ruhlands zu prüfen ist Sache der ermittelnden Behörden. Es besteht aber schon heute kein Zweifel mehr, daß der Terror-Bande bürgerliche Hilfe zuteil wurde. Aus welchen Motiven?

Man soll sich weder von politisierenden Soziologen noch von böllernden Schreibtischhelfern davon abbringen lassen, in der Baader/Meinhof-Gruppe Kriminelle zu erblicken. Sie haben der Gesellschaft den Krieg erklärt, gewiß, doch unterscheiden sich ihre Taten nicht von den Taten anderer Verbrecher, die der Gesellschaft weniger nachdrücklich und nicht ausdrücklich den Krieg erklärt haben. Was sie unterscheidet, ist der politische Ausgangspunkt ihrer Entwicklung, das höhere, gefährlichere Maß an Entschlossenheit, die Ideologie, die Gesinnung. Soziologisch betrachtet, handelt es sich in der Regel um Wohlstandssöhne und Wohlstandstöchter. Den Kern der Bande bilden Studenten aus Bürgerkreisen. Sie posierten zunächst als Ersatzproletarier. Heute spielen sie Ersatzrevolutionäre.

Den Kontakt zu Bürgerkreisen haben sie darüber nicht verloren, den oft sehnlich erwünschten Zugang zur Arbeiterschaft nicht gewonnen. Die Begriffe Arbeiter und Bürger sind unscharf. Sie sagen nicht mehr viel. Die Namen, die Berufe der Helfer weisen darauf hin, daß es sich fast durchweg um Intellektuelle, um Professoren, Redakteure, Priester handelt. Die Beziehungen der Bande zur Sphäre der Kriminellen im üblichen Sinne des Wortes, zu sogenannten Berufsverbrechern, zur »Unterwelt«, scheinen flach und flüchtig zu sein. Auch ihre Helfer unterhalten dorthin wahrscheinlich keinen oder kaum systematischen Kontakt. Sie stehen aber – wiederum im Grade der Wahrscheinlichkeit ausgedrückt – der Gesellschaft, dem verfaßten Staat und seinen Gesetzen kritisch, wenn nicht feindselig gegenüber.

In manchen Fällen, wie zum Beispiel in dem von Prof. Brückner aus Hannover, ist das ganz deutlich. Zwischen der Baader/Meinhof-Bande und den vermuteten Helferkreisen besteht eine geistige und gesinnungsmäßige Verwandtschaft. Man ist entschlossen, den gesellschaftlichen Verhältnissen, wie sie heute bestehen, und der parlamentarischen Demokratie durch Wort und Tat, Theorie und Aktion ein Ende zu bereiten. Hauptangriffsziel ist gerade jene bürgerliche Welt im traditionellen Sinne, der nahezu alle Beteiligten entstammen. Der Haß ist also auch klassenmäßiger Selbsthaß. Der Anarcho-Sozialismus weist alle Beteiligten, Täter und Helfer, als Linke aus. Dieser Gesinnung entsprechen die Beziehungen. Zur Rechten – soweit es sie überhaupt gibt – und zur politischen Mitte bestehen kaum Kontakte, wohl aber feindselige Gefühle. Politisch zu Hause fühlt man sich eigentlich nur in der organisierten und nicht organisierten Linken.

Die Bande der Gesinnung, die Faszination der Utopie, der Chiliasmus, den man ja am schönsten gemeinschaftlich erlebt, sind offenbar so stark, daß sie selbst unter der Belastung der Kriminalität nicht reißen. Die Gruppe

selbst hält, soweit sie überhaupt noch organisiert existiert, aus Furcht und Glauben zusammen: »Unsere Utopie muß leben, und wenn wir sterben müssen«, könnte der Kampfruf der »verzweifelten Theoretiker« (Böll) lauten. Die Helfer, die Entlastung, Pause und neue Mittel zum Durchhalten verschaffen, empfinden zwar auch Furcht, glauben aber nicht so unbedingt. Ihr Haß gegen die Gesellschaft reicht nicht aus für das letzte Engagement und Gefecht. Deshalb werden sie, einmal erkannt, kapitulieren und versuchen, als kleine »Mitläufer« davonzukommen. Sie unterscheiden sich darin kaum von Extremisten aus dem Bürgertum früherer Zeiten.
Ihre Gesinnung jedoch werden sie nicht ändern. Sie werden auch nicht fähig werden zu trauern. Soweit die »gutbürgerlichen« Helfer nicht anarchistischen Spielereien frönen, soweit sie nicht der Alfa-Romeo-Schickeria angehören, werden sie weiterhin von der totalen Umwandlung der Gesellschaft und der grundstürzenden Veränderung des Menschen schwärmen und schreiben. Die Unterstützung der Gewalt wird vielleicht Episode bleiben, angesichts der hohen politischen Theologie jedoch, der man anhängt, weiterhin als eine zulässige Methode betrachtet werden. Wir haben es primär nicht mit Kriminalität zu tun, sondern mit etwas ungleich Gefährlicherem: mit einer extremistischen Ideologie, die unter Umständen jede verbrecherische Handlung zu rechtfertigen, zu legitimieren bereit ist. Der revolutionäre Ansatz muß ernst genommen werden.
Der große Konflikt zwischen freiheitlicher und totalitärer Verfassung von Staat und Gesellschaft, der sich außenpolitisch in der Auseinandersetzung zwischen Weltmächten dokumentiert, hat seine innenpolitische Spiegelung und seine kriminelle Version. Dies zu bestreiten wäre Verleugnungsarbeit (Mitscherlich *).

Frankfurter Allgemeine Zeitung

Oertzen suspendiert Professor Brückner

Tgn. HANNOVER, 20. Januar. Der Ordinarius für Psychologie an der Technischen Universität Hannover, Professor Dr. Peter Brückner, ist wegen mutmaßlicher Unterstützung der Baader-Meinhof-Gruppe am Donnerstag durch den niedersächsischen Kultusminister Professor von Oertzen vom Dienst suspendiert worden.

...

Im Zusammenhang mit dem Ermittlungsverfahren der Generalbundesanwaltschaft, das gegen Brückner unter dem Stichwort »Unterstützung einer kriminellen Vereinigung« läuft, hat der niedersächsische CDU-Lan-

* Alexander und Margarete Mitscherlich: *Die Unfähigkeit zu trauern, Grundlagen kollektiven Verhaltens,* Piper, 1968.

desvorsitzende und Oppositionsführer Hasselmann dem Kultusminister einen »allzu leichtfertigen Umgang mit der Aufsichtspflicht« vorgeworfen. Hasselmann nannte es erstaunlich, daß Oertzen die Möglichkeit einer Suspendierung des Hochschullehrers angeblich erst erwogen habe, nachdem dieser von dem Angeklagten Ruhland belastet worden sei. Das staatsanwaltschaftliche Ermittlungsverfahren gegen Brückner, meinte Hasselmann, sei bereits vor längerer Zeit eingeleitet worden, so daß angenommen werden müsse, daß nicht nur der Kultusminister, sondern die gesamte Landesregierung über den Vorgang informiert gewesen sei. Angesichts der schweren Vorwürfe, die von niemandem in die Kategorie von Kavaliersdelikten eingereiht werden könnten, hätten bereits Schritte gegen Brückner eingeleitet werden müssen, ehe diese schweren Vorwürfe öffentlich bekannt wurden. (gekürzt)

Bornheim bestreitet Beschuldigungen

hes./hach. FRANKFURT, 20. Januar. Als »völlig aus der Luft gegriffen« bezeichnete gestern der von Karl-Heinz Ruhland, einem ehemaligen Mitglied der Baader-Meinhof-Gruppe, schwer beschuldigte Frankfurter dpa-Redakteur Johannes Bornheim sämtliche Vorwürfe, er habe den Mitgliedern der Bande in seiner Wohnung in der Frankfurter Rückertstraße im Ostend Unterschlupf gewährt und ihnen sogar demonstriert, wie man mit Handfeuerwaffen umgeht. Der seit gestern von der dpa-Chefredaktion bis auf weiteres vom Dienst beurlaubte Journalist erklärte der F.A.Z. gegenüber, er habe Ulrike Meinhof, Andreas Baader und Ruhland überhaupt noch nie zu Gesicht bekommen. (gekürzt)

Die Zeit, Hellmuth Karasek

Böller gegen Böll

Wenn einer zum Ausgleich rät

Der Heinrich, vor dem es den Deutschen laut Willen der Springer-Zeitungen und des ZDF-Löwenthal-Magazins grausen soll, heißt Böll. Wie Hans Habe meint, soll er als Präsident des internationalen PEN schleunigst zurücktreten, der Löwenthal-Unmut drückt ihm tiefste Verachtung aus, indem er ihn nur noch als »Herr Böll« apostrophierte, was ja in deutscher Sprache merkwürdigerweise als Beleidigung gelten soll; Karikaturen pinselten ihn, in billiger Anspielung auf einen seiner Romantitel, als Clown mit Clown-Ansichten. Und der PEN-Kollege Krämer-Badoni faßte alle verachtende Ironie, zu der er in diesem Falle willens war, in dem Amtsprädikat »Meinungspräsident« zusammen.

Nationalzeitung

ETWAS SPÄT, aber immerhin (hoffentlich) nicht zu spät, werden Münchens Polizisten im blitzschnellen Ziehen und Schießen mit der Pistole ausgebildet. Unser Bild: Münchens Ordnungshüter demonstrieren, wie sie in einer Notwehrsituation ihren »Gegner« nicht nur flucht-, sondern kampfunfähig schießen. Nach Aussage eines Beamten ist es in Gefahr »unsinnig«, auf die Beine zu zielen. »Da muß man schon in die Mitte reinhalten«, sagte er.

Was war geschehen, daß auf der rechten Barrikade ein so zorniges Meinungsgetümmel entstehen mußte, daß man versuchte, aus dem bekanntesten lebenden deutschen Schriftsteller, dessen moralische und politische Integrität in Ost und West bisher doch über alle Zweifel erhaben war, einen Buhmann der Nation zu machen, der auf dem linken Auge blind sei? Böll hatte im *Spiegel* die, milde ausgedrückt, Voreiligkeit von *Bild*, das bei jedem ungeklärten Kriminalfall zunächst das Gespenst der Baader-Meinhof-Gruppe am Werke sieht, für eine drohende Hysterie mitverantwortlich gemacht. Und er hatte daraus den Schluß gezogen, das Klima dürfe nicht so angeheizt werden, daß weder für die Täter noch für deren Verfolger ein anderer Ausweg bleibe, als die Eskalation der Gewalt immer weiter zu treiben. Nur um diesen Teufelskreis zu durchbrechen, hatte Böll den Vorschlag gemacht, der Gruppe »freies Geleit« zu dem Prozeß, »der stattfinden muß«, anzubieten.

Als Böll dann noch in der Sendung »Panorama« davon sprach, daß er in seiner Eigenschaft als Vorsitzender des PEN nichts für den zu jahrelanger Haft verurteilten sowjetischen Schriftsteller Bukowskij unternehmen könne,

Kölnische Rundschau

Gruppenbild mit Dame. **Zeichnung: Gerboth**

sich es als Privatmann überlegen wolle, war der Eklat vollkommen – noch dazu, da Böll von einer langen Geschichte westlicher Arroganz gegenüber Osteuropa gesprochen hatte und für Rußland eine andere Geschichte der Freiheit konstatierte. Die Empörten waren rasch mit dem Kurzschluß-Argument bei der Hand: Für die Meinhof setze sich Böll ein, für Bukowskij dagegen nicht. Das empörte Geböller ging jedoch an zwei wichtigen Böll-Überlegungen vorbei.

Einmal, daß in einem Rechtsstaat, wie ihn die Bundesrepublik darstellt, auch Ulrike Meinhof ein Recht darauf hat, nur jener Taten geziehen zu werden, an denen sie nachweislich beteiligt war, und daß die Presse bei ihr wie bei anderen Gesetzesbrechern nicht ein Klima der Aufmöbelung und Hysterie schaffen dürfe, das die Gruppe in Angst vor einer möglichen Lynchjustiz weiterhin an ihre Gewalttaten fesselt.

Zum anderen, daß bei Bölls Abwägung, wie er sich am besten für sowjetische Kollegen einsetze, ganz andere, nämlich wohlbegründet taktische Erwägungen im Vordergrund standen. Als PEN-Präsident mußte er alles tun, um auch nur den Anschein zu vermeiden, er wolle durch wohlfeiles

Zum-Fenster-hinaus-Reden wirkliche Möglichkeiten der Hilfe verschütten. In der Tat kann es zuweilen nützlicher sein, der unterdrückenden Obrigkeit goldene Brücken zu bauen, um den Opfern zu helfen.
Böll hat in vielen Fällen – man denke nur an Solschenizyn – schon mehr getan als all diejenigen, die den empörten Aufschrei auch deshalb riskieren, weil er nichts kostet und sich so gut macht. Wie man dem ZDF-Magazin entnehmen konnte, scheint der Fall Bukowskij manch einem auch als Torpedo gegen die Ostpolitik sehr gelegen zu kommen. Nicht, daß wir in Zukunft schweigen sollten, wenn die Sowjetunion ihre unbequemen Schriftsteller (und nicht nur sie) immer noch einer inhumanen Verfolgung aussetzt. Aber wir sollten, wie Böll, von Fall zu Fall entscheiden, ob dies den Betroffenen hilft oder schadet.
Mit Böll sollte ein Anwalt der Verständigung und des Ausgleichs getroffen werden. Was gegen ihn laut wurde, war jenes Alles-oder-Nichts-Geschrei, auf das die sowjetischen Schriftsteller dankend verzichten können – weil sie die Erfahrung der letzten Jahre lehrte, daß ihre Interessen durch Autoren wie Böll besser vertreten waren als durch die Balkon-Proteste derjenigen, die an ihrem Schicksal vor allem interessiert, wie sie damit ihr innenpolitisches Süppchen kochen können. Böll soll nur nach außen warnen und vor der journalistischen Treibjagd kuschen. Sie möchten ihn nach ihrem »*Bild*«.

Samstag/Sonntag, 22./23. Januar 1972

tz München, Hans Habe

Maßstäbe

...
Zweierlei Maßstäbe?
Der Präsident des internationalen PEN-Clubs, der bedeutendsten Schriftstellervereinigung der Welt, Heinrich Böll, hat nicht für den in der Sowjetunion zu zwölf Jahren Freiheitsentzug verurteilten Kollegen Wladimir Bukowski interveniert. Das sei nicht seine Aufgabe, das obliege gewissen Ausschüssen.
Nun interveniert Böll ohne Ausschüsse. Beim Saarländischen Rundfunk, der, meines Wissens, niemand nach Sibirien verbannen kann, ist etwas ganz Alltägliches geschehen. Ein Literaturredakteur namens Arnfried Astel wurde entlassen. Vielleicht – man weiß es nicht genau – weil er sich in einer Pornozeitschrift für die Baader-Meinhof-Bande eingesetzt hat.
Es ist natürlich Heinrich Bölls gutes Recht, dies als »alarmierenden Fakt« zu bezeichnen. Zwar weiß man nicht, was das den internationalen PEN angeht, aber immerhin. Verdächtig wird Bölls soziale Fürsorge indes, wenn

er ankündigt, nicht nur der deutsche, auch der internationale PEN werde sich mit dem Schicksal Astels »sehr intensiv beschäftigen«, während er es an einer so intensiven Beschäftigung mit dem in eine Irrenanstalt gesperrten, zum ewigen Verstummen verurteilten Sowjetschriftsteller ermangeln läßt.
Geharnischter Protest gegen eine Entlassung, Schweigen über einen geistigen Mord. Zweierlei Maßstäbe? Genau das. (gekürzt aus: Drei Glossen)

Welt am Sonntag

Gibt es Straffreiheit für Baader?

H. Z. Düsseldorf/Karlsruhe, 22. Januar

Unter bestimmten Voraussetzungen besteht die Möglichkeit, dem Kaufhausbrandstifter Andreas Baader (29), einem der wichtigsten Mitglieder der Baader/Meinhof-Bande, Straffreiheit zu gewähren. Diese Ansicht vertrat der Sprecher der Bundesanwaltschaft in Karlsruhe, Oberstaatsanwalt Oberle, gegenüber WELT am SONNTAG. Oberle nahm damit Stellung zu Meldungen über die angebliche Bereitschaft Baaders, sich gegen Zusicherung von Straffreiheit den Behörden zu stellen und sein Wissen über die Bande zu offenbaren.

neue bildpost

Sehr geehrter Herr Böll!

An dem gleichen Tag, da im »Spiegel« Ihr Beitrag über die Baader-Meinhof-Gruppe erschien, in der Sie mit einem Engagement sondersgleichen um Verständnis, um Gnade oder freies Geleit für Frau Meinhof plädierten – an dem gleichen Tag wurden Sie von Herrn Merseburger in der Sendung »Panorama« zum Fall des sowjetischen Oppositionellen Bukowski interviewt.

Wer von Ihren Lesern hier angesichts eines so krassen Falles von Unmenschlichkeit erwartet hatte, einen ebenso vehementen und unerschrockenen Böll zu erleben, wie er sich angesichts von Ungerechtigkeiten und Unzulänglichkeiten in der westlichen Welt immer wieder zeigt, wer erwartet hatte, nun werde Heinrich Böll endlich einmal beweisen, daß er auch mit sowjetischen Praktiken gnadenlos ins Gericht ginge, der mußte bitter enttäuscht sein.

Wenn es jemanden in der westlichen Welt gibt, dessen protestierende Stimme in der Sowjetunion im Falle der letzten Verurteilung des Schriftstellers Bukowski ein entscheidendes Gewicht gehabt hätte, dann wären Sie, Herr Böll, dieser Mann gewesen.

Ihre Bücher haben auch in der Sowjetunion Millionen-Auflagen erreicht. Sie sind dort nicht nur einer der bekanntesten, vielleicht der bekannteste westliche Schriftsteller überhaupt.

Sie sind gleichzeitig der Präsident des internationalen PEN-Clubs, der Schriftsteller-Vereinigung.

In dieser Eigenschaft aber, so sagten Sie gequält und müde in dem Interview, könnten Sie überhaupt nichts tun und verschanzten sich hinter rein formalen Fragen.

Als Privatmann könnten Sie zwar protestieren, gaben Sie zu, aber Sie müßten es »sich überlegen«, ob hier protestieren überhaupt noch einen Sinn habe. Schließlich komme es auf den Grad der Bekanntheit eines Schriftstellers in der Sowjetunion an, und Bukowski sei kein Solschenizyn.

Wir fragen Sie, Herr Böll:

Wo bleibt Ihre Glaubwürdigkeit als Moralist, als vielgefeierter Vorkämpfer von Freiheit und Gerechtigkeit, wenn Sie sich peinlichst hüten, die gröblichste Verletzung der elementarsten Menschenrechte in der Sowjetunion beim Namen zu nennen?

Wenn Sie nicht den Mut haben, sich wenigstens mit demselben Engagement vor einen Mann wie Bukowski zu stellen wie hinter eine Ulrike Meinhof?

Dieser Mann hat doch nichts anderes getan als Sie in diesem Lande auch. Er hat versucht, seine freie Stimme zu erheben, er hat protestiert.

Er hat nur im Gegensatz zu Ihnen aus diesem Protest keine stolzen Honorare kassiert, er hat dafür seit 1962 immer wieder in Arbeitslagern und in Heilanstalten eingesessen.

Er war auch nie ein Krimineller.
Wäre er mit dem Fall einer Ulrike Meinhof gleichzusetzen, so wäre ihm in der Sowjetunion ein Todesurteil sicher gewesen.
Aber für Sie ist er zu unbekannt, als daß ein Protest nützen könnte.
Ausgerechnet Sie, Herr Böll, der unerbittliche Ankläger all jener, die unter den Faschisten geschwiegen haben, ausgerechnet Sie schweigen jetzt zu einem Fall, dessen Parallelen zum »Volksgerichtshof« nur allzu deutlich sind.
Männer wie Sie waren einmal unsere Hoffnung.
Sie haben Sie verspielt mit zweierlei Maß.

Montag, 24. Januar 1972

Der Spiegel, NRW-Minister Diether Posser

»Diese Praxis ist verheerend«

Der SPIEGEL-Beitrag von Heinrich Böll über die Baader-Meinhof-Gruppe und »Bild« (SPIEGEL 3/1972) fordert nach Auffassung des Sozialdemokraten Diether Posser »Kritik heraus«. Jurist Posser, früher Gustav Heinemanns Sozius in dessen Anwaltspraxis und heute politischer Vertrauter des Bundespräsidenten, ist Nordrhein-Westfalens Minister für Bundesangelegenheiten und aussichtsreicher Kandidat für die Nachfolge von Ministerpräsident Kühn.

Heinrich Böll fordert in seiner Stellungnahme zur Aktivität der Baader-Meinhof-Gruppe »Gnade oder wenigstens freies Geleit« für Frau Meinhof und einen Prozeß gegen Herrn Springer wegen Volksverhetzung. Anlaß seiner aggressiven Polemik ist die Ausgabe der »Bild«-Zeitung vom 23. Dezember 1971 mit der Schlagzeile »Baader-Meinhof-Bande mordet weiter – Bankraub: Polizist erschossen«.
Diese »Nachricht« ist in der Tat skandalös, weil sie ohne zureichende Anhaltspunkte ein Kapitalverbrechen einer bestimmten Personengruppe anlastet und durch die Wortwahl zur Hysterie aufreizt. Hier ist harte Kritik angebracht, wenn auch die Wertung dieser journalistischen Fehlleistung als »nackter Faschismus« den Faschismus verharmlost.
Böll »kann nicht annehmen, daß Polizeibehörden und zuständige Minister über Helfershelfer wie ›Bild‹ glücklich sein können«. Sie sind es in der Tat nicht. Wer mit Fakten fahrlässig umgeht und Verfolgungsinstinkte aufputscht, ist für den Rechtsstaat kein tauglicher Streitgenosse. »Bild« regiert: ein Alptraum.

Aber auch Bölls Haltung zur Baader-Meinhof-Gruppe und zu unserer staatlichen Ordnung fordert Kritik heraus.

1. Ich verkenne nicht, daß Böll sich keineswegs mit dieser Gruppe und erst recht nicht mit ihren Taten identifiziert. Auch er geht davon aus, daß diese Gruppe in ihrem Manifest unserer Gesellschaft »den Krieg erklärt« hat, den er »auch im Sinne des publizierten Konzepts« für »sinnlos« hält. Bölls erster Fehler liegt in der kritiklosen Übernahme der Darstellung, die die Gruppe über ihre Verhaltensweise gibt: »... haben die Bullen zuerst geschossen. Die Bullen haben jedesmal gezielte Schüsse abgegeben ... Wir schießen, wenn auf uns geschossen wird.«

In Wahrheit schossen die Angehörigen der Gruppe stets zuerst: bei der gewaltsamen Befreiung des Strafgefangenen Baader am 14. Mai 1970, bei der Flucht mit einem gestohlenen Pkw am 22. Dezember 1970 in Nürnberg, bei den beiden Banküberfällen am 15. Januar 1971 in Kassel, bei dem Schußwechsel am 15. Juli 1971 in Hamburg, bei dem Petra Schelm getötet wurde, und bei einer Festnahme am 22. Oktober 1971, bei der ein Polizist getötet wurde.

Absurd ist auch die von Böll offenbar gebilligte Vorstellung, die Gruppenmitglieder könnten sich mit den Polizeibeamten auf eine Stufe stellen: »Den Bullen, der uns laufenläßt, lassen wir auch laufen.« Die Polizeibeamten, die einen steckbrieflich gesuchten Tatverdächtigen festnehmen oder einen gerichtlichen Haftbefehl vollziehen, handeln im Auftrag der im Staat organisierten Rechtsgemeinschaft unseres Volkes. Sie können – von Extremfällen wie der Rücksichtnahme auf Geiseln abgesehen – keinen Beschuldigten »laufenlassen«, ohne sich der Begünstigung im Amt schuldig zu machen.

2. Böll verharmlost in gefährlicher Weise die Tätigkeit der Gruppe, die nach den Angaben inzwischen verhafteter Mitglieder und anderen Beweismitteln als eine kriminelle Vereinigung anzusehen ist, wenn er meint, ihre Theorien klängen »weitaus gewalttätiger, als ihre Praxis ist«. Diese Praxis ist verheerend: vollendeter und versuchter Mord oder Totschlag, Banküberfälle, Sprengstoff- und Brandsatzanschläge, Diebstähle, Betrügereien, Urkundenfälschung, illegaler Waffenbesitz.

Nichts kann die kriminellen Taten dieser Gruppe rechtfertigen oder auch nur verständlich machen: weder beklagenswerte Mißstände in unserer Verfassungswirklichkeit noch die vorzeitige Entlassung tatsächlicher oder vermeintlicher Kriegsverbrecher aus alliierter Strafhaft. Sieht Böll nicht, daß diese Gruppe unsere Odrnung mit ihren unbestrittenen Mängeln nicht verbessern will, sondern daß sie sie zerschlagen möchte?

Der Weg der Baader-Meinhof-Gruppe führt von scheinrevolutionären Phrasen über einen blinden Aktionismus in die – mühsam, aber vergeblich politisch frisierte – Kriminalität. Deshalb ist es unerträglich, wenn Böll die Mitglieder dieser Gruppe in eine auch nur gedankliche Verbindung zu den Verfolgten des nationalsozialistischen Gewaltregimes bringt: »Haben

alle, die einmal verfolgt waren, von denen einige im Parlament sitzen, der eine oder andere in der Regierung, haben sie alle vergessen, was es bedeutet, verfolgt und gehetzt zu sein ... waren nicht auch sie, die ehemals Verfolgten, einmal erklärte Gegner eines Systems ...?«
Ich weigere mich anzunehmen, daß Heinrich Böll nicht die unübersteigbaren Unterschiede zwischen der nüchternen, entschiedenen, die Menschenwürde auch des Verbrechers achtende Strafverfolgung durch den Rechtsstaat und der Menschenjagd und den Mordtaten des nationalsozialistischen Unrechtsstaates kennt. Die Böllsche Parallele ist eine böse Entgleisung.
3. Böll befürchtet zu Unrecht, Frau Meinhof müsse »damit rechnen, sich einer totalen Gnadenlosigkeit ausgeliefert zu sehen«. Am 21. Mai 1971 verurteilte das Schwurgericht in Berlin wegen gemeinschaftlich versuchten Mordes in Tateinheit mit vorsätzlicher Gefangenenbefreiung und unerlaubtem Waffenbesitz Ingrid Schubert zu sechs Jahren Freiheitsstrafe und Irene Goergens zu vier Jahren Jugendstrafe. Der in demselben Verfahren angeklagte ehemalige Rechtsanwalt Mahler wurde trotz eines bestehenbleibenden, erheblichen Tatverdachts vom Vorwurf der Beihilfe zur gewaltsamen Befreiung Baaders freigesprochen. Ihm war nicht mit der zur Verurteilung erforderlichen Sicherheit nachzuweisen, daß er von dem Befreiungsplan und der Art seiner Durchführung Kenntnis hatte.
Dieser Strafprozeß widerlegt in seinem Verlauf und Ausgang Bölls Sorge, Ulrike Meinhof hätte, falls sie sich stellte, nur die »Aussicht, als die klassische rote Hexe in den Siedetopf der Demagogie zu geraten«. Sie wird einen fairen Prozeß bekommen.
Keines der bisher verhafteten Mitglieder der Gruppe ist »auf der Flucht erschossen« worden, wie die Tarnformel für die ohne Gerichtsverfahren liquidierten Inhaftierten in Gewaltregimen lautet. Deutschland ist kein Land der Lynchjustiz.
4. Böll fragt: Will Ulrike Meinhof »Gnade oder wenigstens freies Geleit? Selbst wenn sie keines von beiden will, einer muß es ihr anbieten. Dieser Prozeß muß stattfinden, er muß der lebenden Ulrike Meinhof gemacht werden«.
Gnade ist nach weltlichem Sprachgebrauch Erlaß oder Milderung einer rechtskräftig verhängten Strafe, setzt also einen mit Verurteilung abgeschlossenen Strafprozeß voraus. Freies Geleit oder – wie unsere Strafprozeßordnung formuliert – sicheres Geleit gewährt nur Befreiung von der Untersuchungshaft. Es erlischt, wenn ein auf Freiheitsstrafe lautendes Urteil ergeht.
Böll denkt offenbar an das freie Prozeßgeleit des Mittelalters, an die einem flüchtigen Angeklagten erteilte Zusicherung, daß, wenn er sich dem Gericht stelle, er vor der Rache des Verletzten geschützt sei und im Falle der Verurteilung ungefährdet zurückkehren dürfe. Dies und die Freistätten dienten damals der Eindämmung der Blutrache und der rechtswidrigen Selbsthilfe. Beides verbietet unsere Rechtsordnung.

Nein, wir wollen nicht, daß unsere »freiheitlich-demokratische Grundordnung gnadenloser ist als irgendein historischer Feudalismus, in dem es wenigstens Freistätten gab, auch für Mörder, und erst recht für Räuber«.
Aber: Unsere Freistätten sind Gesetz und Recht, die *alle* – auch die staatlichen Behörden – binden. Mit der Garantie objektiver Straftatbestände und genauer Beweisregeln, rechtlichen Gehörs und öffentlich durchgeführter Hauptverhandlung sollen sie gerade Willkür und Rache verhindern.
Böll hat zu einem wichtigen Thema seine Stimme erhoben. Aber der Zorn emotionalisierte seine Kritik und machte sie unsachlich. Seine Polemik übertrieb nicht nur – sie schadete. Er wollte zur Besinnung rufen und schrieb selbst unbesonnen.

Die Welt, Günter Krems

Eroberung der Schule durch die radikale Linke schreitet fort

...
Anderthalb Jahre, nachdem in Bonn zwei Dutzend renommierter Professoren und Politiker »Flagge zeigten« und den Bund Freiheit der Wissenschaft gründeten, um die Universität vor linksextremer Unterwanderung und Leistungsverfall zu schützen, tritt der Bund jetzt »aus dem Ghetto der Hochschule heraus« (Walter Rüegg), um mit anderen betroffenen und interessierten Gruppen eine Art Kampfgemeinschaft einzugehen.
Daß der Bund, der sich seit seiner Gründung im Juni 1970 trotz aller Anfeindungen mit 3 000 Mitgliedern fest etabliert hat, dabei als erste Zielgruppe den Lehrer an den Schulen ins Auge faßte, hat, wie auf der Tagung immer wieder betont wurde, zwei Gründe: erstens die enge Verflechtung zwischen Schule und Hochschule über das Gelenk »Lehrerbildung« und zweitens die Tatsache, daß die Schulen in zunehmendem Maße vor demselben Problem stehen wie die Universitäten.
»An vielen Schulen zeigt sich« – so wurde am Sonntag in einem Kommuniqué festgehalten – »daß sich innerhalb der linksradikalen Schülergruppen ... die gleiche Entwicklung vollzieht, die im Bereich der linksradikalen Studentengruppen weitgehend zu einem vorläufigen Abschluß gekommen ist: Die neo-autoritären kommunistischen Gruppen treten das Erbe der antiautoritären Bewegung an! Sie zielen nicht mehr auf die Abschaffung der Institution Schule ab, sondern auf deren Instrumentalisierung im Dienste ihrer Revolution.«
(gekürzt)

Deutsches Fernsehen, Südwestfunk, Ulrich Frank-Planitz

Letzte Parole, verhaftet oder tot

Ulrike Meinhof und Andreas Baader rüsten zum letzten Gefecht. Nach dem Motto »Die Linke stirbt, doch sie ergibt sich nicht« propagieren sie den bewaffneten Aufstand gegen die bestehende Eigentumsordnung, während sie in Wirklichkeit ganz schlicht Pässe fälschen, Banken ausrauben und Polizisten niederschießen. In einem Brief, der allem Anschein nach von Baader stammt, wird all das auch gar nicht geleugnet. Aber Deutschlands Salon-Anarchisten, die seiner Bande Unterschlupf gewähren, werden diesen Brief anders interpretieren, denn dort heißt es geheimnisvoll, die Öffentlichkeit des »Bullenstaates« wisse nichts über die »Rote Armee Fraktion«.

Mit dem »Bullenstaat« ist die Bundesrepublik gemeint, der gewiß toleranteste Staat in der deutschen Geschichte. Und als »Rote Armee Fraktion« versteht sich eine kriminelle Vereinigung, die sich auf politische Ziele hinausredet. Sie ist das terroristische Produkt der Studentenrevolte, weshalb ihre Verbrechen selbst bei gutbürgerlichen Existenzen gewissermaßen als Kavaliersdelikte gelten. Der Düsseldorfer Prozeß gegen das ehemalige Bandenmitglied Ruhland brachte an den Tag, daß offenbar allerlei akademische und journalistische Prominenz in den Fall verstrickt ist.

Inzwischen hat sich der Literaturpräsident Heinrich Böll zum Anwalt der anarchistischen Gangster aufgeschwungen und für sie freies Geleit bis zum Gerichtssaal gefordert. Böll, das sei hier ausdrücklich festgehalten, hält einen Prozeß immerhin für notwendig. Aber wer würde, so ist zu fragen, Ulrike Meinhof, Andreas Baader und ihre Rotarmisten daran hindern, sich freiwillig zu stellen? Der Schriftsteller kann doch nicht im Ernst glauben, sie würden niedergeschossen, sobald sie sich einer Polizeiwache näherten. Geschossen wurde schließlich zuerst von Bölls Klienten, als es bei Baaders gewaltsamer Befreiung aus den Händen der Justiz Schwierigkeiten gab. Und aus dem Baader zugeschriebenen Brief geht hervor, daß seine Gruppe von sich aus nicht aufgeben wird, nach ihrer letzten Parole kann sie nur Verhaftung oder Tod daran hindern, weiterzukämpfen.

Unter diesen Umständen muß auch weitergefahndet werden – ohne Hysterie, aber ebenso ohne Angst vor polizeilicher Courage. Auf silbernem Tablett servierte Einladungen zum Prozeß würden allenfalls als Schwächefall des verhaßten »Bullenstaates« ausgelegt. Gerüchte, wonach eine Delegation der Bande im Libanon oder in Syrien erneut Verbindung mit den Guerillas suchen soll, unterstreichen nur die Vermutung, daß die Terroristen nach wie vor nahöstliche Verhältnisse kopieren wollen. Für ihre salonanarchistischen Sympathisanten wäre es deshalb an der Zeit, ihre Hilfestellung zu beenden. Denn die revolutionäre Utopie, die hier geträumt wird, kann tödliche Folgen haben.

Telegramm von Heinrich Böll an den Intendanten des Südwestfunks, Helmut Hammerschmidt

Wegen der faschistisch-verleumderischen Tendenz des Kommentars von Herrn Planitz in der gestrigen Tagesschau halte ich meine Mitarbeit beim SWF für beendet, auch die evtl. Wiederholung von Sendungen. Ich nehme an, daß Ihnen die Aufkündigung eines Mitarbeiters als Salonanarchist ins Konzept paßt.

Heinrich Böll

Dienstag, 25. Januar 1972

Telegramm Deutsche Bundespost Verzögerungsvermerke

Datum / Uhrzeit	TSt Köln	Leitvermerk	Datum / Uhrzeit
25 1 72 15 38	7811B KARLSR D =		Gesendet
Empfangen Platz Namenszeichen			Platz Namenszeichen

050 BADEN BADEN/TLX 88 25 1523 PAGE1/50 04773

HEINRICH BOELL HUELCHROTHERSTR. 7

KOELN

Dienstliche Rückfragen

IHR AN SWF INTENDANT HAMMERSCHMIDT GERICHTETES TELEGRAMM DESSES INHALT SIE GLEICHZEITIG DPA UEBERMITTELN HAT HEUTE MITTAG DIE FOLGENDE ANTWORT GEFUNDEN : DER SUEDWESTFUNK WEIST DIE BEHAUPTUNG VON HEINRICH BOELL DER FERNSEHKOMMENTAR VON ULRICH FRANKPLANITZ SEI FASCHISTISCH VERLEUMDERISCH ENTSCHIEDEN ZURUECK WIE WENIG GERECHTFERTIGT DER VORWURF BOELLS

COL 7

IST ZEIGT DER WORTLAUT DES KOMMENTARS DER SUEDWESTFUNK NIMMT MIT BEFREMDEN ZUR KENNTNIS DASS BOELL OFFENBAR NICHT BEREIT IST EINEM KOMMENTATOR DIE MEINUNGSFREI HEIT ZUZUBILLIGEN DIE ER FUER SICH SELBST IN ANSPRUCH NIMMT

FRITZ NIEHUS PRESSE UND INFORMATION

+ FT 210 Vf, 2 Anl. 4

Der Tagesspiegel

Acht freundliche Fragen an Franz Barsig

Offener Brief an den Intendanten des SFB

Sehr geehrter Herr Barsig,
es hat Ihnen beliebt, eine kleine Glosse von mir, die ich für »Das Feuilleton« des Senders Freies Berlin geschrieben hatte, vom Programm abzusetzen. Nun könnte ich mich selbstkritisch an den Satz von Karl Kraus halten, daß Satiren, die der Zensor versteht, zu Recht verboten werden, wenn ich nicht doch ein schlechtes Gewissen bei der Vorstellung hätte, daß Sie ein Zensor wären und zweitens mein kleines Stück schon verstanden hätten als das, was es sein sollte: ein warnender Hinweis auf die Privatisierung von Nachrichten im Fernsehen. Das, was Werner Rhode eine »satirische Laudatio« genannt hat, enthält einige sehr ernsthafte Bedenken gegen eine Publikationspraxis, die ihrer eigenen Fragwürdigkeit nicht mehr inne wird. Erlauben Sie deshalb, daß ich Ihnen als Redaktion auf Ihre schneidende Maßnahme einige Fragen stelle, die mit dem Thema meiner Glosse zusammenhängen, nämlich mit der ARD-Reportage über die Verleihung der »Goldenen Kamera« am 14. Januar dieses Jahres.

1. Halten Sie es für richtig, daß eine Anstalt des Öffentlichen Rechts Privatveranstaltungen überträgt? (Laut HÖR ZU: »Festakt im Verlagshaus Axel Springer an der Kochstraße. Im Dunkel ahnt man die Mauer.«)
2. Finden Sie es a) statthaft oder b) unumgänglich, daß bei einer solchen Gelegenheit Schleichwerbung, die doch sonst im Fernsehen mit Recht so strikt verpönt ist, betrieben wird? (Mehrfache Erwähnung der Zeitschrift HÖR ZU.)
3. Sind Sie der von Ihrem Hauptabteilungsleiter Kultur, Herbert Hausen, geäußerten Ansicht, die Verleihung der »Goldenen Kamera« sei »ein Vorgang von überregionalem Interesse. Ihn referierend wahrzunehmen, war journalistische Pflicht«?
4. Wenn ja, wo fängt dann für Sie überhaupt regionales Interesse an?
Bei einer Auflage von 5 Millionen?
Bei Axel Springer?
Bei der Auszeichnung von Leuten im eigenen Haus?
5. Wenn in der Tat die hohe Auflage der Zeitschrift für Sie mitbestimmend gewesen sein sollte, besteht dann die Aussicht, daß demnächst auch Feste der Bildzeitung Tele-Nachrichtenwert haben werden?
6. Sehen Sie nicht die Gefahr, daß ein finanzkräftiger Unternehmer regelrecht zur Nachrichten-Produktion übergeht, daß er sich das Fernsehen gewissermaßen »kauft«? (Laut HÖR ZU hat Herr Springer auf der Party gesagt: »Ich teile Ihre Abneigung gegen das ›Springer-Fernsehen‹, aber warum nicht Springer im Fernsehen – als Kommentator?«)
7. Angekündigt und abgesagt wurde die Kurzreportage als ein »Sonderbericht«. Ist dieser Begriff

a) Ausdruck für die Ungewöhnlichkeit der Sendung,
b) Zeichen eines schlechten Gewissens,
c) bewußte Ausnutzung des Soupçons, dem das Wort »Sonder« (von der Sondermeldung bis zur Sonderbehandlung) anheimgefallen ist?

8. Warum ist der Beitrag vom SFB zweimal gesendet worden, erst regional, später dann im Hauptprogramm? Ist es vielleicht eine Party-Idee selbst gewesen, die Regionalreportage über alle Sender laufen zu lassen? Wenn nicht, warum ist dann nicht wenigstens die vorherige Ausstrahlung in der Berliner »Abendschau« unterblieben?

In der heutigen Ausgabe von Springers »Welt« heißt es in einer Fernsehkritik: »Menschen werden, wenn sie nur oft genug über den Bildschirm gedreht werden, zu Institutionen.«

Eben.

Mit freundlichen Grüßen **Dieter Hildebrandt**

Das Zentralorgan der FDJ »Junge Welt« in berliner-EXTRA-dienst

»Die Baader-Meinhof-Gruppe oder abenteuerliche Außenseiter als Alibi der bundesdeutschen Reaktion«

...

»Baader-Meinhof-Bande mordet weiter.« Mit solchen Schlagzeilen schüren Springers Gazetten und andere mit dem Phantom Baader-Meinhof eine Massenhysterie in den Köpfen der Bundesbürger. Da wird ein Landesminister irrtümlich verhaftet, junge Männer mit Bart werden bei Razzien verdächtigt und bedroht, schwerbewaffnete Beamte tauchen in den Wohnungen ahnungsloser Menschen auf. Wegen Baader-Meinhof, sagt man, und übt in aller Legalität den Notstand.

Im Bewußtsein der Öffentlichkeit wird mit dem Beispiel Baader-Meinhof jede Aktivität fortschrittlicher Kräfte verketzert, ja kriminalisiert. Progressive Intellektuelle, unter denen die Reaktion Kontaktpersonen der Gruppe vermutet, werden schon jetzt an die öffentliche Schandwand gestellt. Jegliche Opposition gegen das imperialistische Staatssystem wird unter dem Vorwand der Gefahr der Radikalisierung in den Baader-Meinhof-Topf geworfen. Und wenn Andeutungen nicht helfen, kommt die Rechte mit faustdicken Lügen: Baader wird von ihr in die DKP eingetreten. Daß sich die ernst zu nehmenden linken politischen Kräfte in der Bundesrepublik wie die DKP und die SDAJ vom Abenteuertum der Baader-Meinhof-Gruppe distanziert haben, fällt natürlich bei Springer und Co. gleich unter den Redaktionstisch.

Eine alte Wahrheit hat einen neuen Beweis: Wer die Erfahrungen des Klassenkampfes ignoriert und von ihnen abrückt, fällt in die Front der

Reaktion. Die Baader-Meinhofs haben sich im Irrgarten ihrer pseudorevolutionären Theorie verlaufen, stehen isoliert und hilflos an der Peripherie der Gesellschaft als Außenseiter, »die sich in die Enge begeben haben, in die Enge getrieben worden sind«, wie der Schriftsteller Heinrich Böll kürzlich schrieb. Sie sind mit ihrem Programm gescheitert und objektiv Verbündete von jenen geworden, gegen die sie vor zwei Jahren in den Graben sprangen. Das Nachdenken über die politischen Tendenzen in der Bundesrepublik haben sie in den Jahren ihrer Existenz kaum gefördert. Dafür hat die im Dezember erfolgreich beendete dreiwöchige Streik-Klassenschlacht der westdeutschen Metallarbeiter mehr getan. Beispielsweise.

(gekürzt)

Bild

Baader droht: Volkskrieg in Deutschland

Andreas Baader 1969 beim Verlassen des Kasseler UG nach 14monatiger Haft

In einem Brief mit Fingerabdruck erklärt Baader, daß er mit seiner Bande unseren Staat zerstören will

Jürgen Seifert

Solidarität mit Peter Brückner

Rede am 25. Januar 1972 in der Technischen Universität Hannover

Am 22. Juni 1926 mußte aufgrund eines Erlasses des Preußischen Ministers für Wissenschaft, Kunst und Volksbildung der als Privatdozent an der Technischen Hochschule lehrende Professor Dr. Theodor Lessing seine Lehrtätigkeit einstellen. Theodor Lessing war Philosoph, Psychologe und Publizist. – Der damalige Erlaß war das Produkt einer beispiellosen Hetze gegen Theodor Lessing. An dieser Kampagne waren Presse und Justizbehörden, Hochschullehrer und Studentenschaft in gleicher Weise beteiligt. Zwar kennen wir aus der damaligen Zeit einen Aufruf des Sozialistischen Studentenbundes, des Internationalen Sozialistischen Kampfbundes und der niedersächsischen KPD an die Einwohner Hannovers, in dem es heißt: »Laßt euch diesen Hochschulskandal nicht gefallen!« – Aber am Ende dieser Affäre steht die Ermordung von Theodor Lessing durch Schergen des NS-Systems am 31. August 1933 in Marienbad.
Am 20. Januar 1972 hat der Niedersächsische Kultusminister den Kollegen Peter Brückner von seinen Amtspflichten suspendiert. – Noch ist der Fall Peter Brückner kein Fall Theodor Lessing. Die vorläufige Suspendierung ist kein endgültiges Lehrverbot; denn eine Suspendierung ist kein Strafakt.
Wir sind hier zusammengekommen, damit aus der vorläufigen Maßnahme des Kultusministers vom vergangenen Donnerstag nicht ein neuer Fall Theodor Lessing wird. Wir sind hier zusammengekommen, um den Hochschullehrern und Studierenden dieser Universität, um allen Bürgern unseres Landes, die ihren Stab über Peter Brückner bereits gebrochen haben, zu sagen: Wie haltet ihr es denn nun mit dem Rechtsstaat, dessen fundamentales Prinzip lautet: Niemand darf als schuldig behandelt werden, solange seine Schuld nicht durch ein Gericht rechtskräftig nachgewiesen ist.
Wir sind hier zusammengekommen, um all denen zu sagen, die eine vorläufige Entbindung von den Amtspflichten als Strafsanktion handhaben oder darzustellen versuchen: Eine solche Suspension darf nicht mehr sein als eine Schutzmaßnahme der Staatsgewalt gegenüber einem ihr unterstellten Beamten.
Wir sind hier zusammengekommen, um denjenigen entgegenzutreten, die bei der Suspendierung Brückners Hosianna schreien, die aber Politikern ihrer Couleur zujubeln, wenn diese sich bei dubiosen Affären an ihr Amt krallen, das sie dann zur Vertuschung mißbrauchen können.
Der Fall Brückner macht deutlich, daß in diesem Staatswesen mit zweierlei Maß gemessen wird: Brückner wurde suspendiert, aber der damalige Verteidigungsminister Strauß nicht, obwohl dieser sein Amt nachweislich dazu ausnutzte, um mit einem Zeugen zu reden, der in dem gegen Strauß eingesetzten Fibag-Untersuchungsausschuß auszusagen hatte. – Brückner

wurde suspendiert, aber der Bundestagspräsident Eugen Gerstenmaier nicht, trotz der Gerstenmaier schwer belastenden Tatsachen. – Brückner wurde suspendiert, aber der Berliner Polizeipräsident Hübner nicht, obwohl Hübner die Verantwortung trägt für die vertuschenden Berichte der Berliner Polizei bei der Erschießung Georg von Rauchs und die bis heute noch nicht geklärten Umstände. Im Fall Hübner geht es um einen Toten, im Fall Brückner um die Verteidigungsstrategie eines Angeklagten.
Ich bin aber auch deshalb hierher gekommen, weil ich folgendes sagen will: Diejenigen, die mich kennen, wissen, daß ich nicht erst heute der politischen Analyse der Gruppe Baader-Meinhof entgegentrete und ihre Praxis als falsch bezeichne. Eine Gruppe, die sich Rote Armee Fraktion nennt, hat seit etwa zwei Jahren den Versuch gemacht – wie sie sagt – »praktisch zu ermitteln, ob es richtig ist, den bewaffneten Kampf jetzt zu organisieren«. Diese Gruppe sollte, wenn sie noch zu einer politischen Analyse fähig ist, ihr Scheitern endlich zugeben. Sie sollte – meinetwegen vom Ausland aus – die Arbeit der Roten Armee Fraktion für beendet erklären und alle Nachahmer auffordern, dasselbe zu tun. Ein solcher Akt wäre die wirksamste Prozeßhilfe für ihre inhaftierten Genossen.
Nun sagt man: In dieser Situation gibt es nichts anderes als Solidarität. Aber – so frage ich –: Was ist das für eine Solidarität?
Für politische Organisationen und für den politischen Menschen kann es politische Solidarität nicht geben mit einer Praxis, die man für falsch hält und die auf einer falschen Analyse aufbaut. Die Rote Armee Fraktion verkennt den fundamentalen Unterschied zwischen einem offen faschistischen System und einem zwar autoritären, aber nicht faschistischen Verfassungsstaat. Sie meint, auf eine Zuspitzung des Klassenkampfes auch dann nicht verzichten zu können, selbst wenn diese Form der Zuspitzung offenen Faschismus produziert.
Obwohl ich der Auffassung bin, daß man sich nicht politisch mit der Roten Armee Fraktion solidarisieren kann, halte ich es angesichts der augenblicklichen Hexenjagd für notwendig und sinnvoll, für die Baader-Meinhof-Gruppe etwa in der Weise einzutreten, in der sich Heinrich Böll im SPIEGEL engagiert hat. Nur wenn wir sagen, daß es keine politische Solidarität mit der Praxis der Roten Armee Fraktion geben kann, dann hat die Aussage Gewicht, daß die politischen Motive einer Ulrike Meinhof der Praxis derjenigen hundertmal mehr vorzuziehen sind, die durch die Art der gegenwärtigen Verfolgung dazu beitragen, daß in diesem Lande erneut Gestapo-Methoden für legitim gehalten werden können. Nicht die Rote Armee Fraktion hat an den Fundamenten des Staatswesens Bundesrepublik gerüttelt, sondern eine Praxis der Strafverfolgung, die im Kampf gegen die Gruppe Baader-Meinhof die rechtsstaatliche Ordnung Stück für Stück ausgehöhlt hat. Was bleibt von den nach 1945 mühselig aufgebauten institutionellen Sicherungen dieses politischen Systems, wenn in Zukunft die bloße Behauptung genügt, dieser oder jener habe Kontakt

zu jemand gehabt, der ein Staatsfeind sei, um ihn in Acht und Bann zu tun, um ihn öffentlich zu diskriminieren?
Im Jahre 1925 hat eine systematisch angelegte Kampagne dazu geführt, daß kein Student dieser Hochschule es noch wagen konnte, die Vorlesung von Theodor Lessing aufzusuchen. Nach 1933 wurden nicht nur Juden verfolgt, sondern auch diejenigen, die den Kontakt zu Juden nicht abbrachen; damals galt der Satz: »Wer beim Juden kauft, ist wie ein Jude zu behandeln!« – Ende der 50er Jahre entstand im Zusammenhang mit der Verfolgung der KPD der Begriff der Kontaktschuld: Der bloße Kontakt konnte unabhängig von der Absicht zu strafrechtlicher Verfolgung und zur Gefährdung der wirtschaftlichen Existenz führen. Sollen diese Zeiten, gegen die Gustav Heinemann und Diether Posser einst gekämpft haben, heute unter veränderten Umständen wiederkehren?
Der Düsseldorfer Prozeß gegen Karl-Heinz Ruhland ist – das sollte auch Diether Posser erkennen – einzigartig in der deutschen Rechtsgeschichte. In diesem Prozeß ist alles verkehrt: Der Angeklagte tritt als Ankläger auf; er belehrt den Vorsitzenden und sagt: »In dieser Frage wird noch ermittelt«; beschuldigt werden die von der Anklage benannten Zeugen, die vom Gericht geladen worden sind, obwohl der Angeklagte Ruhland – wie immer betont wird – voll geständig ist und man ihm voll vertrauen könne; Vorsitzender, Staatsanwalt und Pflichtverteidiger helfen dem Angeklagten Ruhland – wenn dieser sich einmal verheddert – im seltenen Einklang auf die Sprünge: »Irren Sie da nicht?« – »War es nicht so ...« Der Pflichtverteidiger tut sich hin und wieder – so behaupten jedenfalls die Betroffenen – durch falsche Zitate aus den Vernehmungsprotokollen Dritter hervor. Die Springer-Presse stellt in ungewöhnlicher Weise die menschliche Seite in der Person des Angeklagten heraus.
Wie kommt es dazu?
Es gibt im Strafgesetzbuch, und zwar in der Bestimmung, deretwegen Karl-Heinz Ruhland unter anderem vor Gericht steht, den Satz: »Das Gericht kann die Strafe nach seinem Ermessen mildern oder von einer Bestrafung nach dieser Vorschrift absehen, wenn der Täter sich freiwillig und ernsthaft bemüht, das Fortbestehen der Vereinigung oder die Begehung einer ihren Zielen entsprechenden Straftat zu verhindern ...«
So erzählt Karl-Heinz Ruhland eifrig davon, daß Bundeskanzler Brandt entführt und Horst Mahler und andere befreit werden sollten. Wer kann das nachprüfen. Wer weiß, ob sich der Angeklagte nicht durch derartige Ausführungen und durch die Beschuldigung Dritter verspricht, mit einem blauen Auge wegzukommen. Schließlich befindet sich der Angeklagte nun schon seit über 13 Monaten in Untersuchungshaft. Bei einer Verurteilung kann die Haft auf die verhängte Strafe angerechnet werden. Ruhlands Verhalten ist verständlich; unverständlich aber ist, daß nicht einmal die liberale Presse diese Hintergründe aufzeigt!
Noch eine andere Besonderheit zeichnet diesen Prozeß aus. Im deutschen

Strafprozeß gilt der Grundsatz, daß Zeugen dann nicht gehört werden, wenn der Angeklagte geständig und der Tathergang eindeutig ist. Jedem Juristen wird es sonst als schwerer Fehler angekreidet, wenn er Dinge behandelt, die von der Sache her nicht notwendig sind, die nicht zur Sache gehören. Alles das gilt nicht im Düsseldorfer Prozeß!
Zeugen werden geladen, die der Angeklagte nach seinen eigenen Ausführungen nur aus Angaben Dritter her kennt. Der Vorsitzende scheut sich nicht, den Angeklagten danach zu fragen, bei wem hat dieser oder jener bei einem Dritten in dieser oder jener Nacht übernachtet. Fast immer fällt ein Name. Immer ist ein Dritter diskreditiert oder diskriminiert. So genügt ein Satz, den Ruhland von Gudrun Ensslin gehört haben will, sie könne jederzeit Auskunft einholen über den Stand von Ermittlungen, um die Direktorin eines Frauengefängnisses – hier fällt der Name nicht, aber unzählige können sich denken, wer gemeint ist – zu belasten.
Was hat das alles mit der Wahrheitsfindung im Ruhland-Prozeß zu tun? Wo ist die liberale Presse, die sagt, das läuft ab wie ein Schauprozeß; der Düsseldorfer Prozeß enthält – wenigstens im Ansatz – die Verfahrensweisen, die die von Stalin inszenierten Schauprozesse kennzeichnen.
In diesem Prozeß geht es denjenigen, die für dieses Verfahren verantwortlich sind, in erster Linie nicht um den Angeklagten Ruhland, sondern um die Diffamierung und Kriminalisierung Dritter und der politischen Linken insgesamt.
Die Ermittlungsbehörden haben selbst zugegeben, daß sie in der Mehrzahl der Fälle nicht in der Lage sind, die von Ruhland namentlich genannten Personen strafrechtlich zu verfolgen. Nun wird diesen Personen auf andere Weise der Prozeß gemacht. Die FAZ hatte schon am 15. Januar dieses Jahres angekündigt, daß man sich »einen Effekt auf diejenigen« erhofft, »von denen anzunehmen ist« – ich wiederhole: ›anzunehmen ist‹! – »daß sie Gruppenmitglieder decken und beherbergen«. Am 21. Januar schrieb dieselbe Zeitung über die Personen, die in Düsseldorf auf unrechtsstaatliche Weise diffamiert werden, in aller Offenheit: Sie »haben nichts zu tun mit dem vielgenannten ›harten Kern der Bande‹, aber sie sind leider der bisher viel zu selten genannte harte Kern des Problems«.
Peter Brückner ist das erste Opfer dieser groß angelegten Kampagne. Springer-Presse – aber nicht nur sie – und Justizbeamte spielen einander in die Hände – wie einst zu Zeiten der Kommunistenverfolgungen.
Wenn es jetzt nicht gelingt, die liberale Öffentlichkeit gegen diese Kampagne und gegen diese Prozeßführung zu mobilisieren, werden morgen erneut verzweifelte Sozialisten diesen Prozeß als Beweis dafür ansehen, daß wir in einem faschistischen System leben. – Jeder, der sich nicht jetzt gegen diese Prozeßführung wendet, ist mitverantwortlich dafür, wenn sich dieser oder jener zu fragen beginnt: was bleibt in einem solchen System noch anderes als der bewaffnete Kampf.
Der Ruhland-Prozeß zeigt, daß die vom liberalen Bürgertum und von der

revolutionären Arbeiterbewegung erkämpften Rechtspositionen, die nach 1945 erneut besetzt werden konnten, bedroht sind und in der Gefahr stehen, ausgehöhlt zu werden. Das ist keine zufällige Erscheinung. Doch in dieser Situation ist es ebenso falsch, Rechtspositionen als liberale Illusionen abzutun, wie zu versuchen, solche Rechtspositionen *allein* durch politische Aktionen zu sichern oder – wie manche es heute nennen – »demokratisch zu erneuern«. Die politische Aktion muß einhergehen mit einer Revolutionierung des Alltags; einer permanenten Aktivität in allen Bereichen der Gesellschaft. Es bedarf des Kampfes – wenn man so will: des kulturrevolutionären Kampfes – um ein verändertes Verhalten jedes Einzelnen ebenso wie des steten Kampfes gegen das Prinzip der Lohnarbeit insgesamt.

Peter Brückner ist in der gegenwärtigen Phase das Objekt einer Kampagne. Er ist eine Symbolfigur für den ›linken‹ Professor, der bereit ist, gemeinsam mit seinen Assistenten und Studenten eine nicht hierarchische, sondern kooperative Form in Forschung und Lehre zu praktizieren. Peter Brückner ist ein Symbol für den von konservativer Seite beklagten sogenannten Einbruch in die traditionelle konservative Hochschule. Peter Brückner ist aber auch der Sündenbock, den Minister Genscher braucht, um von seinen Mißerfolgen gegenüber der Roten Armee Fraktion abzulenken. Peter Brückner soll gerichtet werden – und wie viele haben ihn nicht schon heute gerichtet? – Um andere abzuschrecken, um uns alle einzuschüchtern!

Deshalb verdient Peter Brückner unsere Solidarität. Wir dürfen nicht zulassen, daß Peter Brückner in einer Hysterie schuldig gesprochen wird und daß er stellvertretend büßen soll, nur weil diese Gesellschaft eines solchen Blutopfers bedarf. – Peter Brückner bedarf unserer Solidarität, damit aus dem Fall Brückner kein Fall Theodor Lessing wird. Die Kampagne gegen Brückner ruft uns alle auf, für eine Gesellschaft zu kämpfen, die so frei ist, daß sie keine Sündenböcke mehr braucht.

Mittwoch, 26. Januar 1972

Frankfurter Allgemeine Zeitung

Radikale im öffentlichen Dienst
Länder-Chefs besprechen die Frage mit Brandt

fr. BONN, 25. Januar. Wenige Tage, bevor die Ministerpräsidenten der Bundesländer in einem Gespräch mit Bundeskanzler Brandt am Freitag zu einheitlichen Grundsätzen für das Verhalten gegenüber Anhängern politisch radikaler Gruppierungen im öffentlichen Dienst kommen wollen, haben CDU/CSU und SPD ihre Haltung hierzu präzisiert. Der innenpolitische Sprecher der CDU/CSU-Bundestagsfraktion, Vogel, hat im Pressedienst seiner Partei deutlich gemacht, schon die Mitgliedschaft eines Beamten etwa in der DKP bedeute, daß der betreffende Beamte die vom Beamtenrecht geforderte »Gewähr« für ein jederzeitiges Eintreten für die freiheitliche demokratische Grundordnung nicht biete. (gekürzt)

Saarländischer Rundfunk, »Zwischen heute und morgen«

Interview Axel Buchholz mit Heinrich Böll

Buchholz: Heute kam folgende Meldung der ap, meine sehr verehrten Damen und Herren: »Der Schriftsteller und Präsident des internationalen PEN-Zentrums, Heinrich Böll, hat dem Südwestfunk Baden-Baden jegliche Mitarbeit aufgekündigt und der Rundfunkanstalt die Wiederholung irgendeiner seiner Sendungen untersagt.« Grund dazu – oder Anlaß dafür – war ein Kommentar, der von einem Südwestfunk-Mitarbeiter gestern abend im Deutschen Fernsehen gesprochen wurde, ein Kommentar von Ulrich Frank Planitz.
Wir haben den Schriftsteller Heinrich Böll jetzt am Telefon. Einen schönen guten Abend, Herr Böll!
H. Böll: Guten Abend.
Buchholz: Können Sie bitte diesen Schritt von Ihnen einmal begründen?
H. Böll: Ich habe die Methode und das Vokabularium von Herrn Planitz, stimmt der Name? – Buchholz: Ja – Böll: als verleumderisch faschistisch bezeichnet, und ich finde in einer Anstalt des öffentlichen Rechtes eine solche Methode untragbar, und da ich ein freier Schriftsteller in einer freien Gesellschaft bin, suche ich mir die Leute, mit denen ich arbeite, aus und schließe den Südwestfunk aus.
Buchholz: Nun, Herr Böll, andererseits könnte man doch sagen, ein Sender muß Ereignisse kommentieren lassen, und wie können Sie einen ganzen Sender und einen Intendanten verantwortlich machen für die Meinung eines einzigen Journalisten?
H. Böll: Ja, ich glaube, Herr Buchholz, da müssen wir sehr lange über die Theorie des Pluralismus sprechen, an der ich zu zweifeln beginne, wie ich gestehe. Ich fange auch an, die Grenzen der Liberalität zu erkennen. Ich nehme doch an, daß ein solcher Kommentar nicht zufällig entsteht und daß er geplant ist, daß er besprochen wird, daß man einen bestimmten Herren zu einem bestimmten Zweck an einem bestimmten Tag auserwählt. Und da gibt es ja einen Programmdirektor, einen Chefredakteur und einen Intendanten. Sollte das Zufall sein? Das ist eine Frage an Sie.
Buchholz: Aber Sie bestreiten doch im Grunde einem Journalisten damit

das Recht, seine Meinung über einen Sender zu äußern, wenn sie so hart darauf reagieren.

H. Böll: Nein, ich reagiere, wenn Sie das hart nennen, meinetwegen, es ist eine harte Reaktion. Ich finde es gar nicht so schlimm, wenn der Südwestfunk ohne mich existieren wollte. Das ist an sich eine sehr literarische Drohung, der wird wohl ohne mich auskommen, sowohl als Funk- wie als Fernsehautor, insofern ist meine Position gar nicht hart. Ich bestreite auch einem Journalisten nicht seine Meinungsäußerung, aber ich wehre mich auf diese Weise, die ich eben beschrieben haben, gegen die Methode, die ich eindeutig faschistisch nenne, und wenn in einer Anstalt des öffentlichen Rechtes verbaler Faschismus derart ungeprüft hingenommen wird, muß ich meine Konsequenzen ziehen. Nicht in meiner Eigenschaft als Präsident des internationalen PEN, sondern als deutscher Autor, der hier lebt.

Buchholz: Herr Böll, noch einmal zu Ihrer Meinung zur Baader-Meinhof-Gruppe. Kann es sein, daß Sie Ihre Auffassung, sagen wir, etwas literarisch dargetan haben im »Spiegel«, so daß man im Grunde nicht dem klar entnehmen konnte, was sie eigentlich meinen. Ich habe jedenfalls ...

H. Böll: Das ist nicht mein Problem. Ich bin ein Schriftsteller, und wenn ich mich äußere zu einer Sache, das mag literarisch sein, dann setze ich aber bei einem Menschen, der das verantwortlich kommentiert, voraus, daß er auch andere Wörtlichkeiten von mir kennt und nicht eine solche Äußerung isoliert sieht. Ich bin bereit zuzugeben, daß man diesen Aufsatz kritisieren kann, daß man darüber streiten kann, sehr lange, aber nicht auf diese Weise, indem man ihn verkürzt, und zwar mit faschistischen Methoden verkürzt, indem man Ausdrücke gebraucht, die ich kenne aus meiner Jugend. Der Ausdruck Salon-Anarchist ist entsprechend dem Salon-Bolschewiken, der ein beliebtes Mittel der Nazipresse war. Der Ausdruck Literaturpräsident ist entweder der Ausdruck eines Analphabeten, der also über etwas spricht, was er nicht kennt, oder eine Diffamierung, denn es gibt keine Literaturpräsidenten auf der Welt, usw.

Buchholz: Herr Böll, noch einmal zur Baader-Meinhof-Gruppe. Ich habe doch hoffentlich Ihren Artikel richtig verstanden, wenn ich ihn so interpretiere, daß Sie diese Taten der Gruppe, soweit sie bewiesen sind, als kriminelle Taten bewiesen sind, verurteilen und daß Sie sehr wohl dafür sind ...

H. Böll: Selbstverständlich. Wenn ich das betonen muß, muß ich damit rechnen, nur noch für Schwachsinnige zu schreiben, entschuldigen Sie meine bittere Reaktion. Es ist ganz klar, für jeden, der den Artikel ohne Böswilligkeit liest, daß er versöhnlich gemeint war und daß er entspannen sollte, die ganze, wie ich finde, irrsinnig hysterische Atmosphäre. Es war, Sie haben den Einstieg festgestellt – es war eine Überschrift in der »Bild«-Zeitung, die ich für kriminell halte. Das war der Einstieg, das war der Anlaß für mich, und ich gebe zu, daß meine Intention nicht erfüllt worden ist. Das gebe ich zu. Ich habe nicht damit gerechnet, daß die Fronten sich verhärten würden, sondern daß sie sich möglicherweise lockern würden, habe ich gedacht.

Buchholz: Könnte das daran liegen, Herr Böll, gestatten Sie diese Frage, daß Sie vielleicht nicht klar genug gesagt haben, auf der einen Seite, wenn Verbrechen geschehen auch unter politischen Entschuldigungen oder Motivationen, dann bleiben das doch Verbrechen und müssen als solche behandelt werden.

H. Böll: Ich habe in dem Artikel betont, daß Frau Meinhof der Gesellschaft den Krieg erklärt hat. Das ist nicht harmlos. Krieg ist kein harmloser Zustand. Ich habe außerdem gesagt, daß sie unbedingt den Prozeß gemacht bekommen muß, womit ich ja ihre Vergehen zugebe. Ich weiß nicht, was ich sonst noch hätte schreiben sollen.

Buchholz: Wenn sich jetzt Mitglieder der Gruppe stellen würden: Haben Sie Angst, daß diese Gruppenmitglieder dann nicht den Gesetzen entsprechend behandelt werden würden – von der Polizei oder von den Gerichten.

H. Böll: Nein, das kann ich nicht sagen. Nur müssen Sie auch voraussetzen – und ich bitte auch Ihre Hörer, das vorauszusetzen – daß mein Artikel entstanden ist unter dem Eindruck der, milde ausgedrückt, recht obskuren Ermittlungen im Falle Georg v. Rauch, der ja einfach niedergeschossen worden ist. Ich fände es sehr schlimm, nicht nur persönlich, weil ich Tod und Gewalt verabscheue, sondern auch politisch schlimm, wenn der Prozeß gegen Frau Meinhof nicht stattfände, weil sie tot wäre. Ich hatte, das habe ich ja in dem Artikel ausgedrückt, ganz klar gemacht, daß ich finde, daß die Polizeibeamten wahrscheinlich überarbeitet, nervös, gereizt, frustriert sind und daß Politiker ihnen beistehen sollten, ein bißchen ruhiger, und das ist eben nicht geschehen nach meinem Artikel. Also habe ich mein Ziel nicht erreicht. Daß ich Angst habe, Herr Buchholz, müssen Sie verstehen, denn was man so hört über den Strafvollzug an den bisher geschnappten Tätern der Gruppe, ist nicht sehr erfreulich.

Buchholz: Sie haben versucht zu versöhnen, haben Sie gesagt, Herr Böll, und haben Ihr Ziel nicht erreicht. Aber das wird Sie sicherlich nicht veranlassen, nun weiterhin nicht zu versuchen, hier versöhnend zu wirken.

H. Böll: Nein, ich äußere mich in dieser Sache nicht mehr. Ich habe die Demagogie, die ich hervorgerufen habe, unterschätzt. Ich habe nicht damit gerechnet, daß die Springer-Presse – ich muß sie beim Namen nennen – so reagieren würde, und da sie, glaube ich, 30 Prozent oder mehr unseres Pressevolumens ausmacht und beharrlich auf ihrer Hetzerei besteht, werde ich mich nicht mehr äußern.

Ich werde mich auch in keiner einzigen Springer-Zeitung durch Leserbrief oder per Anwalt äußern. Diese Art Schmutz: Damit möchte ich mich nicht beschmutzen, genausowenig wie mit dem, was Herr Planitz gesagt hat. Da habe ich einfach meine Konsequenzen gezogen. Es kann keinem Menschen, der auch nur eine Zeile von mir kennt, in den Sinn kommen, daß ich Gewalt und Kriminalität verteidige.

Buchholz: Herr Böll, Herr Baader hat angekündigt, daß er sich freiwillig nicht stellen wird. Ich persönlich habe das bedauert, denn wäre es nicht die beste Art und Weise, aus diesem ganzen Irrsinn noch einmal herauszukommen, wenn jetzt wirklich die Gruppenmitglieder sich freiwillig stellten und man natürlich auch über die publizistischen Medien etwas dafür tun müßte und würde, daß ihnen ein gerechter Prozeß gemacht würde.

H. Böll: Ja, ich fände es sehr gut, wenn sie sich stellen würden. Das hört sich jetzt so herablassend und banal an. Gerade in diesem Augenblick fände ich auch sogar vom Konzept der Gruppe aus gesehen politisch konsequent, sich zu stellen, angesichts der Ermittlungen im Ruhland-Prozeß.

Buchholz: Es ist ja eigentlich nur dieser eine Ausweg denkbar, wenn man nicht erreichen will, daß noch mehr Unglück und auch zwangsläufig Unrecht geschieht.

H. Böll: Natürlich, das ist selbstverständlich. Mein Fehler mag darin gelegen haben, daß ich Dinge, die mir selbstverständlich sind, sehr ungern sage ... und die »Bild«-Zeitung und Springer-Presse besteht ja eigentlich in der dauernden Wiederholung von Banalitäten und Lügen. Ich könnte Ihnen an zwei, drei Artikeln nachweisen, daß sie lügt. Die Methode ist ganz einfach, die kennt man. Man behauptet eine Sache. Drei Zeilen weiter ist sie schon eine unumstößliche Wahrheit. Und im nächsten Artikel wird auf dieser unumstößlichen Wahrheit wieder etwas behauptet. Ich lese heute z. B.: Ich hätte herzliche Worte der Verteidigung für die Gewalttäter gefunden. Das ist einfach derart unsagbar faschistisch und schmutzig, daß ich mich nicht fassen kann. In ähnlicher Richtung sah ich den Kommentar von Herrn Planitz. Und ich darf mir ja wohl meine sogenannten Geschäftspartner aussuchen. Daß dies für mich auch ein finanzieller Verlust ist, ist klar, aber den nehme ich hin.

Buchholz: Man hat Ihnen auch vorgeworfen, Herr Böll, daß Sie sich in Sachen Bukowski und anderer sowjetischer Schriftsteller so zurückhaltend geäußert haben. Ich habe Sie so interpretiert, daß Sie wahrscheinlich jede Einflußmöglichkeit verlieren würden, wenn Sie zu hart Stellung nehmen würden, obwohl ...

H. Böll: Nicht nur das. Es ist absurd, wenn die Herren, die das behaupten, nicht wissen, was ich im Falle Solschenizyn alles gesagt und getan habe. Und nicht nur in dem Fall. Im Augenblick ist es so, Herr Buchholz, wenn ich auf diese Hetze hin etwas für Herrn Bukowski täte, würde ich ihm schaden. In der Gesellschaft von Herrn Habe und Herrn Krämer-Badoni und Herrn Springer für Bukowski einzutreten bedeutet, ihm wahrscheinlich noch 5 Jahre Zuchthaus mehr aufzuladen. Ich kann das nicht. Im Gegenteil, ich habe eine Zeitlang gezögert, ob ich was tun könnte. Aber jetzt tue ich nichts, weil ich Herrn Bukowski nur schaden würde. Weil hier alles in Zusammenhang mit einer Polemik gegen die Ostpolitik gesehen wird, und das ist das Schädlichste, das man für Herrn Bukowski tun kann.

Buchholz: Nun gibt es ja möglicherweise auch noch andere ...

H. Böll: In anderen Fällen, im Falle Daniels, Sinjawskijs, Solschenizyns liegen Äußerungen von mir vor, die mag die Springer-Presse weiter verschweigen.
Buchholz: Ich meine: Es gibt auch noch andere Möglichkeiten, für einen sowjetischen Schriftsteller etwas zu tun, als sich nun hart zu seinen Gunsten bei uns zu äußern, öffentlich.
H. Böll: Ja, ich glaube, daß die hiesige Öffentlichkeit nicht genügend informiert ist über die Kompliziertheit und Komplexheit des Problems. Ich bin einige Male in der Sowjetunion gewesen und kann darüber nichts sagen, weil ich niemanden, der dort lebt, gefährden kann. Selbst die wüsteste Hetze dieser Blättchen hier kann mich nicht veranlassen, einen Freund auch nur acht Tage Gefängnis auszusetzen. Daß ich das nicht alles publizieren kann, ist selbstverständlich. Ich rede da nicht drüber. Wer glaubt, ich hätte Angst, für Herrn Bukowski etwas zu tun, der soll das meinetwegen glauben.
Buchholz: Herr Böll, ich bedanke mich sehr für dieses Gespräch und sage Ihnen auf Wiederhören.

Dürener Zeitung

Böll-ermann (Zeichnung: Bruns)

Berliner Morgenpost, Walter Brückmann

Böll und andere

Es erscheint müßig, auf den puren kriminellen Gehalt der Baader-Meinhof-Bande immer wieder ausdrücklich hinzuweisen. Die Nachrichten der letzten Tage sprechen für sich. Zwar fällt es nach den vielen vergeblichen Fahndungen schwer, Justiz und Polizei größtmögliche Wirksamkeit zu bescheinigen, doch über kurz oder lang – dessen sollte man gewiß sein – ist der Bandenspuk vorbei.

Was jedoch bleiben wird, geht weit über dieses bundesweite Schieß- und Raub-Spektakulum mit all seiner Sensationslust hinaus. Es zielt mitten hinein in die gesellschaftspolitische Zukunft dieses Landes. Der Baader-Meinhof-Bande kommt dabei insofern eine Schlüsselstellung zu, als sich am Meinungsstreit über diese Polit-Kriminellen beispielhaft das Verhalten der deutschen Linksintellektuellen aller Schattierungen ablesen läßt.

Der politische »Überbau« der Baader-Meinhof-Bande, also die eigene moralische Rechtfertigung für Schießereien und Raubzüge, deckt sich grob, stellenweise sogar genau mit den anderen Programmen zur »Revolutionierung« und »Systemüberwindung« der demokratischen Gesellschaft. Der einzige Unterschied besteht in der Konsequenz. Während die Linksextremen in den Universitäten, in den Redaktionen gewisser Sender und Zeitschriften mehr auf einen »langen Marsch durch die Institutionen« setzen, bedient sich die Baader-Meinhof-Bande des Schießeisens.

Der grundsätzlich gleiche Wesenszug – nur unterschieden von der einerseits abgebauten Tötungshemmung – führt dazu, daß im Prinzip die politische Zielsetzung der Baader-Meinhof-Bande bejaht wird. Freilich sagen sie es in dieser Keßheit nicht (noch nicht), zumindest nicht diejenigen, die inzwischen Ämter bekleiden oder gar öffentliches Ansehen genießen. Also weichen sie aus in die massive Kritik an den Folgeerscheinungen der polizeilichen Jagd auf die Bande. Tunlichst vergessend, wer den Anlaß für die Fahndung gab und wer zuerst schoß, wird flugs der Ermordete zum Mörder gemacht, werden polizeiliche Aktionen und die Berichterstattung darüber als »Hysterie« und als »Hetzjagden« dargestellt.

Dahinter steckt natürlich nichts anderes als Sympathie für Mahler-Baader-Meinhof und deren »Analyse« unserer Gesellschaft. So etwa nach dem Motto: Daß ihr schießt, raubt und stehlt, ist nicht gerade schön, aber im Prinzip habt ihr nicht unrecht.

Schriftsteller Böll kann nach seinen Ausführungen im »Spiegel« als der Vorreiter dieser öffentlichen Sympathieerklärung angesehen werden. Mit in seinem Gefolge sind mehr, als man gemeinhin annimmt. Das reicht von den Jungdemokraten bis zu jenen FU-Dozenten, die sich mit dem als Helfer der Bande beschuldigten Professor Brückner solidarisch erklärten. Wobei am Verhalten Brückners selbst nach seinem gestrigen Auftritt ebenfalls keine Zweifel mehr bestehen sollten.

Wagt es allerdings jemand, der sich den Blick noch nicht hat vernebeln lassen, diese fatale Gesinnung zu entlarven, folgt prompt ein unflätiges Echo. Bölls Reaktion auf einen Kommentar im Südwestfunk ist geradezu typisch für jene verbissene und antidemokratische Geisteshaltung, die den Totalitätsanspruch der eigenen Meinung zum Glaubenssatz erhoben hat.
Eines Tages wird der Spuk der Baader-Meinhof-Bande vorüber sein. Doch die Bölls und die Brückners werden bleiben. Und von ihnen droht der Demokratie langfristig die größere Gefahr.

Brief von Heinrich Böll an den Leiter der Pressestelle des Südwestfunks

Sehr geehrter Herr Niehaus,
Ihr Vorwurf, ich hätte die Meinungsfreiheit eingeschränkt, beruht, verzeihen Sie, auf einem Denkfehler oder einem falschen »Einstieg« in die Problematik. Ich habe weder die Absetzung des Herrn Ulrich Frank Planitz verlangt, noch habe ich die Macht und den Ehrgeiz, seine erfreuliche Tätigkeit einzuschränken. Mag er also täglich im SWF kommentieren. Eingeschränkt habe ich, wenn Sie's genau betrachten, lediglich *meine* Meinungsfreiheit, oder, genauer ausgedrückt: die Möglichkeiten, meine Meinung zu verbreiten, indem ich den SWF nicht mehr als Meinungsverbreitungsinstrument für mich benutzen möchte. Was den Tatbestand des Faschismus und der Verleumdung betrifft, so habe ich ihn gestern in einem Interview beim Saarländischen Rundfunk zu analysieren versucht. Ich bestehe auf dieser Analyse, mag man sie meinetwegen als subjektiv bezeichnen: sie beruht auf den Erfahrungen, die ich als Subjekt (Unterworfener) des Faschismus gemacht habe. Im übrigen hat Herr P., wie ich höre, ja auch noch eine Zeitung zur Verbreitung seiner Meinung zur Verfügung. Meine Kündigung ist der freie Entschluß eines im freien Lande lebenden freien Schriftstellers, der sich – lt. »freier Marktwirtschaft« – seine »Kulturpartner« selbst auswählen darf.

Mit den besten Grüßen Ihr
Heinrich Böll

Durchschlag an dpa-Büro Köln

Die Welt

Südwestfunk: Meinungsfreiheit gilt nicht nur für Böll
Von unserem Korrespondenten

uhl. **Stuttgart,** 25. Januar. Den Vorwurf des Schriftstellers Heinrich Böll, der Fernsehkommentar von Ulrik Frank-Planitz vom 24. Januar sei »faschistisch und verleumderisch«, hat der Südwestfunk Baden-Baden am

Dienstag zurückgewiesen. Die Anstalt erklärt, sie nehme »mit Befremden« zur Kenntnis, daß »Böll offenbar nicht bereit ist, einem Kommentator die Meinungsfreiheit zuzubilligen, die er für sich selbst in Anspruch nimmt«.

...

Böll hatte beim Intendanten des Südwestfunks, Helmut Hammerschmidt, mit folgendem Telegramm gegen den Kommentar protestiert: »Nach dem faschistisch verleumderischen Kommentar von Herrn Planitz halte ich jegliche Mitarbeit mit dem Südwestfunk für beendet. Ich verbiete hiermit die Wiederholung irgendeiner meiner Sendungen einschließlich des Films ›Die Sprache der kirchlichen Würdenträger‹. Ich nehme an, daß diese Aufkündigung eines Salonanarchisten Ihnen gut ins Konzept paßt.«

Der Chefredakteur der Wochenzeitschrift »Deutsche Zeitung/Christ und Welt«, Ulrich Frank-Planitz, sagte gegenüber der WELT zu den Vorwürfen Bölls, dieser gehe mit Begriffen wie Faschismus und Verleumdung leichtfertig um, was bei einem Schriftsteller erstaunlich sei. Böll könne sich von dem Kommentar nur dann getroffen fühlen, »wenn auch er Mitgliedern der Baader/Meinhof-Gruppe Unterschlupf gewährt hat oder noch gewährt.«

(gekürzt)

Die Welt, Günter Zehm

Intellektuelle in Ost und West

Die Kluft zwischen beiden wird immer tiefer

...

Heute ist die Entfremdung zwischen den »linken« Schriftstellern in Ost und West bereits so tief, daß es der PEN-Präsident Böll ablehnt, öffentlich für den unschuldig in der Sowjetunion verurteilten Wladimir Bukowskij zu intervenieren – während er den Fall eines fristgerecht gekündigten saarländischen Rundfunkredakteurs allen Ernstes vor das Weltforum bringen will. Die Hamburger Wochenzeitung »Zeit« hat in diesem Zusammenhang wieder einmal das alte Märchen aufgewärmt, das Schweigen (von Böll) könne Bukowskij nützlicher sein als eine öffentliche Intervention. Aber jedermann weiß, daß den im Osten verurteilten Intellektuellen nur der laute Protest ihrer westlichen Kollegen nützen kann. Und jedermann weiß inzwischen auch (oder könnte es wenigstens wissen), daß es Böll und seinesgleichen gar nicht mehr um eine effektive Hilfe für Bukowskij oder andere geht. In Wahrheit sind ihnen die östlichen Dissidenten lästig und unangenehm, desavouieren sie doch ein System, das man dem westlichen Publikum als das »höherentwickelte«, »im Grunde humanere« verkaufen möchte. (gekürzt)

Spandauer Volksblatt, Thilo Koch

Unsere Radikalen

Was ist nun wahr: Sind die Baader-Meinhof-Leute eine gefährliche Bande, wie Bundesinnenminister Genscher bekräftigte, oder sind sie eine kleine Gruppe verzweifelter Sozialrevolutionäre, denen man freies Geleit und einen fairen Prozeß anbieten sollte, wie Heinrich Böll vorschlug?
Böll hat insoweit recht: Die Polizei konnte trotz aller Großfahndungen und Ermittlungen bisher kein Mitglied der Gruppe eindeutig des Mordes überführen. Er hat auch recht, wenn er die dramatisierende Hetze anprangert, die vor allem von der BILD-Zeitung getrieben wird.
Hat aber andererseits nicht auch Genscher recht, wenn er davor warnt, Gesinnungstäter zu verharmlosen, die rücksichtslos von der Schußwaffe Gebrauch machen? Ulrike Meinhof hat durch ihre Erklärungen und ihre Handlungen ohne Zweifel die Grenze zwischen radikaler politischer Überzeugung zur Kriminalität hin überschritten.
Böll meint, in der Bundesrepublik stünden 60 000 000 gegen 6, den sogenannten harten Kern der Baader-Meinhof-Gruppe. Das klingt eindrucksvoll, stimmt aber nicht. Die Situation an unseren Universitäten zeigt andere Kräfteverhältnisse. Spartakus, Rote Zellen, DKP-Sympathisanten, Gesinnungsgenossen von Mahler-Baader-Meinhof beherrschen oder bestimmen viele Studentenräte und Universitätsausschüsse.
Die Wahrheit scheint mir zu sein: Gegenwärtig besteht nicht die Gefahr einer Radikalisierung in der Bundesrepublik. Dennoch ist die Baader-Meinhof-Gruppe nur die Spitze eines Eisberges, von dem niemand genau weiß, wie groß er unter der politischen Oberfläche wirklich ist. Für die Zukunft wächst unserer demokratischen Ordnung durchaus eine Gefahr von seiten junger radikaler Linker heran.
Und gibt es nicht eine mindestens so große Gefahr von rechts? Niemand sollte Symptome wie die Aktion Widerstand und die dahinsiechende NPD unterschätzen. Weder Brandt noch Genscher tun das. Aber offenbar sammeln sich die radikal unzufriedenen Jungen in dieser Generation eher extrem links als extrem rechts.
Zweierlei ist notwendig: gründliche Reformen überall da, wo die radikalsoziale Kritik mit Recht ansetzt. Aber zugleich auch Wachsamkeit und, wenn es sein muß, Kampf, Kampf gegenüber solchen Kräften, die mit Gewalt die Revolution wollen.

Zweites Deutsches Fernsehen, ZDF-Magazin, Gerhard Löwenthal

Moderation zu einem Beitrag über deutsche Universitäten

Diese Szene, meine Damen und Herren, spielte sich im Auditorium Maximum der Hamburger Universität ab, als radikale Linke wieder einmal Meinungsterror praktizierten. Mehr von diesem makabren Geschehen zeigen wir Ihnen im Verlauf unserer heutigen Sendung. Wir beschäftigen uns heute schwerpunktmäßig mit der kommunistischen Unterwanderung unserer Universitäten, weil es höchste Zeit ist, daß die deutsche Öffentlichkeit endlich aus ihrem Wohlstands-Dornröschen-Schlaf aufwacht. Zunehmend wird die parlamentarische Demokratie offen verhöhnt, ihre Zerschlagung gefordert. Dies ist verfassungsfeindlich. Diesem Treiben muß Einhalt geboten werden. Alle, die die Schrecken des braunen Faschismus am eigenen Leibe erlebt haben, hätten nach dessen Niederringung nicht geglaubt, daß nur 25 Jahre danach wieder junge Menschen auf dumme Schlagworte und billige Redensarten hereinfallen würden. Der rote Faschismus, wie der linksstehende Frankfurter Soziologe Jürgen Habermas den Linksradikalismus nannte, unterscheidet sich in nichts von dem braunen Faschismus. Und die Sympathisanten dieses Linksfaschismus, die Bölls und Brückners und all die anderen sogenannten Intellektuellen sind nicht einen Deut besser als die geistigen Schrittmacher der Nazis, die schon einmal so viel Unglück über unser Land gebracht haben. Was sich heute an unseren Schulen und Hochschulen abspielt, hat nichts, aber auch gar nichts mehr mit dem Thema Hochschulreform zu tun. Vom Bündnis der Faulen mit den Ideologen sprach der Hamburger Wissenschaftler Prof. Ortlieb, Mitglied der SPD seit 1931 und Mitbegründer des Bundes Freiheit der Wissenschaft. Es sind gerade diejenigen unter den Professoren, die sich energisch für eine echte Reform der Universität aussprechen, die sich dem Druck der Kommunisten am entschiedensten entgegensetzen. Am Beispiel von drei Universitäten und am Fall des Professors Brückner aus Hannover wollen wir zeigen, was heute im akademischen Bereich möglich ist. Gewiß, vorläufig sind es noch Minderheiten, die sich austoben. Aber das Gift breitet sich aus, wenn nicht nach dem Motto gehandelt wird: »Wehret den Anfängen!« Hier zunächst ein Bericht über die Universität Frankfurt.

Zweites Deutsches Fernsehen, Kommentar Rudolf Woller

Heinrich Böll und der Staat

»Welch gespaltene Wesen Worte in unserer Welt sind – kaum ausgesprochen oder hingeschrieben, verwandeln sie sich und laden dem, der sie aussprach oder schrieb, eine Verantwortung auf, deren volle Last er nur selten tragen kann.« Dieses Zitat stammt aus einem Vortrag Heinrich

Bölls über »die Sprache als Hort der Freiheit«, den er vor vielen Jahren gehalten hat.
Böll – das wissen wir – hat als Schriftsteller, als Moralist, seine Umwelt oft mit galliger Ironie entlarvt. Er hat uns die Produkte unseres Wirtschaftswunders in einer Weise beschrieben, die uns oft betroffen sein ließ. Er tat es aus dem Engagement des schreibenden Menschen, der seine Sensibilität ständig steigert, um nicht der Gewöhnung an das Unmenschliche in uns zu erliegen. Das ist seine Aufgabe als Schriftsteller. Und nun ist dieser Heinrich Böll in eine öffentliche Diskussion verwickelt, die ihn nach meiner Meinung nicht deshalb unverständlich werden läßt, weil er die Wirklichkeit unserer Zeit an seinem Begriff von absoluter Moral mißt, sondern weil er eine – einseitige – Moral verficht. Er fordert den öffentlichen Prozeß für die Mitglieder der Baader-Meinhof-Gruppe, den niemand in diesem Staat ihnen verwehren will. Für Ulrike Meinhof gibt es einen absolut sicheren Weg zu diesem Prozeß, nämlich den waffenlosen Gang zum nächsten Polizeirevier. Oder zu einer Zeitungsredaktion, wenn sie wirklich glaubt, deutsche Polizisten seien sadistische Meuchelmörder. Heinrich Böll hatte im »Spiegel« freies Geleit für sie gefordert.
Heinrich Böll glaubt, es seien nur *die Ordnungskräfte* des Staates, die diese Hysterie erzeugt hätten, mit der es zumeist zugeht, wenn nach dieser Gruppe gefahndet wird. Und er meint, alles, was diese Gruppe sage und tue, weise sie als gar nicht so schießwütig aus, wie die Springer-Presse sie darstelle. Hat also die Polizei hier mit wilden Schießereien einen nur angeblich gefährlichen Gegner hochstilisiert? Warum sollte sie das tun? Seit Monaten hat sie kaum einen nennenswerten Erfolg zu verzeichnen – und das zehrt am Sicherheitsgefühl der Bevölkerung. Nebenbei: auch am Ansehen der Polizei.
Jawohl, man muß es zugeben, es herrscht Hysterie. Und zum Teil hat die Massenpresse und vielleicht auch das Fernsehen – zur Verbreitung dieser Stimmung beigetragen. Aber was stand denn am Anfang? Die Warenhausbrandstiftung in Frankfurt, bewaffnete Gefangenenbefreiung in Berlin, Mitglieder der Gruppe, die sich durch rücksichtslosen Waffengebrauch der Gefangennahme entzogen. Dann die Eskalation – Tote. Tote Rebellen und tote Polizisten. Kann sich Heinrich Böll denn nicht in die Psyche der Polizisten hineindenken, die – wie er selbst in seinem Spiegel-Artikel schreibt – einen riskanten, schlecht bezahlten Beruf ausüben, die nie wissen, ob ihnen nicht Schüsse entgegenhallen, wenn sie harmlose Passanten nach ihren Ausweisen fragen? Norbert Schmidt, der erschossene Polizeibeamte von Hamburg, konnte sich ja auch nicht darauf verlassen, daß die Rebellen gewaltlos vorgehen ...
Die Frage an Heinrich Böll muß sein Staatsverständnis zu ermitteln versuchen: Gibt es für ihn das Recht der Gemeinschaft, sich Regeln zu geben, Gesetze und das Recht, Gesetzesbrecher zu bestrafen? Oder gibt es das Recht für den, der mit der Rechtsordnung nicht einverstanden ist, im

sogenannten »Volkskrieg« mit Gewalt und Raub, im Notfall auch durch Mord, die Mehrheit und ihre Überzeugung niederzukämpfen?
Welch eine Deutung des Begriffs Humanität, wenn der Untergrundkampf, das Faustrecht, der Terror als Mittel zur Verwirklichung des Menschentums gepriesen oder – wie es Heinrich Böll versucht – wenigstens entschuldigt werden. Soll man das so verstehen, daß der Moralist Heinrich Böll als Schriftsteller resigniert hat, weil ihm die Gewalt des Wortes nicht ausreichend erscheint? Ist das der Offenbarungseid des Dichters?
Vor sechs Jahren hat er bei der Eröffnung des Schauspielhauses in Wuppertal folgende Sätze geprägt: »Dort, wo der Staat gewesen sein könnte oder sein sollte, erblicke ich nur einige verfaulende Reste von Macht, und diese offenbar kostbaren Rudimente von Fäulnis werden mit rattenhafter Wut verteidigt. Schweigen wir also vom Staat, bis er sich wieder blicken läßt.«
Hat sich Böll seither gewandelt? Er rief nach einem Staat, dessen Gerechtigkeit dem Paradies, dem Paradies auf Erden gleichkommt. Er wird nicht müde, diesen unseren Staat als das gesetzgewordene Böse zu diffamieren. Er möchte anderen, die anderer Meinung sind, mit dem Urteil »faschistisch« den Mund verbieten. Und er, der Präsident des internationalen »PEN-Clubs«, findet kaum ein Wort der Verteidigung für sowjetische Schriftsteller, die für ihre Überzeugung in Irrenhäuser und Gefängnisse gehen. Ohne gerechten Prozeß übrigens ...
Das ist das Dilemma des Heinrich Böll: daß er sich nicht mehr verständlich machen kann. Moralisten mit einseitiger Moral erreichen das Gewissen eines Volkes nicht mehr. Er, der mit seinen Büchern in Ost und West Millionen verdient haben dürfte – spürt er noch die Verantwortung des Wortes?

Donnerstag, 27. Januar 1972

Frankfurter Rundschau

Presserat rügt »Bild«-Zeitung

WIESBADEN, 26. Januar (dpa). Der Deutsche Presserat will seine Arbeit wesentlich intensivieren. Auf einer Klausurtagung beschloß das unabhängige Gremium von Verlegern und Journalisten, den Beschwerdeausschuß des Gremiums von fünf auf sieben Mitglieder zu erweitern, um sich künftig noch intensiver mit Beschwerden befassen zu können.
Bei der Behandlung von Beschwerden über Presseberichte kritisierte der Presserat die »Bild«-Berichterstattung über den Kaiserslauterner Banküber-

fall vom 22. Dezember 1971, bei dem ein Polizist getötet wurde und Verdacht unter anderem auf die Baader-Meinhof-Gruppe fiel. Bei diesem Bericht habe die Schlagzeile »Baader-Meinhof-Bande mordet weiter« nicht mit dem Text des Berichtes übereingestimmt. Die Überschrift enthalte eine Tatsache, während im Bericht von nicht erwiesenen Vermutungen und einem Verdacht die Rede sei.

Der Polizeiruf, Berlin – Extrablatt, Ha.-Jo. Lange

Heinrich Böll – man wird sich entscheiden müssen

P. E. N.-Club-Präsident Heinrich Böll verharmloste im »Spiegel« vom 10. Januar 1972 die Baader-Meinhof-Gruppe und forderte »Gnade oder wenigstens freies Geleit« für die Bandenchefin. Laut Böll ist nur mal eben »Kriegszustand« zwischen dieser Dame und der Gesellschaft. Er meint, es sei »... eine Kriegserklärung von verzweifelten Theoretikern ..., ... deren Theorien weitaus gewalttätiger klingen, als ihre Praxis ...«. Es werden ja auch nur laufend Gewalttaten begangen, Menschen mit Mord bedroht, zusammengeschossen oder gar ermordet.

Das sollte genügen – zumindest reicht es jetzt. Zum Glück streicht der Bundesanwalt den Glorienschein schon jetzt bei einem Prozeß gegen ein ehemaliges Mitglied der Bande auf die treffende Formulierung zusammen: »... Bande, die sich zur fortgesetzten Begehung von Raub und Diebstahl verbunden ...« hat.

Dieser Prozeß beginnt demnächst gegen das ehemalige Bandenmitglied Karl-Heinz Ruhland, und dieser Mann wird während des Prozesses hinter schußsicherem Glas sitzen müssen, denn wer »ein Geständnis ablegt, wird umgelegt ...«.

Aber das sieht Heinrich Böll nicht. Sieht er das wirklich nicht, ein P. E. N.-Club-Präsident, ein Heinrich Böll?

Die politischen Verhältnisse nehmen Formen an, die uns Entscheidungen abzwingen. Wenn die Verfechter des freiheitlich-demokratischen Rechtsstaates das überstehen wollen, werden sie entscheiden müssen – entscheiden z. B., ob ein Schriftsteller vom Grade eines Heinrich Böll, des P. E. N.-Club-Präsidenten, wirklich so versponnen sein kann – **oder ob er einfach anders will.**

Eine Entscheidung übrigens, die für andere Bereiche ebenfalls ansteht. Auch Traumtanz kann nur bis zu einer Grenze abgenommen werden, dann wird er unwahrscheinlich.

Vorwärts, Günter Stein

Habe bekleckert sich
Die Augen links

Wenn jemand in Deutschland für Milde eintritt, wenn er – wie Heinrich Böll – es unangemessen findet, daß sich 60 Millionen von den zwei Figuren Baader/Meinhof ins Bockshorn jagen lassen, wenn er freies Geleit für die beiden fordert und einen fairen Prozeß, dann geht das Geheul der Springer-Blätter los.

Hans Habe, in der Schweiz lebender Romancier und deutscher Gastarbeiter in politischem Journalismus, hat sich erst vor kurzem durch seine Ode an Berlin lächerlich gemacht. Nun überbietet er diese literarische Panne durch die Forderung, Heinrich Böll möge sofort als Präsident des PEN-Clubs zurücktreten.

Habe behauptet, es wäre Bölls Pflicht gewesen, für den von den Sowjets eingesperrten Autor Bukowski einzutreten. Der Unsinn dieser Forderung ist offensichtlich. Böll kann zwar in seinem eigenen Lande für Vernunft plädieren, aber er kann einem fremden Staat keine Auflagen machen.

Böll weiß so gut wie Habe, wie gering die Tradition der Freiheit in Rußland ist. Mit Papierprotesten läßt sich die versäumte Aufklärung nicht herbeizaubern, schon gar nicht durch einen Deutschen. Helfen läßt sich nur durch Vorsicht und Takt, gewiß nicht durch Geschrei. Böll wird bei seiner Moskau-Reise mit Sicherheit für Bukowski eintreten.

Habe redet also wider besseres Wissen, und er wird auch noch verleumderisch. Er nennt Böll eine »Mischung aus Albert Schweitzer, Schwejk und Fritz Teufel«. Habe schreibt: »Er spielt teils die Rolle des Biedermanns, teils des Brandstifters.«

Warum, so ist zu fragen, spuckt dieser Habe, der mit seinem Schweizer Paß so gemütlich im sonnigen Tessin leben könnte, fortwährend Gift und Galle nach Deutschland hinein? Was geht es ihn, den Neuschweizer, eigentlich an, was wir in unserem Lande tun? Und wenn er sich schon zur Einmischung berechtigt glaubt, bildet er sich eigentlich ein, er sei groß genug, um einen der bedeutendsten Schriftsteller unseres Landes – Wolfgang Koeppen, Günter Grass und Heinrich Böll sind die drei größten – so widerlich zu beschimpfen?

Doch, Habe bildet es sich ein. Er ist der Cassius Clay der Literatur, er hält sich für den Größten, er siegt immer, mit seiner Klappe. Aber wenn es zur Tat kommt, geht er k. o. Seine Romane stehen um Klassen unter den drei Genannten. Und das wurmt ihn. Er ist nicht zufrieden mit dem bescheideneren Talent, das ihm verliehen wurde. Er möchte sein, was er nicht ist: Ein Dichter.

Und da Habe sich auf diesem Feld nicht mit den dreien messen kann, versucht er es auf dem Felde der Politik zu tun. Grass hat er schon mehrfach

angeödet, und nun hat er die Gelegenheit ergriffen, um Böll zu diffamieren. Ekelhafter hätte es auch Dr. Goebbels nicht zu tun vermocht.
Habes Eitelkeit ist ohne Grenzen. Seine politischen Argumente sind von vorgestern, aber sein Haß auf alle, die größer sind als er, der ist von heute. Er wollte Böll mit Dreck bewerfen, aber bekleckert steht nur einer da: Habe.

Konkret, Klaus Rainer Röhl

Mit der Baader-Mahler-Gruppe beschäftigten sich in erster Linie die »Bild«-Zeitung und – mit selbstquälerischer Anteilnahme – liberale Magazine und liberale Dichter. Die Baader-Gruppe spielt für die Zukunft dieses Landes keine Rolle, wohl aber für die Zukunft von Auflagen und Massenwirkung: Ein Angriff auf die anarchistischen Geisterreiter erweist sich als ebenso wirkungsvoll wie ein Plädoyer für freies Geleit. Ob als Hetze, als Krimi, als Schnulze oder als Märtyrerlegende, die Story verkauft sich gut.
Die Tätigkeit der Baader-Gruppe ist eine gute Story. Die Tätigkeit der Jungsozialisten oder des Spartakus ist keine Story. Noch etwas unterscheidet die Tätigkeit der Baader-Gruppe von den Linken: Die Tätigkeit der Baader-Gruppe ist für die Existenz des Kapitalismus in unserem Land ungefährlich. Das kann man am besten an der Reaktion der Kapitalisten selbst ablesen.
(gekürzt aus: Barzel, Verfassungsfeind Nr. 1?)

. . .

Auf der nächsten Seite allerdings kündigt »Konkret« dies an:

. . .

Denn wenn's auch lange her ist, Ulrike Meinhof war vor zehn Jahren Chefredakteurin dieses Blattes und hat danach als Kolumnistin Wichtiges geschrieben. Dazu war sie auch noch mit dem Herausgeber, Klaus Rainer Röhl, verheiratet, genug, um immer wieder Soraya- und Sprengstoff-Schlagzeilen zu machen: »Die ehemalige KONKRET-Kolumnistin . . .«, wobei überwiegend strittig ist, ob KONKRET männlich, weiblich oder sächlich ist. Klar ist jedoch soviel: Wir werden in der nächsten Nummer mit einem mehrteiligen Bericht über die Baader-Meinhof-Gruppe beginnen, der die Sache wirklich ausleuchtet und den Party- und Pinten-Gesprächsstoff der letzten zwei Jahre zurechtrückt. Niemand wird erfahren, woher die Inside-Informationen stammen. Sie sind auch nicht zusammengetragen worden, um einen linken Durbridge aufzubereiten. Diese Inside-Informationen werden veröffentlicht, soweit sie zur Klarstellung und zur politischen Analyse erforderlich sind. Beides ist vonnöten. Wir verzichten dabei auf die ominösen drei Sterne, die in anderen Blättern gewöhnlich signalisieren, daß es sich um einen oder mehrere informierte und deswegen schutzbedürftige Verfasser handelt. (gekürzt)

Vorlage zur Diskussion in der Christl. Friedenskonferenz (CFK), Klaus Erler

Strukturelle Kriminalität – ein Thema der Friedensforschung

...

Das Phänomen Baader/Meinhof sollte in diesem Sinne nicht länger als Appell zur Vorbereitung und Durchführung bewaffneter Auseinandersetzungen von oben oder/und von unten aufgefaßt werden, sondern als ein drastisches Signal zu ständig erneuerter und angemessener Realitätserfassung und zu der ihr entsprechenden fortlaufenden Begriffsbildung. Die Entwicklung unserer problematischen und kriminalitätsschwangeren Sozialstrukturen ist so schöpferisch und zugleich mörderisch dynamisch, daß mit der alleinigen oder vorwiegenden Benutzung traditioneller Erkenntniskategorien und Wertmaßstäbe nicht länger auszukommen ist. Eine Vernachlässigung dieser neuen Orientierungsimpulse wäre selber bereits ein weiteres Element struktureller oder system- bzw. organisationsimmanenter Kriminalität, da sie auf frühes Erkennen und vorbeugendes Verändern verzichtete.

Die Anregung Heinrich Bölls, Ulrike Meinhof den Sonderstatus freien Geleites zu gewähren, entspringt und entspricht dieser für die gesamte Gesellschaft existenziellen Notwendigkeit. Auch eine ganz dem Vergeltungs- und Abschreckungs»recht« aufsitzende Gesellschaft kann zum scheiternden Michael Kohlhaas werden, wenn sie ihren Sinn nicht für Weisheit und Gnade, aber auch für Wahrheit und Hoffnung offenhält. Unsere Gesellschaft sollte nicht der Mehrheit der »Bild«-Leser zuliebe auf die Mitwirkung produktiver sensibler Sozialanalytiker verzichten, sowohl im Nützlichkeitsinteresse des Sozialganzen als auch im Blick auf Menschlichkeit und Menschenwürde.

Helft die Baader/Meinhof-Hysterie stoppen, wo immer sie auftritt und von wo immer sie kommen mag. Werdct nicht durch eigenes Mitversagen jetzt oder auch viel später einmal (oder oftmals) Opfer unerkannter oder verschleierter, unbehandelter oder kurzsichtig manipulierter krimineller Strukturen. Stellt die Frage nach den Bedingungen und Auswirkungen dieses Molochs, solange die Antwort noch Chancen menschenfreundlicher Sozialtherapien offenhält. (gekürzt)

Frankfurter Rundschau

Wagenbach-Schüler-Kalender bleibt beschlagnahmt

BERLIN. Der im Wagenbach-Verlag erschienene »Rote Kalender 1972 für Lehrlinge und Schüler« bleibt beschlagnahmt. Die Dritte Strafkammer des Westberliner Landgerichts hat, wie von der Justizpressestelle bekanntgegeben wurde, die Beschwerde des Verlegers Klaus Wagenbach gegen den Bechlagnahmebeschluß des Amtsgerichts Tiergarten vom 4. November 1971 als unbegründet verworfen. dpa

Zweites Deutsches Fernsehen, Spät-Kommentar, Klaus Harpprecht

Keine Angst vor Böll – keine Angst vor Ulrike

Der Zustand der Erregung, den wir an der Debatte in Sachen Baader-Meinhof und nun in Sachen Heinrich Böll beobachten, drängt uns die Frage auf, ob die Vernunft im Begriff ist, ihren Rückzug aus der öffentlichen Meinung dieses Landes anzutreten. Sie hat in unserem Volk, wir wissen es, ohnehin nur eine unsichere Heimat. Die latente Bereitschaft, Rationalität als anstößig zu empfinden, scheint uns ein anderes Mal zum Opfer einer kollektiven Neurose zu machen, die zwar überflüssig, aber keinesfalls harmlos ist.

Eine Verwirrung, die so tiefe Verstörungen anzurichten vermochte, ist in ein paar Minuten nicht aus der Welt geredet. Ernüchterung ist ein mühseliger und mitunter schmerzhafter Prozeß.

1. Heinrich Böll befindet sich, wann immer man ihn sucht, aus Prinzip auf seiten der Minderheiten, der Schwachen, der angeblich oder tatsächlich Verfolgten. Sein Instinkt für das Schicksal des »underdogs« verführt ihn von Zeit zu Zeit zu einer uferlosen Barmherzigkeit, in der sich die Konturen von Recht und Unrecht, Vernunft und Unvernunft verwischen. Zweifellos hat er in seiner vehementen »Spiegelklage« den terroristischen Fanatismus der sechs Amokläufer um Ulrike wattiert. Kühle Intelligenz führt ihm selten die Feder, und in der Polemik erstickt gelegentlich sein menschlicher und allzumenschlicher Zorn den Willen zur Artikulation. Ein Zola ist er nicht.

2. Bölls drastische Warnung vor der korrespondierenden Gefahr hochgepeitschter Hysterien, die uns seit Wochen und Monaten mit der Schlagzeile der »Bild«-Zeitung ins Gesicht klatschen, war notwendig. Wir sind hier mit einer bewußten oder nicht bewußten Komplizenschaft der Gewalttätigkeit konfrontiert. Der gewalttätige Umgang mit dem Wort ist nicht um ein Deut moralischer als die Entsicherung einer Maschinenpistole. Was immer in den Köpfen der »Bild«-Redakteure und ihrer etwas umständlichen Kollegen von der »Welt« vor sich gehen mag: sie geben den Anschein, daß niemand in dieser Republik dringender auf Ulrikes mörderische und selbstmörderische Narrheit angewiesen ist als der Verleger Axel Springer.

3. Die Nachgiebigkeit gegen unkontrollierte Emotionen auf beiden Seiten dieser absurden Front droht diesen Staat vor seinen Bürgern zu kompromittieren. Als seien die Sechs um Ulrike im Ernst eine Gefahr für diese Republik. Es wäre erlaubt, von einer monströsen Lächerlichkeit zu reden, bewiese uns nicht der Nervenkrieg in Redaktionen und Behörden, wie es um das Selbstbewußtsein einer Demokratie halbherziger Demokraten bestellt sein muß.

4. Der pubertäre Anarchismus der Sechs um Ulrike ist eine Ablenkung von den eigentlichen Gefahren, die sich in der kalten Entschlossenheit sparta-

kistischer Organisationen an den Universitäten beweist. Hier braucht es die klare und radikale Abgrenzung gegenüber einer totalitären Herausforderung, die von den Jungsozialisten so wenig unterschätzt werden darf wie die Virulenz der Aktion »Widerstand« auf der Rechten von gewissenhaften Demokraten in der Christlich-Sozialen Union.

5. Ein Nachwort zu Heinrich Böll: es ist fatal, seine unmißverständliche Härte in der Affäre Baader-Meinhof und seine mißverständliche Zurückhaltung im Fall Bukowski zu vermengen – und hier widerspreche ich dem Kommentar Rudolf Wollers, der gestern abend an dieser Stelle sehr wohl zu differenzieren vermochte. Bölls Reserve erklärt sich aus der Tatsache, daß er entschiedener und vermutlich erfolgreicher für die Freiheit der Schriftsteller in Osteuropa und der Sowjetunion gewirkt hat als irgendeiner seiner Kollegen. Mit sehr hohem persönlichen Mut. Darüber kann, darüber soll er nicht reden. Er muß es hinnehmen, daß ihm der arme Günter Zehm in der »Welt« an den Kopf wirft, es gehe ihm nicht mehr »um eine effektive Hilfe für Bukowski ... Böll und den westlichen Intellektuellen seien die östlichen Dissidenten« in Wahrheit »lästig und unangenehm«.

In solchen Formulierungen bleibt jeder Rest von Fairneß auf der Strecke. Und mit ihr die Vernunft, ohne die jede Menschlichkeit ungeschützt ist. Auch die herbe Huanität Heinrich Bölls und die ofenwarme Sentimentalität der Bildzeitung.

Rudolf Woller zitierte gestern Bölls Wuppertaler Rede mit seiner bitteren Absage an den Staat, von dem wir schweigen sollten. Das mag ein Offenbarungseid gewesen sein, wie Woller es nannte. Es war, wenigstens, Ausdruck einer sehr deutschen Abneigung gegen die Politik. – Politik aber ist das Instrument der Vernunft. Reden wir also vom Staat, mit jenem Selbstbewußtsein, das er braucht, das er verdient. Es gibt für ihn in Wirklichkeit nur eine Gefahr: die Angst unserer Bürger.

Freitag, 28. Januar 1972

Gemeinsame Erklärung des Bundeskanzlers und der Regierungschefs der Bundesländer vom 28. 1. 1972:

»Nach den Beamtengesetzen von Bund und Ländern und den für Angestellte und Arbeiter entsprechend geltenden Bestimmungen sind die Angehörigen des öffentlichen Dienstes verpflichtet, sich zur freiheitlich-demokratischen Grundordnung im Sinne des Grundgesetzes positiv zu bekennen und für deren Erhaltung einzutreten. Verfassungsfeindliche Bestrebungen stellen eine Verletzung dieser Verpflichtung dar.

Die Mitgliedschaft von Angehörigen des öffentlichen Dienstes in Parteien

oder Organisationen, die die verfassungsmäßige Ordnung bekämpfen – wie auch die sonstige Förderung solcher Parteien und Organisationen –, wird daher in aller Regel zu einem Loyalitätskonflikt führen. Führt das zu einem Pflichtverstoß, so ist im Einzelfall zu entscheiden, welche Maßnahmen der Dienstherr ergreift.
Die Einstellung in den öffentlichen Dienst setzt nach den genannten Bestimmungen voraus, daß der Bewerber die Gewähr dafür bietet, daß er jederzeit für die freiheitlich-demokratische Grundordnung eintritt. Bestehen hieran begründete Zweifel, so rechtfertigen diese in der Regel eine Ablehnung.«

Tagesspiegel

Thilo Koch, Generalsekretär des deutschen PEN-Zentrums, hat beim internationalen PEN-Zentrum in London den Antrag gestellt, zu überprüfen, ob der Schriftsteller Hans Habe gegen die Charta des PEN verstoßen habe. Habe hatte in der »Welt am Sonntag« vom 16. Januar Bölls Spiegel-Artikel zur »Baader-Meinhof-Gruppe« attackiert, die Sprache des Schriftstellers als »nackten Faschismus« bezeichnet und gefordert, daß Böll als Internationaler PEN-Präsident zurücktrete. Thilo Koch betonte, daß Habe die PEN-Zentren, die Böll gewählt hätten, beleidigt und den demokratischen Status des PEN mißachtet habe. (dpa)

Die Welt

Böll kontra Habe

gaz. – Heinrich Böll will jetzt Hans Habe aus dem internationalen PEN-Zentrum ausschließen lassen. Sein Adlatus Thilo Koch, Sekretär des PEN-Zentrums der Bundesrepublik, hat im Londoner Büro des PEN einen entsprechenden Antrag eingereicht. Grund: Habe soll Böll einen Faschisten genannt haben, nachdem dieser sich für die Baader/Meinhof-Bande öffentlich stark gemacht, eine Intervention für den in der Sowjetunion zu zwölf Jahren Haft verurteilten Schriftsteller Wladimir Bukowskij aber abgelehnt hatte.
Was ist nun wirklich geschrieben worden? In der WELT am SONNTAG vom 16. Januar hatte Habe den Rücktritt Bölls vom Amt des PEN-Generalsekretärs gefordert. Die Sprache dieses Präsidenten, wie sie sich in dem Baader/Meinhof-Plädoyer im »Spiegel« vom 10. Januar manifestiere, drücke »nackten Faschismus« aus. »Faschismus wäre es, wenn Präsident Böll auf seinem Posten verharrte«, schrieb Hans Habe.
Wir können in solchen Worten beileibe keine »Mißachtung des demokratischen Status des PEN« (Thilo Koch) entdecken. Die Vokabel »Faschis-

mus« ist ja durch allzu reichlichen polemischen Gebrauch schon seit langem ohne jeglichen Sinn; jeder, der sie in den Mund nimmt, versteht darunter etwas anderes. Wer hier nach etwas Einklagbarem sucht, sucht vergebens.
Noch wichtiger ist jedoch, daß der angeblich beleidigte Böll selber nicht verschmäht, Leute, die nicht seiner Meinung sind, ständig als Faschisten zu apostrophieren. Soeben belegte er den Journalisten Ulrich Frank-Planitz mit dem umstrittenen Ausdruck, nur weil dieser angedeutet hatte, daß er den Präsidenten für einen »Salonanarchisten« halte.
Auch sonst pflegt sich der Präsident recht landsknechthaft zu äußern. In schlimmer Erinnerung ist noch der Tag, da er den Staat der Bundesrepublik Deutschland in öffentlicher Rede als einen »Misthaufen« bezeichnete. Wer, was politischen Wortgebrauch angeht, so exponiert im Glashaus sitzt wie Böll, sollte wahrhaftig nicht mit Steinen werfen. Vor allem aber sollte er sich hüten, die unabhängige und neutrale Institution des internationalen PEN-Zentrums als Wurfschleuder zu mißbrauchen.

Süddeutsche Zeitung

Ulrike Meinhof im Parkhaus?
Erfolglose Fahndung der Rosenheimer Polizei

ROSENHEIM – Bei ihrer Fahndung nach Mitgliedern der Baader-Meinhof-Gruppe wurde die Polizei in der Nacht zum Donnerstag durch mehrere Hinweise aus der Bevölkerung in Atem gehalten. Sie löste nach Angaben des Landeskriminalamtes von gestern in und um Rosenheim eine Aktion aus, nachdem ein 62jähriger Parkwächter die Polizei davon verständigt hatte, daß angeblich Ulrike Meinhof sein Parkhaus in Rosenheim am Abend verlassen habe. Frau Meinhofs Fahndungsphoto hing in seinem Pförtnerhäuschen. Die Fahndung der Polizei nach dem genannten braunen Opel mit dem Kennzeichen HH-C 111 verlief ergebnislos, obwohl zahlreiche Straßen abgeriegelt und überwacht wurden. Eine anonyme Anruferin wollte am gleichen Abend Ulrike Meinhof in einem Münchner Theater in Schwabing gesehen haben. Auch eine Blitzaktion nach Andreas Baader, den ein Anrufer in Deisenhofen im Isartal gesehen haben wollte, mußte ergebnislos abgebrochen werden.

Frankfurter Allgemeine Zeitung, Karl Heinz Bohrer

Faschismus-Vorwurf
Oder: Medienkrieg um Böll

Wenn in diesem Land die Toleranzgrenze erreicht scheint, dann nennt man den anderen einfach einen Faschisten. Der Mechanismus ist inzwischen so eingespielt wie die Idioten-Geste des Autofahrers. Das hat pathetisch angefangen mit jenem Ruf »antiautoritärer« Studenten, daß der Kapitalismus notwendig zum Faschismus führe. Das hört etwas aberwitzig auf mit den Ausführungen des Herrn Habe in der »Welt am Sonntag«, wonach Heinrich Böll eine faschistische Sprache spreche, oder des Herrn Löwenthal im ZDF, wonach Böll den »Linksfaschismus« stärke.

Rechte und Linke gebrauchen, um sich gegenseitig zu stigmatisieren, inzwischen das gleiche Wort: Faschismus. Die Idiosynkrasie, die bei den Rechten (nicht bei Konservativen oder Liberalen) unübersehbar ist, nämlich den Gegner nicht bei seinem richtigen Namen zu nennen, ihn also als Linksradikalen oder Kommunisten zu bezeichnen, ist eine Sache und hängt mit dem noch immer schlechten Gewissen der Rechten zusammen; denn mitten unter ihnen oder noch ein wenig weiter rechts beginnt in der Tat der Faschismus. Die Arroganz, die Ungenauigkeit vieler Marxisten, ihr uralter Fehler, nämlich jeden Nichtmarxisten auf die Position eines Faschisten zu versetzen, ist eine andere Sache und hängt mit dem zwischen Liberalen und Marxisten seit langem gehenden Lehrstreit über Begriff und Herkunft des Faschismus zusammen.

Zwischen den gegensätzlichen Ideologen mittendrin aber sitzt Heinrich Böll. Er hat im aktuellen Fall, der einen Medienkrieg heraufbeschwört, zweifellos den ersten Stein geworfen und eine Lawine ausgelöst. Seine ideologisch ungeschulte, begrifflich verschwommene, im moralischen Ingrimm aber ernst zu nehmende Attacke gegen die verantwortungslose, sich ständig selbst widersprechende Verhetzung der »Bild«-Leser endete im Tabu-Wort »faschistisch«. Das hat einige rechte Kommentatoren auf den Plan gebracht, und dies so sehr, daß der Anlaß inzwischen schon vergessen scheint und es nur noch um Böll und seine Widersacher geht. »Die Welt« und die »Welt am Sonntag« waren nur der Anfang. Inzwischen legte sich Böll mit dem Südwestfunk an, der nach seiner Meinung einen »faschistisch verleumderischen« Kommentar gegen die angeblich salonarchistischen Freunde der Ulrike Meinhof gebracht habe, weswegen Böll dem Sender seine Mitarbeit aufkündigte. Da es sich bei dem Kommentar aber um den Chefredakteur der Wochenzeitung »Christ und Welt – Deutsche Zeitung« handelte, wird Bölls Aufkündigung notgedrungen auch diese Zeitung einbeziehen. Der Krawall steht schließlich dem deutschen PEN-Club ins Haus, denn sein Generalsekretär Thilo Koch hat, wie wir soeben erfahren, offensichtlich dem internationalen PEN eine Anfrage wegen der Infamien Habes gegen

Böll eingereicht. Zuviel der Ehre für Habe, möchte man sagen, zuviel herumgewedelt mit dem, das man niedriger hängen sollte.

Faschismus hin, Faschismus her – trotz der farcenhaften Züge dieses Gerangels –, die Sache hat etwas Fatales bekommen, unabhängig davon, wie man sie benennt. Fatal daran ist, daß so viele Kritiker Bölls bei ihren Repliken seine Integrität nicht begreifen. Fatal ist, daß sie auf Motive kommen, die ihnen selbst verständlich, Böll aber fremd sind. Vielleicht hat Böll tatsächlich etwas von einem geistigen Anarchisten. Da ist etwas dran. Das wurde seinerzeit am Beispiel seines letzten Romans auf dieser Seite genau erörtert. Mit dem Salon hat Böll jedoch nichts zu tun, hat er nie etwas zu tun gehabt, ganz im Gegensatz zu einigen rechten Renegaten von heute. Deshalb hat er auch kein »modisches« Verständnis für die kriminellen Handlungen der Meinhof-Anarchisten bekundet, sondern eine Vorstellung von deren möglicher psychischer Verfassung und ihren einstigen Motivationen. Das ist etwas ganz anderes. Das wurde unlängst in einem scharfsinnigen Leitartikel der »Stuttgarter Zeitung« unter dem Titel »Ulrikes Freunde« angedeutet. Dem Schriftsteller und Moralisten Böll sollte man derlei Sensibilität zugestehen, ohne sie als falsche Sentimentalität und Schlimmeres zu verunglimpfen, ohne sie andererseits als Anweisung zum Handeln aus staatsmännischer Weisheit mißzuverstehen. Böll hat im Gegensatz zu seinen oberflächlichen Widersachern erkannt, wo ein Problem verborgen liegt. Die Frage ist nämlich nicht nur die, ob es sich bei dem verlorenen Haufen um Ulrike Meinhof inzwischen um reine Kriminelle oder nicht reine Kriminelle handelt, sondern auch die, ob die Polemik, angesiedelt zwischen »Welt am Sonntag« und »Bayernkurier«, jemals und überhaupt von links kommenden Gesetzesbrechern das Prädikat »politisch« zubilligen würde. Was nicht heißen soll, daß politisch motivierte Verbrechen keine wären. Die Geschichte der rechten Empörung über linke Gewalt zeigt das Gegenteil. Der Demagoge hat sicherlich keine Zeit für derlei »Spitzfindigkeiten«. Heinrich Böll aber hat sich, als er aus dem Krieg zurückkam, diese Zeit genommen.

Er hat sich zum Beispiel die Zeit genommen, darüber nachzudenken, ob es richtig ist, offen und offiziell die Verbrechen der Sowjetunion gegen ihre oppositionellen Schriftsteller anzuprangern oder nicht. Er hat sich im Falle Wladimir Bukowskis dagegen entschieden, weil er offensichtlich dafür gute Gründe hat, die er öffentlich nicht nennen kann, die sich aber denken lassen, wenn es einem um den Schutz dieses Schriftstellers geht und nicht bloß um eine moralische Niederlage der Sowjetunion, die sie sowieso längst erlitten hat. Der Trick, Bölls Interesse an Ulrike Meinhof und sein angebliches Desinteresse an Wladimir Bukowski gegeneinander auszuspielen, ist der Höhepunkt einer abstoßenden Auseinandersetzung. Der Faschismus-Vorwurf ist ihr sprachliches Kennzeichen. Polarisierung kennt nur noch Taktik, aber keine Gerechtigkeit. Man muß damit aufhören. Böll, gewiß. Vor allem aber diejenigen, die ihm Anlaß zur verbalen Ausschreitung gaben. Andernfalls nämlich behält er recht, morgen oder übermorgen.

Christ und Welt – Deutsche Zeitung, Rudolf Krämer-Badoni

Berrigan und Genossen

Der Prozeß gegen den amerikanischen Jesuitenpater Berrigan und Genossen, als Dokumentaraufzeichnung kürzlich im Fernsehen gesendet, hat der Öffentlichkeit zum erstenmal Katholiken gezeigt, die bewußt als Katholiken die Gewaltanwendung aus sozialen Gründen für geboten erachten. In der anschließenden Fernsehdiskussion hielt auch der Jesuit Karl Rahner die Gewaltanwendung »bei riesigem Unrecht« für legitim, aber auf meine Frage nach dem Blutvergießen wich er mit einem »Nein, das natürlich nicht« in einen recht unverbindlichen Begriff von politischer Gewaltanwendung aus.
Die Berrigan und Genossen hatten zwar nur amerikanische Wehrdienstakten geraubt und verbrannt, um »Leben zu retten« (worauf der Richter: »Dafür sind andere nach Vietnam geschickt worden, die sonst zu Hause geblieben wären; nennen Sie das Lebensrettung?«), aber in dem Prozeß sagten einige der neun Angeklagten aus, sie hätten an einer südamerikanischen Revolution teilnehmen wollen, um der amerikanischen Regierung die Affäre zu »komplizieren«. Es geht also, aufs Ende gesehen, um richtige und nicht um Rahnersche Gewaltanwendung.
Gleichzeitig erinnere ich noch einmal an das Diskussionspapier, das der Synode anheimstellte, die Gewaltanwendung zwecks »sozialer Befreiung« für legitim zu erklären. Das Papier ging zwar nicht durch, aber eine Anzahl Bischöfe stimmte dafür; allein schon die Tatsache der offiziellen Diskussion eines solchen Papiers kann in der Kirche nicht ohne Folgen bleiben.
Symptomatisch ist auch der Artikel, den Heinrich Böll vor vierzehn Tagen im »Spiegel« veröffentlicht hat. Der dezidierte Katholik zeigt großes Verständnis für die »Kriegserklärung« der Meinhof an »diese« Gesellschaft, da die Meinhof und ihre Leute vorher »praktische Sozialarbeit getan haben und Einblick in die Verhältnisse genommen, die möglicherweise zu dieser Kriegserklärung geführt haben«. Auch spricht er von legitimer Aufklärungsarbeit der Polizei nach Bankraub, aber nur, »wenn man es schon für legitim ansieht, daß Polizisten für 1373 Mark monatlich ihr Leben riskieren, unter anderem, um Banktresore zu schützen«. Und wo die Meinhof großzügig erklärt, »den Bullen, der uns laufen läßt, lassen wir auch laufen«, da empfiehlt Böll dem »Herrn Kuhlmann« von der Polizeigewerkschaft, seinen Kollegen dieses Manifest zu lesen zu geben; dann werden sie erkennen, daß die Meinhof Krieg führt »eindeutig gegen das System, nicht gegen seine ausführenden Organe«. Gegen das System der Bundesrepublik also darf man den heißen Krieg erklären, da werden die Polizisten nach Lektüre in die Zuschauerreihen zurücktreten. Böll wirbt um Verständnis für die Meinhof, dabei aber nähert er selbst sich der Legitimierung von Gewaltanwendung.
Nach allem, was in der katholischen Kirche in Bewegung geraten ist, kann

Bölls Votum nicht sonderlich überraschen. Der englische Religionssoziologe David Martin sagt: »Wer sich noch unlängst auf den klar vorgezeichneten Bahnen der Scholastik bewegt und die Autorität der Kirche für unerschütterlich gehalten hat, dem droht heute ein wahrer Wolkenbruch. Wenn Katholiken aufhören, konservativ zu sein, werden sie leicht Marxisten ... Wie man den Mittelweg vermeidet, darauf verstehen sie sich.« Und genau das ist die Gefahr für die kirchentreuen Katholiken: gestern kompakt konservativ, heute pluralistisch, aber morgen kompakt sozialrevolutionär.
Der Einwand, den ich in der Fernsehdiskussion machte, nämlich daß Jesus ebensowenig wie wir im luftleeren Raum gelebt hat, sondern in einer streng patriarchalischen Welt und in einem brutal besetzten und blutig unterdrückten Land lebte und dennoch von der Politik mit keinem Wort Notiz nahm, weil seine Lehre quer zu jederart Gesellschaft stand und sein Urteil über arm und reich qualitativ etwas anderes als ein sozioökonomisches Urteil war, und mein weiterer Einwand, daß Paulus mitten in der bitter empfundenen antiken Sklavenwirtschaft den christlichen Sklaven riet, ruhig in ihrem Stand zu verharren – das alles wurde mit dem üblichen Theologenhochmut abgetan: Jesus habe das alles noch nicht wissen können, und den Paulus übersetzte ich falsch.
Wenn es aber so leicht ist, über das exemplarische Verhalten Jesu hinweg zur Tagesordnung modischer Modernitäten überzugehen, dann muß ich sagen und habe es gesagt, daß ich an einer »sophistisch-politisch gewordenen Kirche achtlos vorübergehe«. Das heißt beileibe nicht, daß ich die Kirche verlasse, sondern daß ich die sophistisch politisierende Kirche verachte und nach Kräften diesen Sophisten und unjesuanisch besserwisserischen Theologen Widerstand leisten werde, so wie ich es hier und jetzt tue.
Wenn diese Gewaltburschen glauben, dem Armutsappell Jesu und seinem eschatologischen Wehe über die Reichen dadurch gerecht zu werden, daß sie, statt sich selber ihrer Habe zu entschlagen, die Reichen an die Wand stellen und die Armen zu Kollektivbesitzern machen, dann mögen sie sich revolutionäre Marxisten nennen, aber sie sollen aufhören, dem Volk weiszumachen, das sei die moderne Form der Lehre Jesu. Diese Art von *aggiornamento* macht aus der Kirche ein geistiges Bordell, wo die Theologen mit den je neuesten weltlichen Heilslehren huren.

Presseerklärung

Der publizistische Schauprozeß der Springer-Presse gegen die »böllernden Schreibtischhelfer« (»Welt«), gegen den »nackten Faschismus« Heinrich Bölls (Hans Habe in »Welt am Sonntag«) wurde in dieser Woche unmittelbar vor der Innenministerkonferenz von öffentlich-rechtlichen Anstalten in erschreckender Form noch überboten.

ZDF-Moderator Löwenthal unterschob:
»... die Sympathisanten dieses Linksfaschismus, die Bölls und Brückners und all die anderen sogenannten Intellektuellen sind nicht einmal einen Deut besser als die geistigen Schrittmacher der Nazis, die schon einmal soviel Unglück über unser Land gebracht haben.«
Am gleichen Abend versuchte ZDF-Kommentator Rudolf Woller Bölls »Staatsverständnis zu ermitteln« und stilisierte ihn zum Volksfeind mit der persönlich an ihn gerichteten Frage:
»... gibt es das Recht für den, der mit der Rechtsordnung nicht einverstanden ist, im sogenannten Volkskrieg mit Gewalt und Raub, im Notfall auch durch Mord die Mehrheit und ihre Überzeugungen niederzukämpfen?«
Zwei Tage zuvor schon hatte Ulrich Frank-Planitz in einem ARD-Kommentar Heinrich Böll als »Anwalt anarchistischer Gangster« abgeurteilt und – auf Bölls Protest – prompt mit dem zur Haussuchung einladenden Hinweis reagiert: Böll könne sich nur dann getroffen fühlen, »wenn auch er Mitgliedern der Baader-Meinhof-Gruppe Unterschlupf gewährt hat oder noch gewährt«.
Wir, die Unterzeichner, halten solche Äußerungen für geeignet, ein Klima der Lynchjustiz zu verbreiten, wie es seinerzeit ein Attentat auf Rudi Dutschke ermöglicht hat. Die Baader-Meinhof-Gruppe würde in ihren verhängnisvollen Parolen (»Die revolutionäre Linke ist kriminell«) bestätigt, wenn es dieser Meinungsmache nun auch noch auf öffentlich-rechtlichem Wege gelänge, alle Linken und Linkssympathisanten in die Karteien des Bundeskriminalamtes zu katapultieren.
Peter Rühmkorf, Schriftsteller; Paul Schallück, Schriftsteller; Hubert Fichte, Schriftsteller; Martin Walser, Schriftsteller; Gerhard Zwerenz, Schriftsteller; Max von der Grün, Schriftsteller; Arnfrid Astel, Schriftsteller; Felix Rexhausen, Schriftsteller; Herbert Heckmann, Schriftsteller; Dr. Erika Runge, Schriftstellerin; Bernt Engelmann, Schriftsteller; Günter Wallfraff, Schriftsteller; Friedrich Hitzer, Schriftsteller; Prof. Dr. Ulrich Sonnemann, Schriftsteller; Heiner Bremer, Bundesvorsitzender der Deutschen Jungdemokraten; Eckart Spoo, Bundesvorsitzender der Deutschen Journalistenunion; Werner Schwab, stellv. Bundesvorsitzender der dju; Dr. Hellmuth Karasek, Kritiker; Otto Köhler, Journalist; Werner Georg Backert, SPONTAN-Chefredakteur.

Die Zeit, Dokumentation, Marion Gräfin Dönhoff

Revolution und Rechtsstaat

Das Baader-Meinhof-Syndrom – Ausdruck politischer Verwirrung

Bald wird wohl keiner keinen mehr verstehen. Die Verwirrung der Begriffe hat in der Praxis einen Grad erreicht, der in der Theorie einfach unvorstell-

bar gewesen wäre. Gemeinsame Maßstäbe gibt es offenbar überhaupt nicht mehr, und auch die Sprache als Verständigungsmittel versagt: Es ist, als sprächen wir alle in verschiedenen Zungen.
Sehr deutlich wird dieser Zustand jetzt, wo die Aktionen der Baader-Meinhof-Gruppe vor Gericht verhandelt werden und der Bürger, von den dort berichteten Irrungen und Wirrungen aufs äußerste konsterniert, nun überhaupt nicht mehr weiß, was Rechtens ist. Mit welchen Mitteln darf man welche politischen Ziele verfolgen? Wo findet politische Motivierung als Rechtfertigungsgrund ein Ende, wo beginnt Kriminalität? Sind vor dem Gesetz alle gleich, oder sind Straftaten, die politischer Ziele wegen begangen werden, anders zu bewerten als gemeine Verbrechen – und dies auch dann noch, wenn die ursprünglich ins Auge gefaßten revolutionären Bestrebungen in Vergessenheit geraten und Aktion auf Aktion, Straftat auf Straftat folgt?
Brandstiftung, Bankraub, Autodiebstähle, Paßfälschungen, illegaler Waffenbesitz, geplante Entführung, vollendeter und versuchter Mord oder Totschlag – dies sind die Anklagen gegen die einzelnen Mitglieder der Gruppe, über deren Taten und Verhalten der Angeklagte Karl-Heinz Ruhland jetzt zum erstenmal in einem öffentlichen Prozeß Einzelheiten berichtet hat. Sein Geständnis, das schon vor Monaten zu den Akten genommen worden war, ist inzwischen durch umfassende Ermittlungen ergänzt und bestätigt worden, so daß man die Angaben im großen und ganzen wohl als zutreffend unterstellen muß.
Verblüffend daran ist vor allem, wieviel Hilfe der Gruppe aus Kreisen des Bürgertums zuteil wurde, von Professoren, Pastoren, Hausfrauen – auch dann noch, als längst deutlich geworden war, daß es sich nicht um politische Freiheitskämpfer handelt, die irgendeinem Polizeiterror preisgegeben sind, sondern schlicht um Leute, die – wie Minister Posser, der während der Adenauer-Zeit als Anwalt viele Kommunisten freigepaukt hat, nachwies – stets zuerst geschossen haben: »Bei der gemeinsamen Befragung des Strafgefangenen Baader am 14. Mai 1970, bei der Flucht mit einem gestohlenen Pkw am 22. Dezember 1970 in Nürnberg, bei den beiden Banküberfällen am 15. Januar 1971 in Kassel, bei dem Schußwechsel am 15. Juli 1971 in Hamburg, bei dem Petra Schelm getötet wurde, und bei einer Festnahme am 22. Oktober 1971, bei der ein Polizist getötet wurde.«
Wann muß man, wann darf man einem Verfolgten noch Hilfe leisten und Unterschlupf gewähren? Wann muß man als Bürger eines Rechtsstaates einen Menschen, der ein Verbrechen begangen hat, der Polizei ausliefern, um den Rechtsstaat zu schützen? Barmherzigkeit und Bürgerpflicht im Widerstreit?
Verwirrende Fragen, die für viele unbeantwortet bleiben und die manchen ratlos zurücklassen, vor allem, seit die saubere Kategorisierung: hier Bürger – dort Kriminelle im Bewußtsein mancher Zeitgenossen verwischt wurde. Seit Assessoren, Anwälte und Journalisten Delikte begehen, über die

sie früher nur berichteten oder zu Gericht saßen, ängstigt ihre Freunde die bange Frage: »Was tue ich, wenn einer von jenen hilfesuchend vor meiner Tür steht?«

Sie spielen Revolution

Das ist das eine Problem, das viele Intellektuelle verunsichert. Das andere – vielleicht weit weniger bewußt – ist der Wunsch, die Mode mitzumachen, die Sorge, nur ja nicht reaktionär zu erscheinen. In den einschlägigen Kreisen ist man nun einmal nur **»in«**, wenn man gegen das herrschende System ist, wenn man denen, die die Gesellschaft verändern wollen, jede Menge Beifall spendet, egal welche Mittel sie zur Erreichung ihrer Ziele anwenden.
Ulrike Meinhof hat in jener Erklärung, die sie nach der Baader-Befreiung im Juni 1970 der Französin Michèle Ray auf Tonband sprach, gesagt: »Was wir machen und gleichzeitig zeigen wollen, das ist, daß bewaffnete Auseinandersetzungen durchführbar sind, daß es möglich ist, Aktionen zu machen, wo wir siegen, und nicht, wo die andere Seite siegt ... Natürlich kann geschossen werden.«
Die Rolle des Revolutionärs zu spielen, das ist die große Versuchung – und eben wirklich: spielen. Im weißen Alfa Romeo oder im flotten BMW durch das Land zu jagen oder gejagt zu werden, aus dem fahrenden Auto zu schießen, sich in den Part eines zweiten Skorzeny im selbstgebastelten Hubschrauber hineinzuträumen, in Banken und Rathäuser einzubrechen, all dies verbinden sie mit der großen Geste des Menschheits-Helden, mit der Vision, die Dritte Welt zu befreien, die Herrschaft des Menschen über den Menschen zu brechen.
Andreas Baader schrieb in dem Brief, den er in dieser Woche – wohl als Antwort auf Ruhlands Aussagen – der Deutschen Presseagentur übergab: »Die taktische Linie, der wir jetzt folgen, ist die Entwicklung der Propaganda der Stadtguerilla in den noch legalen revolutionären Organisationen und der Aufbau einer breiten, logistischen Basis des Volkes.« Der oft beschworene Lenin würde solch kindische Fehleinschätzung der Situation voller Abscheu als kleinbürgerliches Abenteurertum abgetan haben.
Daß der Psychologie-Professor Peter Brückner aus Hannover, von dem es heißt, er habe Gruppenmitgliedern, die als Studenten getarnt waren, einen Bungalow zur Verfügung gestellt, einstweilen vom Dienst suspendiert wurde, weil er sich geweigert hat, seinem Minister gegenüber zu diesen Anschuldigungen Stellung zu nehmen, hat manche Studenten und auch einige Beobachter aufgebracht. In einem Flugblatt hannoverscher Studenten heißt es: »Dies ist das vorläufige Ende einer breit angelegten Hetzkampagne von Justiz, Polizei und Presse ... ein manifester Versuch, kritische Wissenschaft überhaupt von den Universitäten zu beseitigen.«
Professor Brückner nämlich hatte 1967 gemeinsam mit dem Berliner Politologen Johannes Agnoli das Buch »Die Transformation der Demokratie«

veröffentlicht, in dem »nachgewiesen« wird, daß die Bundesrepublik ein faschistischer Staat sei – eine These, die ihn bei der »Neuen Linken« und der Baader-Meinhof-Gruppe sehr beliebt machte.

Sehnsucht nach Widerstand

In dem Flugblatt, mit dem ein Studentenkomitee auffordert, zu Ehren Brückners einen Fackelzug zu veranstalten, hieß es in totaler Sinnesverwirrung: »An der TU hat der Pogrom gegen die kritische Intelligenz Tradition. 1926 waren es nazistische Studenten, die den Philosophen und Psychologen Theodor Lessing vom Katheder holten. Das preußische Kultusministerium gab dem Druck nach und entließ ihn. 1933 wurde Lessing in Marienbad von den Nazis ermordet.«
Man versteht gar nichts mehr. Ist es nun so, daß Professor Brückner verdächtig ist, die des Mordes angeklagte Baader-Meinhof-Gruppe begünstigt zu haben? Oder soll die historische Parallele andeuten, daß die Regierung der potentielle Mörder des hannoverschen Professors ist? Gibt es wirklich Studierende, die zwischen der Strafverfolgung von Kriminellen im Rechtsstaat und der Verfolgung von Juden und Linksgerichteten durch die Nazis keinen Unterschied sehen?
Die Vorstellungen der Baader-Meinhof-Revolutionäre nehmen sich für einen Menschen herkömmlicher Größe und Norm ganz absurd aus. Der Anwalt Horst Mahler schreibt unter dem Datum des 14. Januar 1972 aus der Untersuchungshaft in einem Aufsatz, den der **Spiegel** veröffentlicht: »Nicht der lebt im Stande der Unschuld, der den Konventionen und Gesetzen der bürgerlichen Gesellschaft folgt; denn er ermöglicht durch seine Willfährigkeit den herrschenden Schichten die Fortsetzung des Völkermordes in Asien, in Afrika und in Lateinamerika. Er trägt Verantwortung am millionenfachen Hungertod ... Gegen diese Philistermoral setzt die revolutionäre Stadtguerilla in den Metropolen des Kapitalismus die Solidarität mit allen Ausgebeuteten und Unterdrückten, insbesondere mit denen, die in der Dritten Welt ihre Menschenwürde mit der Waffe zurückerobern.«
Dieser heroisierende, pseudo-idealistische Schwulst eines Mannes, der unter dem Verdacht schweren Raubes und anderer Straftaten in Untersuchungshaft sitzt, wirkt nachgerade peinlich – vor allem, wenn man in der gleichen Woche die Erklärung liest, die der russische Schriftsteller Wladimir Bukowskij abgab, nachdem er zu zwölf Jahren Freiheitsverlust verurteilt worden war, weil er die Praxis des sowjetischen Regimes, Leute mit abweichender Meinung in eine psychiatrische Klinik zu stecken (er selbst brachte dort acht Monate zu), und andere Verstöße gegen die Menschenrechte öffentlich kritsiert hatte. Was würde Bukowskij, was würde das sowjetische Komitee für Menschenrechte darum geben, wenn sie die Grundrechte, die unser Rechtsstaat jedem Bürger garantiert, für ihre Landsleute in Anspruch nehmen könnten?

Es erscheint, daß die **permissive society** – die zanglose Gesellschaft – unserer Tage einen unstillbaren Bedarf nach Widerstand hervorbringt. Anders ist nicht zu erklären, warum Leute, die im Rechtsstaat leben, sich der Gewalt verschreiben, um ihn, der in Jahrhunderten mühsam Schritt für Schritt erkämpft wurde, wieder zu zerstören. Dabei ist von allem, was wir heute besitzen, Wohlstand, sozialer Fortschritt, Bildungsmöglichkeit, die Garantie der Rechtsstaatlichkeit das Wichtigste. Ginge sie verloren oder würde auch nur eingeschränkt, sie wäre schwer wieder zu etablieren.

Deutsches Fernsehen, Hessischer Rundfunk, »Titel, Thesen, Temperamente«

Interview Swantje Ehrentreich mit Heinrich Böll

Kommentar: Die Kontroverse um den Dichter Heinrich Böll ist nicht erst vierzehn Tage alt. Versuche seiner Einordnung beruhten zumeist auf Mißverständnissen, auf provozierten Mißverständnissen. Attribute ehemaliger Heiligenverehrung erweisen sich heute als latente Möglichkeit zur Denunziation.

Der »Bayern-Kurier« schreibt:
»Böll habe die von ihm oft und gern usurpierte Rolle als politisch moralische Oberinstanz in der Beurteilung bundesrepublikanischer Zeitläufe verwirkt.«

Heinrich Böll: »Es ist natürlich sehr einfach, jemand als moralische Autorität als erledigt zu bezeichnen, wenn man sich selbst – wie der ›Bayern-Kurier‹ und auch die ›Welt‹ – mit einer permanenten Aura wollüstiger Immoralität oder Amoralität umgibt. Man rechtfertigt den Vietnam-Krieg, man rechtfertigt permanent seinen Herausgeber, Herrn Strauß, der, milde ausgedrückt, in lauter ungeklärte Fälle verwickelt ist; man rechtfertigt eine so umstrittene Erscheinung wie den Abgeordneten Zimmermann. Man umgibt sich also mit der Aura der Amoralität und baut sich oder läßt sich von anderen ein Heiligenbildchen aufbauen, eben diesen Autor da, der diese Autorität nie beansprucht hat, und beim ersten Fehltritt, den man bemerkt, ist dieses Heiligenbild zerstört. Ich halte das für derart absurd und unredlich, daß ich mehr dazu nicht sagen möchte.«

Kommentar: Böll hat in seinem »Spiegel«-Artikel nicht nur versucht, die Relationen von angefachter Hysterie um die Baader-Meinhof-Gruppe zur tatsächlichen Situation herzustellen, damit hatte er auch die Springer-Presse herausgefordert.
. . .

Springerzeitung »Welt« schlug sich für Springerzeitung »Bild«, indem sie Bölls Argumentation zu einer Verteidigung für politische Kriminalität uminterpretierte.

...

Aber schon beim nächsten taktischen Zug geht es nicht mehr um die »Wahrheit« von Nachrichten, sondern um Begriffe. Politiker werden als Zeugen für Springers »Welt« zitiert.
Eine Reihe schon fast selbstverständlicher Begriffe werden als Dogmen in der Kampagne gegen Böll verwendet, die notwendige detaillierte Argumentation ersetzen.

Heinrich Böll: »Ich glaube, das ist das Hauptproblem der Auseinandersetzung; ich nenne es noch nicht Kampagne, vielleicht wird es dazu kommen. Ein Autor, ein Schriftsteller hat natürlich zu jedem Wort eine ganz andere Beziehung, und er sieht in jedem Wort andere Dimensionen als ein Jurist, als ein Beamter, als ein Polizeibeamter, als ein Pfarrer, und die Worte ›kriminell‹, ›Gnade‹, ›verfolgt‹ haben für ihn eine andere Dimension. Für einen Juristen ist das Wort ›verfolgt‹ das Wort ›gesucht‹. Das ist ungeheuer kompliziert. Was ich nicht begreife bei der ganzen Auseinandersetzung ist, daß wirklich intellektuelle Menschen wie etwa Krämer-Badoni – und ich zähle auch Herrn Habe dazu und andere, die selbst Autoren sind und Phantasie genug hätten – diesen Unterschied nicht einmal feststellen und von der gleichen Ebene des Autors mit dem Autor argumentieren, sondern sich auf einen Beamten-, einen Juristen-, einen Legalitätsstandpunkt stellen, den ein Autor nie einnehmen kann. Ich fühle mich nicht als Teil der Exekutive. Ich bin Schriftsteller, und verschiedene Wortbereiche oder verschiedene Wörtlichkeiten, die der Rechtsprechung, der Gesetzgebung, der Exekutive, der Theologie reiben sich natürlich dauernd mit der des Autors. Diese Reibung ist normal, dabei klärt sich einiges, aber die Klärung muß hergestellt werden. Es kann nicht immer nur von der Ebene der verschiedenen Wörtlichkeit her polemisiert werden. Ein Begriff wie ›freiheitlich-demokratische Grundordnung‹, den ich gar nicht verhöhnen möchte, ist für mich ein Begriff, den ich messe etwa an der Behandlung des Falles Georg von Rauch. Da entsteht für mich eine ungeheure Differenz und auch an anderen Fällen. Es ist das Recht eines Juristen, eines Verfassungsträgers und Vollziehers, diesen Begriff starr dogmatisch zu gebrauchen. Für mich ist er kein Dogma, auch aufgrund meiner streng demokratischen Erziehung nicht.«

Kommentar: Die Begriffe werden heftig strapaziert. Ein Kapitalist, der seine Auflagenhöhe stets als demokratische Abstimmung für sich betrachtet hat, läßt nun Böll als Kapitalisten beschimpfen – wegen seiner Auflagenhöhe.

Zeitungszitat: »Voll Stolz meldete der Dichter, daß seine Bücher in der Sowjetunion Millionenauflage erreichten, die Tantiemen fließen ständig.«

Heinrich Böll: »Auch dieses Zitat von den fließenden Tantiemen sehe ich im Zusammenhang mit dem Aufbau oder Abbau der moralischen Instanz. In einer Gesellschaft, die geradezu das Fließen von Tantiemen als das höchste Ziel propagiert – und auch die ›Welt‹ und der ›Bayern-Kurier‹ propagieren ja das Fließen von Tantiemen als das höchste Ziel –, das als Diffamierung zu benutzen, ist eine so perfekte und dümmliche Schizophrenie, daß sie sich eigentlich als ad absurdum führen sollte, aber ich muß leider auf den Informationsstand und Bewußtseinsstand der Leser des ›Bayern-Kurier‹ und der ›Welt‹ eingehen, die möglicherweise den Widerspruch gar nicht sehen. Man kann ja jemandem nicht vorwerfen, daß seine Tantiemen fließen. Hinzu kommt, daß der Herr, der das geschrieben hat – ich kann den Namen nicht behalten –, offenbar daneben gestanden hat, als die flossen. Das hört sich so an, als wenn er zugesehen hätte, wie da das Geld fließt. Ich habe zu dieser Sache öffentlich Stellung genommen in einer Zeitung. – Ich habe da gar nichts dazu zu bemerken. Selbst wenn meine Tantiemen flössen, würde ich das nicht als diffamierend oder denunzierend empfinden, denn wie gesagt: Das Ideal dieser Gesellschaft sind die fließenden Tantiemen, womit dann gemeint sind die Tantiemen der Aktionäre. Die Tantiemen eines Autors sind offenbar schmutziger als die Tantiemen eines Aktionärs.«

Kommentar: »Bild« berichtet am 23. 1. über eine Großfahndung: »Alles lief wie im Kriminalfilm ab.«
Es geht um Sensationen. Sensationen, wie sie Henry Jaeger, Charrière oder der Fernsehkrimi liefern. – Ulrike Meinhofs Fernsehfilm »Bambule« aber darf nicht gesendet werden.

Heinrich Böll: »Ja, dahinter sehe ich eine fast perfekte Heuchelei: die schicke Kriminalität von Henry Jaeger z. B., der eine Zeitlang beliebter Fernsehautor war, und die augenblicklich sehr unschicke Kriminalität von Frau Meinhof, die eine sehr gute Reportage ›Bambule‹ geschrieben hat über Fürsorgeerziehung. Ich hätte gerne begründet von den Herren, welchen Unterschied sie da sehen. Im übrigen halte ich die reine Trennung von politisch und kriminell sowieso für einen Irrtum, auch für intellektuell unredlich. Man kann sogar so weit gehen, daß ein Mensch, der, um seinen Lebensunterhalt zu verdienen oder nicht zu verhungern, stehlen muß in einer Gesellschaft, natürlich auch ein politisch krimineller ist nach meiner Definition; die Definition eines Autors, nicht eines Juristen.«
. . .
Als Renommierpferd für das Ausland ist Böll gut genug; – im Inland sieht man lieber, daß der Dichter dichtet.

Heinrich Böll: »Ja, ich sehe die Schizophrenie, die darin liegt, sehr stark. Ich muß das objektiv sehen. – Ich habe eine Vortragsreise im Ausland gehalten, die sehr erfolgreich war, und man verkauft mich offenbar sehr gerne als deutschen Kulturexport. Ich werde mich in Zukunft weigern, für eine deutsche Institution im Ausland – für irgendeine – noch einen Vortrag oder eine Lesung zu halten, obwohl ich von einem höheren Beamten des Auswärtigen Amtes sehr höflich und mit Recht, muß ich sagen, in seiner Funktion dazu aufgefordert bin, weiterhin den Eisbrecher zu spielen. Diese Situation nach innen, Salonanarchist und diesen ganzen faschistischen Scheiß über mich ergehen zu lassen und nach außen als deutscher Kulturrepräsentant aufzutreten, da sehe ich eine so große Kluft, die möchte ich nicht mehr bestehen lassen; also werde ich aufhören, für irgendeine deutsche Institution im Ausland noch irgendeinen Vortrag oder eine Lesung zu halten.« (gekürzt)

Samstag/Sonntag, 29./30. Januar 1972

Bild

Scheel und die Hysterie

Wir nehmen es hin, wenn ein Dichter wie Böll nicht den Terror der Baader-Meinhof-Bande für die Unruhe in Deutschland verantwortlich macht, sondern die BILD-Zeitung.

Wir nehmen es hin, wenn ein glatter Mann wie Harpprecht seinen Böll im ZDF nachbetet.

Wir nehmen es hin, wenn andere Blätter, die breiter und ausführlicher über den Terror der Baader-Meinhof-Bande berichtet haben als wir, der BILD-Zeitung das »Schüren einer Baader-Meinhof-Hysterie« unterstellen.

Wir nehmen es aber nicht hin, daß ein verantwortlicher Mann wie Walter Scheel wider besseres Wissen die BILD-Zeitung beleidigt. Scheel nahm gestern die Maßnahmen des FDP-Innenministers Genscher gegen die Baader-Meinhof-Bande in Schutz.

Im gleichen Atemzug verstieg er sich zu der Behauptung, die »vor allem von der BILD-Zeitung geschürte Baader-Meinhof-Hysterie« nütze nur den Gegnern des demokratischen Rechtsstaates.

Dies ist wahrlich das Wort eines Opportunisten. Scheel will einerseits die Verdienste des FDP-Ministers Genscher im Kampf gegen Baader-Meinhof für seine Partei nützen. Er denkt wohl schon an die nächste Wahl und möchte die Stimmen der Bürger haben, die für Recht und Ordnung sind. Gleichzeitig will er aber Beifall von Böll und Harpprecht und der Linken in seiner eigenen Partei bekommen. Auch da stecken wohl Wählerstimmen.

Wenn viele tausend Polizisten ganze Städte, ganze Autobahnstrecken abriegeln und kontrollieren – ist das ein Werk der BILD-Zeitung? Wenn Hunderte von bewaffneten Beamten Gerichtsgebäude hermetisch absichern und die Richter Pistolen bekommen – ist das ein Werk der BILD-Zeitung? Wir werden weiter sagen, daß jemand, der mordet, ein Verbrecher ist, auch wenn er politische Gründe vorgibt.

Süddeutsche Zeitung, Heinrich Böll

»Man muß zu weit gehen«

Die »Schwierigkeiten beim Häuserbauen«, die Reinhard Lettau auf so unvergleichliche Weise beschrieben hat, sind möglicherweise geringer als die, beim gegenwärtigen Stand der Auseinandersetzung über drei verschiedene Gegenstände eine öffentliche Erklärung abzugeben. Die drei verschiedenen Gegenstände sind:
1. der Artikel im *Spiegel* über das öffentliche Bewußtsein in Sachen Ulrike Meinhof,
2. mein Interview mit Peter Merseburger in *Panorama* über den Fall Bukowski und die Lage der sowjetischen Intellektuellen,
3. ein Rundfunk-Interview, das ich im Fall Arnfried Astel gab, und das, ohne daß man mich gefragt hätte, nun auszugsweise gedruckt erscheint.
Die größte Schwierigkeit ist eine generelle, die ich »medieninterne Leser-Information« nennen möchte. *Spiegel*-intern, *Welt*-intern, *Bild*-intern, *Stadt-Anzeiger*-intern. Welcher Leser kann es sich schon leisten, alle Information zu erlangen, Chronologie herzustellen. Die chronologische Reihenfolge meiner drei Untaten:
1. Astel-Interview (29. 12. 1971);
2. *Spiegel*-Artikel (10. 1. 1972);
3. *Panorama*-Interview (10. 1. 1972).
Das Astel-Interview wird aber erst jetzt ausgepackt, und schon dadurch entsteht ein falsches Bild. Oberstaatsanwalt Erich Denger aus Kaiserslautern hat laut *Süddeutscher Zeitung* vom 12. 1. 1972 gesagt: »Dafür (für die von *Bild am Sonntag* publizierten Details über den Aufenthalt von Ulrike Meinhof in Kaiserslautern) gibt es keinerlei konkreten Anhaltspunkt, diese Nachrichten von *Bild* sind einfach aus der Luft gegriffen und stinken zum Himmel. Man könnte am journalistischen Gewerbe fast verzweifeln.« Es ist nicht nur das journalistische Gewerbe, an dem man – und nicht nur fast – verzweifeln könnte, es ist ebenso sehr diese »medieninterne Information« der Leser. Täglich Sensationen, die im eigenen Kreis und Kreislauf abgehandelt werden: Artikel, Gegenartikel, Kommentar, Leitartikel, Leserbriefe usw. In den meisten Fällen wird Information aus zweiter Hand zu Informationen aus dritter, die Information aus dritter zu Information aus

vierter Hand. Setzt schon die Information aus erster Hand viel mehr voraus, als gemeinhin vorauszusetzen ist, nämlich, daß einer *lesen* kann, so kann man sich vorstellen, wie das in der fünften Hand aussieht: Wenn etwa – was durchaus ihr Recht ist – eine Frau in Trier oder Landshut sich drei Wochen nach den »Ereignissen« hinsetzt und einen Leserbrief schreibt.
Um diesen Schwierigkeiten auszuweichen, gibt es zwei Möglichkeiten für einen Schriftsteller: für die Schublade oder die Ewigkeit zu schreiben, oder für die kombinierte Möglichkeit der »ewigen Schublade«. Mir liegt beides nicht, das und die Ewigkeit interessiert mich nicht. Es ist mir gleichgültig, ob irgendeiner nach meinem Tod sich noch für irgend etwas interessiert, was ich geschrieben habe, und manchmal bin ich erstaunt, daß sich einer noch eines Romans erinnert, den ich vor zehn Jahren geschrieben habe, wie etwa der ungeheuer verdienstvolle Herr Hicks, der da in der *Welt* die »Ansichten eines Clowns« zum Anlaß seines Witzes nahm.
Eine weitere Schwierigkeit: daß ich tatsächlich gespalten bin, Fachausdruck: schizophren; in den Vorsitzenden des deutschen, den des internationalen PEN, in den Romanautor, den Staatsbürger, den Artikelschreiber, gelegentlichen Essayisten, Autofahrer, Flugzeugbenutzer, Spaziergänger, Stubenhocker etc. und in einige hundert oder wenigstens -zig Figuren oder Personen, mit denen ich mich gelegentlich – und auch das nur vorübergehend und außerdem nur partiell – »identifiziert« habe: Ich meine das Personal des »Erzählten« und Erwählten.
Nur diese wenigen Voraussetzungen, bevor ich zur Sache komme. Zunächst: Das Interview über den Fall Astel (29. 12. 1971). Ich will hier nicht darüber lamentieren, daß es, obwohl für den Funk per Telephon gesprochen, publiziert wurde. Das ist nicht ganz korrekt, aber bitte. Ich nehme kein Wort davon zurück, und stellt man da einen Widerspruch zum *Panorama*-Gespräch mit Peter Merseburger fest, so gebe ich zu: Der Widerspruch existiert.
Nur sehe ich da ein paar Unterschiede: Ich halte den Fall Astel, ganz gleich, was einer dazu sagen mag, für harmlos, eine arbeitsrechtliche Frage, in der der PEN-Club – selbstverständlich, wie ich finde – Astel nicht nur als sein Mitglied, auch, wenn er es nicht wäre, unterstützen muß.
Der Fall Bukowski liegt einige erhebliche Dimensionen weiter und tiefer: Es steht etwas mehr auf dem Spiel, für Bukowski und seine Freunde. An meiner persönlichen Einstellung kann auch nach dem Gespräch mit Merseburger kein Zweifel bestehen, sowenig wie irgendein Zweifel an meiner Einstellung zu Solschenizyn bestehen kann, an meiner Einstellung zur Besetzung der CSSR. Nun, da die Herren Dr. Rudolf Krämer-Badoni, Hans Habe und Scharnagl mich in dieser Sache provozieren wollten, kann ich und werde ich nicht den Weg wählen, auf den sie mich zwingen wollen. Denn: Kein Mensch in Moskau, ob oppositionell oder nicht, glaubt daran, daß es **Bild, Welt, Welt am Sonntag** oder dem **Bayernkurier** hier um die reine Menschlichkeit geht. Mag ich noch gezögert haben während des In-

terviews mit Peter Merseburger, jetzt zögere ich nicht mehr: Einen Weg, den die drei genannten Herren und ihre Publikationsinstrumente gehen, kann ich nicht gehen. Als Vorsitzender des internationalen PEN schon institutionell nicht, und als Person weigere ich mich, auf sämtlichen Ebenen meiner Schizophrenie. Wenn die Herren also Herrn Bukowski nützen wollten, so haben sie ihm jetzt gründlich geschadet. Ich werde einen Weg suchen, aber keinen, an dem eine verstellte und demagogisierte Öffentlichkeit teil hat. Wenn die Herren, die ich im folgenden mit Dr. K.-B., H. H. und Sch. abkürze, Stoff für Leitartikel brauchen, so bin ich bereit, ihnen eine Dokumentation des US-PEN-Centers »Writers in prison« zuschicken zu lassen (zu *lassen,* bitte, denn ich korrespondiere nicht mit ihnen). Dort finden sie reichlich Stoff über Autoren in Gefängnissen in Brasilien, Indonesien etc.

Merkwürdig, daß Herr H. H. nicht meinen Abtritt (er meint Rücktritt) verlangt, weil ich nicht gegen die Torturen protestiert habe, denen Autoren in Brasilien unterworfen werden.

Der *Spiegel*-Artikel hat Schwächen, weniger in dem, was drin steht, als in dem, was nicht drin steht; es fehlt eine umfassende Studie über die Eskalation: von der Erschießung Benno Ohnesorges bis zum Attentat auf Dutschke. Es fehlt ein Hinweis auf die Proportion der angewandten Mittel, auf deren Verhältnismäßigkeit. Fünfunddreißig Beamte – so hörte ich – besuchten den Wagenbach-Verlag anläßlich der Beschlagnahme des »Roten Kalenders«, vielleicht erinnert man sich noch der Leichtigkeit, mit der der Dutschke-Attentäter Bachmann fliehen konnte. Und vielleicht erinnert man sich noch an die Rekonstruktion der Erschießung Georg von Rauchs in genau der *Panorama*-Sendung, in der anschließend Peter Merseburger mich interviewte. Hat niemand darüber nachgedacht, was mich, während ich dort »live« vor dem Monitor hockte, die ganze Zeit über beschäftigt hat? Was ich – zugegeben: aus Angst vor der Welle von Volkszorn, die mich bespült hätte – nicht ausgesprochen habe: Daß da eine Parallele zum Fall Bukowski herzustellen gewesen wäre. Ich gebe zu: Ich war zu feige, obwohl's so nahe lag. Die Attitüde verbaler Moralität, die H. H. und Dr. K.-B. von mir erwarteten, kostet nichts, und außerdem: Es ist doch merkwürdig, daß ausgerechnet jene Herren, die Resolutionen zu verspotten pflegen, hier auf eine drängen.

Dann: Die Polemik gegen die Ostverträge liegt zu nahe an diesem überraschenden Engagement für Bukowski, und genau das wird ihm eher schaden als nützen. Non, messieurs, non: Schreiben Sie über den Fall von Rauch. Das sind ja wohl alles Kleinigkeiten, das sind die berühmten Späne, die fallen, wenn gehobelt wird. Oh, hobelt nur weiter. Späne gibt's genug.

Es ist nicht sehr interessant, ob ich nun Recht habe, die anderen Unrecht. Die genannten Herren und ihre »Organe« wären so gleichgültig wie ich, hätte sich nicht wieder einmal herausgestellt, daß es eine festgefügte Pressemauer gibt, die nicht durchbrechbar ist. Keiner der Herren – auch kein Politiker – ging bisher auf mein Einstiegs-Argument, die *Bild*-Überschrift »Baader-Meinhof-Gruppe mordet weiter« ein. Diese Überschrift würde Herrn Springer in Großbritannien, in einem Land mit einer flotten Boulevardpresse, aber anderen Gesetzen, gut und gern 300 000–400 000 Mark kosten. Darum geht's.

Es mag schon sein, daß ich im einen oder anderen Punkt zu weit gegangen bin, zu weit nach Ansicht der Politiker, aber – ich wiederhole mich: »Man muß zu weit gehen, um herauszufinden, wie weit man gehen kann.« Offenbar kann man hierzulande nicht sehr weit gehen, denn – innerhalb der Tradition politischer Polemik gesehen – ist der *Spiegel*-Artikel verblüffend harmlos, und das ist eine seiner weiteren Schwächen, die eine Schwäche des öffentlichen Bewußtseins sichtbar macht. Ich hatte tatsächlich die Illusion, ich könnte die Fronten – wenigstens stellenweise – durchbrechen. Statt dessen verhärten sie sich. Die Pressemauer steht, und auch an ihr gibt es »Schießbefehle«, die sogar im Jargon verankert, legitimiert sind: Man nennt das »Abschießen«, »Schlachten«, die mildere Form heißt: »In die Füße schießen«.

Als Hauptargumente gegen den *Spiegel*-Artikel stellen sich bisher heraus: Erstens: ich hätte die Gruppe um Ulrike Meinhof »verharmlost«. Zweimal habe ich in meinem Artikel ausdrücklich erklärt, Ulrike Meinhof habe dieser Gesellschaft *den Krieg erklärt*. Ich halte Krieg nicht für ein harmloses Wort. Ich habe die Gruppe um Ulrike Meinhof *relativiert* – ja. Verharmlost – nein. Ich habe versucht, die Proportionen zurechtzurücken. Nichts weiter. Wenn Albanien der Sowjetunion den Krieg erklären würde, so fände ich das nicht harmlos, nur fände ich die Situation der Sowjetunion nur relativ gefährlich.

Dann gab's eine recht dünne Erklärung von Innenminister Genscher, die Zahl 6 betreffend, die ich ausdrücklich als *angenommene* Zahl deklariert hatte. Ich bin bereit, als Variationen die Zahlen 4, 7, 9, 12, 15 und 17 anzubieten. Dann sagte Herr Genscher, es stehe ihm nicht zu, Schriftsteller zu kritisieren. Ich möchte ihn ausdrücklich ermutigen, das zu tun. Schriftsteller sind kritikgewohnte Tiere, und Kritik wäre mir lieber gewesen als das unzutreffende Argument der Verharmlosung und das dünne Argument um die Zahl 6. So lapidar wie markant Innenminister Weyer von NRW: »Ich mißbillige sowohl die Ziele als auch die Methoden der Gruppe.« Na, und? Das will ich doch hoffen, daß der Innenminister des Landes NRW die Ziele und die Methoden der Gruppe ablehnt. In diesem Punkt bin ich sogar – wie im *Spiegel*-Artikel nachzulesen ist – mit ihm einig, nur: Mit einer Feststellung dieser Art ist nichts, nichts, aber auch gar nichts gesagt, weder von mir noch von Herrn Weyer.

Nicht nur überraschend, schon recht merkwürdig, finde ich die verschiedenen Stilebenen, auf denen sich Dr. K.-B. und H. H. bewegen. Dr. K.-B.s Leitartikel in der *Welt* vom 10. 1. 1972 war schlechthin indiskutabel, das hätte Schlamm besser und geschickter und demagogisch wirkungsvoller

gemacht. Aber Dr. K.-B.s Leitartikel im *Darmstädter Echo* vom 15. 1. 1972 war, wenn auch nicht gerade freundlich und ebenfalls voll der üblichen Albernheiten, immerhin diskutabel. Und Herr H. H. beehrte mich in seiner Glossenspalte in der *Kölnischen Rundschau* vom 14. 1. 1972 nur mit einem kleinen Nebensatzschlenker, der ziemlich witzig hätte sein können, aber am gleichen Tag fuhr er in der *Welt am Sonntag* die faschistische Jauchespritze auf. Es gibt also Medien- – in diesem Falle springerinterne – Stile, wobei der *Welt am Sonntag* sogar ihre eigene Schizophrenie zur Dümmlichkeit gerät. Im Vorspann zu H. H.s Artikel »Treten Sie ab, Herr« (folgt mein Name) teilt die *Welt am Sonntag* mit, daß H. H.s Roman »Ob tausend fallen« in der Sowjetunion in einer Millionenauflage erschienen sei, ein Roman des gleichen H. H. also, der mich in seinem Artikel dann in seiner dümmlichen Art meiner Millionenauflage in der Sowjetunion wegen zu denunzieren versucht. Ist Schwachsinn nun strafbar oder nicht, wenn ihm soviel Druckerschwärze zur Verfügung steht?
Nicht ein Politiker hat irgend etwas zur Sache gesagt. Das beide Seiten – Polizei und die Gruppe um Ulrike Meinhof – entradikalisieren könnte. Es darf also weiter gehetzt, in Schlagzeilen und mit Pistolen geschossen werden. Das Gewäsch von Dr. K.-B., bei dem nicht einmal der Schaum vor dem Mund echt ist, hilft nicht einen Millimeter weiter. Was meine derzeitige (rasch vorübergehende) Eigenschaft als Vorsitzender des Internationalen PEN-Clubs betrifft, so steht es Herrn H. H. frei, in London meine Absetzung zu beantragen, den ungeheuren Skandal, den ich darstelle, dem Londoner Sekretariat mitzuteilen, dann mag das Gremium, das mich gewählt hat, mich im April wieder abwählen, falls es zu der Einsicht kommt, ich sei nicht mehr würdig.
Da ich in keiner Form – nicht einmal via Leserbrief oder Anwalt – direkt auch nur eine einzige Halbzeile den Springer-Zeitungen zur Verfügung stelle, ebensowenig dem *Bayernkurier,* der *Rheinischen Post* und dem *Rheinischen Merkur,* bin ich gezwungen, meine Erklärung in dieser Form vorzubringen. Mögen die Politiker sich also weiterhin ihrer Verbündeten Dr. K.-B. und H. H. erfreuen. Da Herr H. H. in der Sowjetunion eine Millionenauflage hat, muß er ja dort ebensoviel Einfluß haben, wie er mir zuschreibt. Außerdem muß er ja wissen, wie die Millionenauflagen dort zustande kommen, und da er meine Millionenauflage nicht gerade direkt, aber auf die typisch faschistische, indirekte Art – nur soeben, daß man's riechen kann – mit Geld in Zusammenhang bringt, wird er ja wohl wissen, was eine Millionenauflage dort einbringt.
Nun kann H. H. auch sein, was Herr Dr. K.-B. nur äußerst selten ist: nett. H. H. bezeichnet mich als eine Mischung aus »Albert Schweitzer, Schwejk und Fritz Teufel«. Das ist garnicht so übel, wie er das meint, denn an allen dreien ist ja, auf den verschiedenen Ebenen, versteht sich, etwas Sympathisches. Was ich nicht nett an H. H.s Vergleich finde, ist die Tatsache, daß H. H. mir so gar nicht zubilligt, auch ein wenig ich selbst zu

sein. Müßte ich für ihn drei Vergleichspersonen finden, so würde ich sagen, daß Hans Habe aus Hans Habe, Hans Habe und Hans Habe besteht; er ist so ganz er selbst – genau wie der Dr. K.-B. –, und was sie beide gemeinsam haben: sie sind Herrn Springers letzte Reserve. Nichts ist gefährlicher für Bukowski, als wenn in Zeitungen, deren Polemik gegen die Ostverträge so wild geführt wird, für ihn plädiert wird. Und in diese Gesellschaft, in diesen Zusammenhang mag ich mich nicht begeben.

Nun muß ich endlich mein »Mea culpa« loswerden. Ich habe ein schreckliches Vergehen, fast ein Verbrechen auf dem Kerbholz: ich habe für Gnade plädiert. Das ist natürlich ein fürchterliches Verbrechen in einem Lande, dem das C (für die, die's vergessen haben sollten: das C steht für »Christlich«) bei jungen und alten Unionen an sämtlichen Knopflöchern herausschaut. Fürchterlich, schrecklich, nein so was, in einem C-Land um Gnade für jemanden zu bitten. In diesem Wort – Gnade – könnte ja möglicherweise jener geistige, fast metaphysische Aspekt sich verbergen, den Herr Filbinger vermißt. Nun, man darf wirklich nicht tun, was ich getan habe, ich geb es zu und meine *culpa* ist eine *maxima.* Ich bin ja auch ganz zerknirscht, vor allem auch durch irgendeine Nebenbemerkung des berühmten Herrn Löwenthal vom ZDF. Dabei würde ich sogar um Gnade für ihn bitten, bei allen jenen Göttern, deren Pflicht und Aufgabe es ist, bösartige Dümmlichkeit unter ihre Fittiche zu nehmen.

Mag's also weitergehen: gnadenlos, in Schlagzeilen und mit Pistolen, gnadenlos dumm, gnadenlos faschistisch, gnadenlos demagogisch. Am 17. 1. 1972 hörte ich im Radio gegen 19.30 Uhr eine Nachricht, daß in Köln wieder einmal aus einem BMW mit einem Meinhof-verdächtigen Kennzeichen auf einen Polizeibeamten geschossen worden sei. Der Polizeibeamte verletzt, der BMW lädiert. In den Nachrichten gegen 23.30 Uhr klang das schon anders: der Beamte *nicht* verletzt, nur unter Schock leidend, wahrscheinlich aber – so die Nachrichten – einer der jungen Männer im Auto verletzt. Wer soll aus diesem Hick-Hack noch schlau werden, wird das Ganze nicht allmählich und immer stärker krankhaft? Hat je einer den Aufwand bedacht, den finanziellen, den personellen, den Aufwand an Leben und Gesundheit, und wird diese Automarkenmystik nicht allmählich schwachsinnig?

Zum Schluß einige Bemerkungen, von denen ich die erste nicht als ironisch aufzufassen bitte: Das Echo auf meinen Artikel im *Spiegel* war überwiegend positiv. Ich hätte vielen Leuten öffentlich zu danken für Briefe und Telegramme, auch kritischen Presseäußerungen, ausgenommen denen der Springer-Presse.

Danken möchte ich auch den Zeitungen, die nun mehr von dem Wort »Gruppe« und nicht mehr so oft dem Wort »Bande« Gebrauch machen. Immerhin. Und Springer-Blätter dürfen weiterhin Leute Mörder nennen, denen bisher kein einziger Mord nachgewiesen wurde. Darin liegt für die jungen Herren von der »Jungen Union« keinerlei Gefahr für den Rechts-

staat. Herrn H. H. möchte ich noch einmal bescheinigen, daß er Hans Habe, Hans Habe und Hans Habe ist, daß seine Millionenauflage in der UdSSR besser ist als meine. Gott segne das ehrbare Handwerk.
Und zuallerletzt eine Bitte an die Herren im Hause Springer: mich aus dem Vertrag zu lösen, der mich via Verlagskonzentration und via Zweitrecht aus einem harmlosen Ullstein-Autor zu einem Springer-Ullstein-Autor gemacht hat. Es trennen uns Welten, Mauern, Schießbefehle. Ich habe viele Makel, diesen Makel, ein Springer-Autor zu sein, möchte ich nun endlich loswerden. Schließlich müssen die Herren, die's angeht, wissen, daß ich auch ein Makel für sie bin. Trennen wir uns also.
Und noch eine Bitte an die Herausgeber des *Rheinischen Merkur:* In ihrer Ausgabe vom 14. 1. 1972 bringen sie einen auf miese Weise verkürzten Kommentar eines Herrn G. R. (oder einer Dame, wer weiß das schon), auf Seite 5 wird mein Roman »Gruppenbild« Werbern für den *Rheinischen Merkur* als Prämie angeboten. Ich möchte nicht, daß Werber für diese Zeitung eines meiner Bücher als Prämie bekommen. Man sollte ihnen doch lieber Romane von Herrn Dr. K.-B. oder H. H. als Prämie bieten.
Und nun mögen sämtliche Götter das »C« segnen, zu Lande, zu Wasser und in der Luft, und nun mag man auch diesen Artikel ab- und ausschlachten. Wohl bekomm's.

Berliner Morgenpost, Walter Brückmann

Heinrich Bölls erotische Komponente

Heinrich Böll, vielgelesener vielgepriesener Schriftsteller, hat in diesen Tagen einen ungeheuren Ausstoß an Worten. Sie sind nicht seiner allseits bekannten Profession zuzuordnen, sondern gehören dem allgemeinen Bereich Politik an. Wäre es anders, müßte man an Bölls künstlerischem Schaffen deutliche Abstriche machen. Denn das, was er in diesen Tagen zu Papier bringt oder in Mikrophone spricht, hat mit dem Können oder auch der Kunst des Schriftstellers Böll nur die Beherrschung des Abc gemeinsam.
Nun, da Person und Sache nie zu trennen sind, schlage ich vor, wir einigen uns auf den Begriff »Polit-Schriftsteller«, auf den herniederzusteigen Heinrich Böll sich die Ehre gibt. Und also fällt es einem Journalisten, einem täglichen Zeitungsschreiber, nicht mehr allzu schwer, von der Sprache her mit Böll zu konkurrieren. Ja, ich halte meinen Kollegen in den verschiedensten Redaktionen und mir zugute, nicht im Traume daran zu denken, solche Worte niederzuschreiben oder in Mikrophone zu sprechen, wie es Heinrich Böll offenbar für angemessen hält. Hier nur drei Stichworte:

▶ »... diesen ganzen faschistischen Scheiß ...« (Fernsehen, Freitag abend).

▶ »... faschistische Jauchespritze ...« (Süddeutsche Zeitung vom Wochenende).

▶ »... Gewäsch ..., bei dem nicht einmal der Schaum vor dem Mund echt ist ...« (Süddeutsche Zeitung).

Soviel zur Sprache. »... und mein Verhältnis zur Sprache hat – sagen wir – eine erotische Komponente« (Böll am Freitagabend im Fernsehen). Ein feiner Eros, der sich da auftut, möchte ich ganz unerotisch hinzufügen. Dies einmal im Zusammenhang mit Bölls gespreizter öffentlicher Pose anzudeuten, scheint mir nicht ganz unwichtig zu sein, wenn ein Meister des Worts wie er sich so eklatant in der Klaviatur vergreift.

Ein Fall für die Psychologie?

Vielleicht. Vielleicht auch nur das relativ leicht erklärbare unbewußte Eingeständnis, mit dem ersten öffentlichen Auftreten in Sachen Baader-Meinhof so sehr danebengehauen zu haben, daß nur noch die Flucht nach vorn übrigbleibt.

Im Kern hat Böll auch nicht die Spur eines Beweises für seine Behauptungen, die schon an Verfolgungswahn grenzen. Es muß ihn der Hinweis auf seine windige Erklärung zum Fall Bukowski im Vergleich zu seinem Eintreten für Verständnis um Baader-Meinhof (ganz vorsichtig formuliert) tiefer getroffen haben, als er in dieser Phase, in der er von seinen linken Freunden zur Speerspitze gedrängt wird, zugeben kann.

...

Auch mein Kommentar vom vergangenen Mittwoch mußte herhalten, die Souffleuse für den großen Mimen zu liefern.

Ich hatte, nachdem ich die offene und versteckte Sympathie vieler linker Intellektueller für die Baader-Meinhof-Bande analysiert hatte, zum Schluß geschrieben: »Eines Tages wird der Spuk der Baader-Meinhof-Bande vorüber sein. Doch die Bölls und die Brückners werden bleiben. Und von ihnen droht der Demokratie langfristig die größere Gefahr.«

Böll macht nun, auf die entsprechende Vorbereitung seines »Interviewers« hin, daraus eine »unaussprechliche Diffamierung«, eine »Art Sippenhaft oder Sippendenunzierung«, erwähnt Kinder, Verwandte, Nichten, Neffen und Geschwister.

Dies ist nun freilich der Gipfel der Verdrehung. Als sei nicht klar ersichtlich, daß allein er und seine politischen Gesinnungsgenossen gemeint sind, begibt er sich vor der Fernsehkamera in die Attitüde des Verfolgten.

Venrfolgter? Daß ich nicht lache. Herr Böll kann so viel Unsinn von sich geben, wie er will, und ich werde immer zu denen gehören, die ihm das Recht dazu erstreiten. Meinungsfreiheit gilt für alle, auch für Herrn Böll. Nur, der große Schriftsteller soll nicht so tun, als habe er das Recht auf die eine, die unantastbare Wahrheit für sich allein gepachtet.

Bemerkenswert an dem ganzen Vorgang, soweit es den Leitartikel der Berliner Morgenpost betrifft, ist, daß weder Iring Fetscher noch Heinrich Böll auf den sachlichen Inhalt eingingen.

Es lebe die Manipulation und Agitation, von deren Gesetzen Heinrich Böll anscheinend mehr versteht, als er erkennen läßt. Insofern hätte er auch als Schauspieler an einer Provinzbühne durchaus Chancen.
Schade, ich habe seine Bücher gern gelesen. (gekürzt)

Welt am Sonntag, Interview mit Kühn und Stoltenberg

Keine »Hexenjagd« auf Radikale – aber Verfassungsfeinde verfolgen

...

Frage: Wie stehen Sie nach der Ministerpräsidentenbesprechung mit Brandt zur Beschäftigung von Mitgliedern radikaler Parteien im öffentlichen Dienst?
Stoltenberg: Bei Bewerbern wird der Beweis, ob die rechtlichen Voraussetzungen zur Beschäftigung auch bei einer Mitgliedschaft in radikalen Organisationen angenommen werden können, in erster Linie von ihnen selbst zu erbringen sein. Wenn es sich jedoch um die Entlassung aus dem Beamtenverhältnis bei öffentlichen Bediensteten handelt, hat ohne Zweifel der Dienstherr den Beweis in einem Disziplinarverfahren zu erbringen.
Kühn: Wenn ein Beamter einer radikalen Partei beitritt, hat das nicht unbedingt ausschließende Konsequenz. Es muß im Einzelfall geprüft werden, ob die Entfernung aus dem Dienst anzustreben ist, da möglicherweise die Verfassungstreue nicht mehr erfüllt wird. Es muß erwiesen sein, daß der Beamte sich aktiv gegen die Grundordnung betätigt. Vorstellbar sind vorliegt, trotzdem aber verfassungsfeindliches Verhalten. Deshalb ist das vorliegt, trotzdem taber verfassungsfeindliches Verhalten. Deshalb ist das Papier der Ministerpräsidenten nicht angelegt auf die Zugehörigkeit zu Organisationen. Deshalb auch wurde auf eine Katalogisierung solcher Organisationen verzichtet.
Frage: Wie soll die Mitgliedschaft von Beamten und Angestellten in radikalen Parteien wirksam kontrolliert werden?
Kühn: Natürlich ist kein Beamter verpflichtet, seine Parteimitgliedschaft zu offenbaren. Deshalb müssen im Einzelfall verfassungsfeindliche Handlungen nachgewiesen werden. Das löst also keine Hexenjagd aus. Im übrigen ist das Problem nicht so akut, wie angenommen wird. In Nordrhein-Westfalen gibt es zur Zeit etwa fünf oder sechs Dutzend betroffene Beamte.
Stoltenberg: Wir beabsichtigen nun nicht eine Kontrolle aller Mitarbeiter im öffentlichen Dienst, von denen die ganz überwiegende Mehrheit überhaupt nicht in ihrer Loyalität und ihrem aktiven Eintreten für die Grundsätze der freiheitlichen Ordnung zur Diskussion steht. (gekürzt)

Bild am Sonntag

Hans Habe: Noch sind wir nicht in Moskau!

Ascona, 30. Januar

Zwei berühmte Schriftsteller, Heinrich Böll und Hans Habe, haben sich den Krieg erklärt. Böll forderte Gnade für die Baader-Meinhof-Bande. Habe verlangt, daß sie unschädlich gemacht wird. Böll will sich nicht für den verfolgten sowjetischen Schriftsteller Bukowski einsetzen. Habe hat daraufhin Böll nahegelegt, als Präsident des Internationalen PEN-Clubs zurückzutreten.

Nun kündigen die Böll-Anhänger durch den Generalsekretär des deutschen PEN, Thilo Koch, ein Verfahren gegen Habe an.

BILD am SONNTAG fragte Hans Habe: „Obwohl Böll beinahe von allen Seiten kritisiert wird, läuft die Gegenaktion vornehmlich gegen Sie."

Habe: „Statt sachlich zu diskutieren, versteckt sich Böll hinter den Rockschößen des PEN-Clubs. Böll verwechselt offenbar die Vereinigung freier Schriftsteller, deren Hauptaufgabe in der Verteidigung der Meinungsfreiheit besteht, mit dem Moskauer Schriftstellerverband. Der pflegt ‚Parteiverfahren' gegen Unbotmäßige einzuleiten."

BILD am SONNTAG: „Sie sollen den PEN-Club ‚mißachtet' haben?

Habe: „Eine komplette Entstellung. Als die freien Schriftsteller der Welt Böll zu ihrem Präsidenten wählten, konnten sie nicht ahnen, daß sich Böll für eine Verbrecherbande einsetzen, sich aber an dem tapferen Russen Bukowski uninteressiert zeigen werde. Was sind das für Vorstellungen von Demokratie! Ich kann doch heute, sagen wir, Nixon wählen, und es morgen, wenn er mich enttäuscht, bereuen. Ich kritisiere Böll, nicht die Leute, die ihn im guten Glauben gewählt haben. Das Ganze ist ein Versuch, mich mundtod zu machen. Der deutsche PEN hat bisher keinen Versuch unternommen, mich anzuhören. Ich habe meine Haut gegen den Faschismus nicht zu Markte getragen, um stillschweigend zuzusehen, wenn der Versuch unternommen wird, totalitärs Mehtoden einzuführen. Noch sind wir nicht in Moskau."

Express, Dieter Gütt

Ansichten eines Clowns?

Die Jagdzeit ist noch immer auf. Das Kesseltreiben findet mit Mikrophonen und Druckerschwärze statt. Das waidgerechte Ziel ist ein Schriftsteller. Dichter haben keine Schonzeit.
Der Beruf des Literaten hat es in Deutschland schon immer schwer gehabt. Entweder er wurde für Hymnen mißbraucht, für Hofballaden und gewalttätige Bardenklänge. Und allzu hilfswillig fanden sich die Köpfe der Nation bereit, ihr Versmaß den Absichten der jeweils Herrschenden anzudienen. Oder sie wurden zu Asphaltliteraten gestempelt, die in Kaffeehäusern an den Tabus des wahren deutschen Erbes rüttelten, an Blut und Boden, Scholle und Scham.
In jedem Falle hat nach landläufiger Meinung – und da kennt man auch keine Parteien mehr – ein deutscher Schriftsteller unpolitisch zu sein. Das heißt, er hat sich nicht zu Tagesfragen zu äußern oder aktuelle politische Tatbestände kritisch zu reflektieren. Weder als Mensch noch als Dichter. Nur Barde darf er sein.
Der Schriftsteller Heinrich Böll, wie vor ihm Günter Grass, ist nun in die Mühle von Handwerkern geraten, die ebenfalls dem Wort verpflichtet sind, die aber offenbar aus Neid auf Prominenz dem Dichter nicht zugestehen wollen, was sie für sich selbst in Anspruch nehmen. Böll hat in aller Freiheit und Rücksichtslosigkeit Erscheinungen unserer Gesellschaft angeprangert, die das Ergebnis bürgerlicher Repression und Selbstbehauptung sind. Das aber darf nicht sein.
So muß er sich gefallen lassen, nicht nur von journalistischen Kläffern, die in Winkelblättern schlechten Stil absondern, sondern auch von ernsthafteren und sich seriös gebenden Publizisten Entstellungen seiner Ansichten anzuhören. Als Salonanarchist wird er hingestellt, als demaskierter Biedermann, als Millionenverdiener, der sein Geld in Diktaturen hamstert und die er deswegen nicht zu tadeln wagt.
Dabei hat das, was Böll zu den gesellschaftlichen Zuständen in der Bundesrepublik äußert, unmittelbaren Anlaß: die überspannte Staatsfeindsuche, die Unverhältnismäßigkeit der Mittel beim polizeilichen Einsatz, das Kanonen-auf-Spatzen-Schießen-Denken unserer Rechtshüter und schließlich die elende Nachrichtenmanipulation im Bild-Jargon. Ansichten eines Clowns?
Schon ist ja die Hysterie um die sogenannte Baader-Meinhof-Bande willkommener Anreiz, nach Maulkorb-Paragraphen zu rufen, nach Richtlinienkompetenzen zur Meinungssteuerung. So wie das Treiben dieser Bande selbst nur noch dem Rückschritt in »Law and Order« dient und ihr auch die letzte ideologische Legitimation genommen hat. Die nützlichen Vollidioten der Reaktion!
Deshalb freilich an dem Leichentuch des Verschweigens, der Verschleie-

rung, der Vertuschung staatlicher Überheblichkeit mitzuhäkeln, ist ein merkwürdiger Ehrgeiz der Kritiker Bölls. Oder ist es nur der Futterneid der blasseren Federn?

Welt am Sonntag, Axel Thorer

Schüsse gegen Schrübbers

Zwei Schützen, ein Geschoß. Das Ziel: Hubert Schrübbers, parteiloser Präsident des Bundesamtes für Verfassungsschutz. Grund des Attentats: das Schrübbers-Gutachten, nach dem die DKP mit Hilfe der SED die Arbeit der verbotenen KPD fortsetzt.
1. Schütze: Ost-Berlin. Dort sammelt man Material aus der juristischen NS-Vergangenheit Schrübbers' und bietet es im Westen feil.
2. Schütze: »Der Spiegel«. Er stellt Schrübbers als »Ankläger in politischen Strafverfahren« im Dritten Reich vor und fügt Urteile des Gerichtes bei, an dem Schrübbers als Ankläger tätig war.
Bumm, bumm – das klang wie Duett.
Bereits 1966 hatte Innenminister Lücke ähnliche Anwürfe des Zonenpropagandachefs Albert Norden geprüft und als zu leicht befunden. Wie schon vorher die britische Militärjustiz und der frühere Generalstaatsanwalt Dr. Wilhelm Kesseböhmer – weiß Gott kein Nazifreund – Schrübbers den »Persilschein« ausgestellt hatten.
Genscher aber ist nicht Lücke, der Wind hat sich gedreht. Was der »Spiegel« in dieser Woche böllerte – klang das nicht wie Musik in den Ohren der Kleinschrittannäherer vom Rhein, die den Bahr-Partner von jenseits der Mauer nicht durch unsozialistische Behandlung der DKP vergrämen wollen? Ist das nicht das Hintertürchen, durch das ein lästiger Verfassungsschützer in Pension gestoßen werden könnte? »Der Mann weiß zuviel«, hieß es zu Chikagos dunkelster Zeit – dann ward der Mann ermordet.

Montag, 31. Januar 1972

Brief von Horst Mahler an Heinrich Böll

Berlin, 31. 1. 72

Lieber Heinrich Böll, es gibt nichts, worüber Posser und ich gemeinsam lachen könnten. Kennen Sie mich gut genug, um behaupten zu dürfen, ich würde Mitleid verlachen? Mitleid ist dem Menschen der einzige Weg zur

Bewältigung seiner bestialischen Abkunft. Verdammt es sich aber zur Ohnmacht, verliert es sich an das falsche Objekt oder findet es sich gar als Schmuckfeder mißbraucht zur Verschönerung dessen, dem es sich in der Empfindung gibt, so kommt es nicht zu sich selbst und wird auch nicht für andere. Leid ist nicht zu beseitigen, wenn Mit-Leiden nicht zum Impuls wird, die qualbringende Kausal-Kette handelnd zu zerbrechen. Worte allein leisten da wenig. Um die Verhältnisse wirklich zu ändern, muß man auf die Wonne verzichten, dem Publikum als »schöne Seele« zu gelten. Diese Wahrheit reflektiert sich – wenngleich nur als dumpfe Ahnung – in dem Schreck, den Ihnen die Reaktion auf Ihren Artikel im SPIEGEL eingegeben hat.

Kein Genosse der RAF hat sich je Illusionen über den in dieser Gesellschaft zu erwartenden Haßausbruch gemacht. Wir sind darob nicht erschrocken, also auch nicht geängstigt. Ihr Mitleid findet in uns keinen Gegenstand. Wir laden Sie herzlich ein, Ihre sympathischen Empfindungen jenen *tätig* zuzuwenden, deren Leiden es uns unmöglich machen, in dieser Gesellschaft so zu leben, als fände der Völkermord in der »Dritten Welt« gar nicht statt; als würde die Zumutung, das alles auch in unserem Namen geschehen zu lassen, den Menschen in uns nicht umbringen.

Sie sind so sehr Opfer der den Geist und alle Empfindungen verpestenden Propaganda der sich sendungsbewußt-abendländisch gebenden weißen Herrenrasse, daß Sie sich uns nur als gewaltbesessene, gemütsamputierte Pistoleros vorstellen können. Brauchen auch Sie dieses Klischee, um innerlich mit der Herausforderung fertig zu werden, die das existentielle Engagement der RAF-Genossen für jeden darstellt, der in sich den Anspruch auf eine menschliche Existenz noch nicht aufgegeben hat? Der jetzt erst beginnende bewaffnete (also nicht mehr wehr- und hilflose) Widerstand ist das praktizierte Dementi jener Lebenslüge aller sozialkritischen Intellektuellen, die da sagen, man könne nicht mehr tun, als immer wieder die Niedertracht analysieren, kritisieren und entlarven so lange, bis sich jemand anderes findet, der ihrer geschichtlichen Existenz den Garaus macht.

Ist Ihnen verborgen geblieben, daß alle Appelle an die RAF, aufzugeben, nur dem eigennützigen Interesse ihrer Autoren dienen, die für sie lebensnotwendige Lüge von der Vergeblichkeit eines wirkenden Widerstandes wiederherzustellen?

Ist es wirklich so schwer vorstellbar, daß auch uns die Versuchung nicht fremd war, irgendwo ein trockenes Plätzchen zu suchen, sich zu drücken, »saubere Hände« zu behalten und die Dreckbeseitigung anderen (vielleicht wieder dem Arbeiter) zu überlassen? Meinen Sie ernsthaft, es sei lustvoll(?), in einer an ihren Aggressionen schwer leidenden Gesellschaft im Bedeutungshof des Haß-Signals »Krimineller« interniert zu sein und die Klirrkette der öffentlichen Vorurteile mit sich zu schleppen? Wenn Sie die »Psyche erkennen« wollen – wie Sie schreiben –, sollten Sie versuchen herauszufinden, warum wir uns gleichwohl freier und erfüllter erleben als

jene, die zwar immer alles gewußt und gesagt haben, auf die aber nie jemand gehört hat und auch künftig nicht hören wird.
Die kritischen Intellektuellen hierzulande leiden an hysterischer Blindheit, weil ihnen ihr Über-Ich verbietet, den wirklichen Feind in seiner Wirklichkeit zu sehen. Sie haben so immer nur ihr eigenes schlechtes Gewissen zum Widersacher. Ich wünschte, ich könnte Sie sehen machen.

HORST MAHLER

Bild

Wann ist eine Bande eine Bande, Herr Böll?

Ein Dichter, einige Tatsachen und ein Polizisten-Mord in Kaiserslautern

Hamburg, 31. Januar

Der Schriftsteller Böll hat im Fernsehen die Berichterstattung der BILD-Zeitung über den Bankraub in Kaiserslautern als „vollkommen erlogen" bezeichnet. Versuchen wir trotzdem noch einmal, Herrn Böll mit den Tatsachen bekanntzumachen.

Am 23. Dezember stand in der BILD-Zeitung unter der Vorzeile: Baader-Meinhof-Bande mordet weiter: »Bankräuber haben gestern früh in Kaiserslautern einen Polizisten erschossen. Die vier maskierten Gangster, unter denen vermutlich auch eine Frau war, sind mit 134 000 Mark verschwunden. Im Verdacht, das Verbrechen begangen zu haben, steht auch die Baader-Meinhof-Bande.«

Was war in Kaiserslautern geschehen?

- Um 8.05 Uhr überfallen drei Maskierte, darunter vermutlich eine Frau, die Bayerische Hypotheken- und Wechselbank. Vor der Tür parkt ein VW-Bus mit einem weiteren Komplicen. Als der Polizeiobermeister Herbert Schoner ahnungslos auf den Wagen zugeht, zieht der Fahrer eine Pistole und schießt den Polizisten an.
- Blutüberströmt wankt der Beamte in die Bank, um wohl von dort Hilfe zu holen. Als er die Eingangshalle betritt, feuert einer der Verbrecher auf ihn. Der Polizist bricht tot zusammen. Eine Kugel hatte ihn in die Brust

getroffen, eine von hinten die Wirbelsäule zerschlagen. Beide Schüsse waren tödlich, da durch den einen Leber und Zwerchfell, durch den anderen der fünfte Brustwirbel, das Rückenmark und die Hauptschlagader zerrissen wurden.

● Um der Polizei die Verfolgung zu erschweren, hatten die Gangster die Ausfahrt des Überfallkommandos in Kaiserslautern Lauterstraße 8 durch einen roten Alfa Romeo versperrt (Fahrgestell-Nummer AR 1 766 786). Dieses Auto war Anfang 1971 in Konstanz zugelassen und kurz darauf gestohlen worden. Nach der Verhaftung von Astrid Proll in Hamburg, einem Mitglied der Baader-Meinhof-Bande, hatte die Polizei in ihrem Notizbuch die Nummer des roten Alfa entdeckt. Und wenige Monate später fand die Polizei in einer Waffensendung für die Baader-Meinhof-Bande die gefälschten Kraftfahrzeugbriefe für den roten Alfa Romeo.

● Nach dem Verbrechen entdeckt die Polizei in Kaiserslautern einen Bungalow, den der Student Klaus Jünschke unter falschem Namen gemietet hatte. Die Polizei findet seine Fingerabdrücke. Viele Spuren im Bungalow und im Tatfahrzeug stimmen überein. Innenminister Schwarz erklärte später in Mainz, daß »Jünschke vom Bundeskriminalamt der Baader-Meinhof-Bande zugerechnet« werde.

● In dem Bungalow findet die Polizei auch Material zur Herstellung von »Krähenfüßen«. Das sind scharfkantige verbogene Stahlstücke, mit denen Gangster in Amerika die Reifen verfolgender Polizeiautos zu zerstören pflegen. Auch die Baader-Meinhof-Bande benutzt diese »Krähenfüße«.

● Schließlich sagt ein Handwerker vor der Polizei aus, daß er zur Zeit des Verbrechens Ulrike Meinhof in Kaiserslautern gesehen habe.

Nach diesen Tatsachen noch zwei letzte Bemerkungen zu Heinrich Böll:

Die erste:

Seine Empörung über BILD begründete er im Fernsehen damit, daß er den Artikel am Heiligabend gelesen habe. Aber wenn ihn der Heiligabend so sehr bewegt hat, warum hat er sich dann nicht ins Auto gesetzt und hat die Frau des ermordeten Polizisten besucht, die mit ihren Kindern allein zu Hause saß?

Und die zweite:

In einem Artikel der »Süddeutschen Zeitung« freut sich Böll über jene Zeitungen, die »nicht mehr von der Baader-Meinhof-Bande, sondern von der Baader-Meinhof-Gruppe sprechen«.

Autodiebstähle, Bankraub, Brandstiftung, Paßfälschung, illegaler Waffenbesitz, vollendeter und versuchter Mord, geplante Entführung. Dies sind die bisherigen Anklagen gegen die einzelnen Mitglieder der Bande. Wir bleiben bei diesem Wort, Herr Böll.

Aber bitte sagen Sie doch einmal, welche Anklagepunkte noch dazukommen müssen, bis man auch Ihrer Meinung nach eine Bande eine Bande nennen darf.

Spiegel

»Verfolgt war nicht nur Paulus«

Heinrich Böll zum Böll-Kommentar Diether Possers

Die kritischen Anmerkungen des NRW-Ministers und Juristen Diether Posser zum Böll-Beitrag »über die Baader-Meinhof-Gruppe und ›Bild‹« (SPIEGEL 3 und 5/1972) haben Heinrich Böll bewogen, noch einmal Stellung zu nehmen. Er gibt dem sozialdemokratischen Politiker Posser »im großen ganzen« recht.

Bevor ich zu den Argumenten komme, mit denen Herr Dr. Posser mir gegenüber recht hat, möchte ich auf ein paar Punkte aufmerksam machen, die er übergangen hat: 1. meine Bemerkungen zum Hintergrund unserer Rechts- und Polizeigeschichte (siehe den Fall Schrübbers); 2. meine Bemerkungen zu Adenauers Eingriff in den rechtsstaatlichen Ablauf des Strafvollzugs zugunsten der Wiederaufrüstung; 3. meine Bemerkungen über die Hintergründe der Währungsreform, diese »fürchterliche« Gleichheit, die dabei am Werke war.

Im großen ganzen, auch in einigen Details muß ich Herrn Dr. Posser recht geben. Die Wirkung meines Artikels entspricht nicht andeutungsweise dem, was mir vorschwebte: eine Art Entspannung herbeizuführen und die Gruppe, wenn auch versteckt, zur Aufgabe aufzufordern. Ich gebe zu, daß ich das Ausmaß der Demagogie, die ich heraufbeschwören würde, nicht ermessen habe.

Ob ich sie hätte ermessen können, ist eine andere Frage, die zur Frage an Herrn Dr. Posser wird: Kann ich nicht bei einem Mann seiner politischen Verantwortung, Bildung und Sensibilität voraussetzen, daß er möglicherweise mehr von mir kennt als diesen Artikel; daß er die Ausdrucksunterschiede mit berücksichtigt?

Diese wilde Hetzerei, die nun in vielen Zeitungen und Zeitschriften Gelegenheit gibt, noch einmal und wieder einmal alle Steckbriefe etc. zu publizieren – ich habe sie nicht vorausgesehen, und es mag sein, daß daran nicht nur der nach meinem Artikel begonnene Ruhland-Prozeß schuld ist, auch meine sprachlichen Mittel. Möglicherweise habe ich mehr demokratisches Selbstverständnis vorausgesetzt, als ich hätte voraussetzen dürfen.

Ich bin Schriftsteller, und die Worte »verfolgt«, »Gnade«, »Kriminalität« haben für mich andere Dimensionen, als sie notwendigerweise für einen Beamten, Juristen, Minister und auch für Polizeibeamte haben. Verfolgt war nicht nur der Heilige Paulus, verfolgt war auch Herr Fabeyer, verfolgt sein kann ein dreifacher Raubmörder und ein Junge, der soeben aus einem Heim ausbricht und möglicherweise die Kasse mitnimmt.

Ich gebe gern zu, daß ich das Wort »verfolgt« nicht mit dem juristischen Terminus »gesucht« gleichzusetzen vermag, daß ich es auch existentiell und mit einem Anhauch von Metaphysik verwende, und in diesem Zusammenhang ist ein verfolgter Nazi für mich auch ein Verfolgter, wobei hinzugefügt werden muß, daß er's leichter hat, Versteck und Freunde zu finden, und daß die Nazis zur Erreichung ihrer politischen Ziele keine Bankraube unternehmen mußten: Der Bankier von Schröder und die deutsche Industrie rückten das Geld freiwillig raus.

Es ist nicht nur *emotionell,* wenn ich ein Wort außerhalb des Trockendocks verwende. Dieses Mißverständnis ist mein Fehler, nicht der von Herrn Dr. Posser: Ich hatte zuviel vorausgesetzt. Es kommt noch etwas hinzu, das ebenfalls nicht *emotionell* ist: Phantasie, die auch außerhalb des Trockendocks vor Anker liegt.

Einer lebensgefährlichen Emotion bekenne ich mich schuldig: meines Mitleids, das sich auf Polizeibeamte, Ulrike Meinhof, den Jungen erstreckt, der gerade mit der Kasse abgehauen ist, und auf die sehr jungen SS-Leute, deren Bestrafung in einem amerikanischen Gefangenenlager ich beobachtete, und darüber – über mein Mitleid – mögen Herr Dr. Posser und Horst Mahler – wahrscheinlich ist es das einzige, das sie verbindet – gemeinsam schallend lachen. Ich halte es auch für gefährlich, wenn ein so kluger Mann wie Dr. Posser generell Emotionen ablehnt: Die Psyche des Verfolgten jeglicher Art zu erkennen ist ohne Kenntnis des emotionalen Haushalts gar nicht möglich.

Außerdem muß ich Herrn Dr. Posser bitten, sich vorzustellen, daß mein Informationsstand nicht dem seinen entspricht. Ich habe zur Information nur die Zeitungen und das Fernsehen, und nach Überprüfung aller mir zugänglichen Publikationen war für mich nicht eindeutig zu erkennen, wer in welchem Fall nun wirklich zuerst auf wen geschossen hat. Ich habe meinen Artikel *vor* dem Ruhland-Prozeß geschrieben und *nach* der Erschießung Georg von Rauchs. Für die rechtsstaatliche Korrektheit dieser Erschießung hätte ich gerne den Beweis.

Ich danke Herrn Dr. Posser für die Belehrungen, die sein Artikel enthält, bitte ihn nur zu bedenken, daß ich mich nicht mit einer juristischen Definition der Termini »Gnade«, »verfolgt« und »kriminell« zufriedengeben kann. Ich muß als Autor in diesen Begriffen andere Dimensionen sehen, als ein Polizeibeamter, Jurist und Minister sie notwendigerweise sehen muß.

Recht, Gesetz, Politik, Theologie, Literatur haben eins gemeinsam: sie werden mit Worten gemacht. Es ist unvermeidlich, daß sich diese verschiedenen Wortbereiche aneinander reiben, daß sie einander kontrollieren und sich miteinander konfrontieren. Daran sind nicht nur »Emotionen« schuld, auch geistesgeschichtliche und intellektuelle Unterschiede. Ich bin sicher, daß eine neue Altersgruppe von Juristen peinlich auf die Einhaltung der Rechtsstaatlichkeit achtet, aber auch sie wissen, daß eine düstere Rechtsvergangenheit in unsere Rechtsgegenwart hineinragt.

Ich wiederhole meinen Dank an Herrn Dr. Posser, ich würde gern gelegentlich das Gespräch mit ihm privat, nicht öffentlich, fortsetzen. Privat,

weil öffentlich Verkürzungen und Mißverständnisse unvermeidbar sind. Privat mag mir Herr Dr. Posser auch erklären, welch ein schreckliches Vergehen darin liegen mag, in einer Gesellschaft, die sich weitgehend christlich definiert, um Gnade zu bitten und den Zustand des Verfolgtseins auch existentiell und metaphysisch und nicht rein moralisch zu definieren. Und ich hoffe, daß Ulrike Meinhof einsieht, daß, wenn gar nichts anderes sie zur Einsicht treibt, der Beginn des Ruhland-Prozesses auch politisch der geeignete Augenblick ist aufzugeben.
Nach meinen bisherigen Erfahrungen – vor allem im Falle Defregger – verspreche ich allen Politikern, mich vorläufig in nichts mehr einzumischen, zu nichts mehr zu äußern, jedenfalls so lange nicht, bis ich mir selber klar darüber geworden bin, wo sich in diesem Falle die Grenze der vielgepriesenen Liberalität gezeigt hat.

Neue Zürcher Zeitung, L.-C.

Ein »bißchen Gewalt« und ein bißchen mehr

Eine »Bonny and Clyde«-Geschichte besonderer Art und Größenordnung hält die Bundesrepublik Deutschland seit einiger Zeit in Atem: das Wirken der *Baader-Meinhof-Gruppe,* eines gewalttätigen Stoßtrupps von zumeist »Intellektuellen«, der mit der »Revolution« ernst zu machen sucht, den Sprung von der Theorie in kriminelle »Aktion« gemacht und sich als Kern einer deutschen »Stadt-Guerilla« konstituiert hat. Auf das Konto der Gruppe gehen ein Warenhausbrand, die gewaltsame Befreiung von Strafgefangenen, Banküberfälle, Autodiebstähle und Schießereien mit der Polizei; an ihrem revolutionären Weg liegen *Tote und Schwerverletzte;* der gegenwärtig laufende Prozeß gegen eines ihrer »abgesprungenen« Mitglieder hat Helfer und Helfershelfer bis in akademische Kreise hinein bloßgestellt; trotz Großeinsatz der Polizei vermochte sich das Gangster-Ensemble bisher im offenbar weitverzweigten Untergrund zu halten.
Die Taten der Baader-Meinhof-Gruppe bewegen nicht nur die öffentliche Phantasie, die in der Boulevardpresse, besonders in Springers »Bild« wild und ihrerseits gefährlich spekulativ ins Unkraut schießt. Sie bewegt auch den »Geist«; der macht daraus ein Problem. So der Schriftsteller *Heinrich Böll,* der die Sache in einen Konflikt zwischen einer »gnadenlosen Gesellschaft« und »verzweifelten Theoretikern« verlegt – zwischen »Verfolgern« und »Verfolgten« – und sie schließlich zu bloßer Arithmetik vereinfacht: »60 Millionen« (Bundesbürger) gegen »6«, was demnach 10 Millionen gegen einen, also etwas höchst Unfaires, ergäbe. Böll hat denn auch in seinem »Spiegel«-Artikel, der immerhin inzwischen Widerspruch gefunden hat, bereits vor einem Gerichtsverfahren »Gnade« oder mindestens »freies Geleit« für Ulrike Meinhof, die weibliche Hauptperson, verlangt, dafür

aber einen öffentlichen Prozeß wegen »Volksverhetzung« (woher nur hat man diesen Ausdruck noch immer im Ohr?) gegen den Verleger des »Bild«. Und Böll fragt: »Haben alle, die einmal verfolgt waren, von denen einige im Parlament sitzen, der eine oder andere in der Regierung, haben sie alle vergessen, was es bedeutet, verfolgt und gehetzt zu sein ... waren nicht auch sie, die ehemals Verfolgten, einmal erklärte Gegner eines Systems ...?«

Eine erschütternde und zugleich erschreckende *Verwirrung des Denkens* manifestiert sich hier. Da wird eine Gruppe von Desperados, die unter dem Mantel pseudorevolutionärer Schlagworte Verbrechen begeht, jenen ungezählten unschuldigen Opfern gleichgesetzt, die einst ein im Namen des deutschen Volkes errichteter Unrechtsstaat gefordert hat. Die Bundesrepublik aber, die sich bemüht, auf deutschem Boden eine *demokratische Rechtsordnung* aufzubauen, erscheint in Parallele zu jenem tyrannischen Regime, das sich in den zwölf Jahren seiner Herrschaft bedenkenlos über Gesetz und Recht hinwegsetzte, wenn sein Machtanspruch ihm dies als notwendig erscheinen ließ. Hier überschreitet die berechtigte Empörung über Auswüchse journalistischer Leichtfertigkeit ihre legitimen Grenzen und wendet sich gegen alle jene, deren Streben darauf gerichtet ist, die moralischen Trümmer zu beseitigen, die das Dritte Reich als Erbe hinterlassen hat.

Recht und Gesetz sind verletzliche Institutionen. Die Erfahrungen der Vergangenheit haben gezeigt, daß sie verhältnismäßig leicht und rasch zerstört werden können, aber nur mühsam wieder zu erneuern und zu verankern sind. Es sind erstaunliche Wege, auf die hier nicht nur das Prinzip der Gewaltanwendung in politischen Auseinandersetzungen, sondern auch das sie begleitende »tolerante« Denken in kurzer Zeit geraten sind. Vor vier Jahren hatte es angefangen mit »ein bißchen Gewalt« gegen »Sachen« wie Fensterscheiben und Redaktionsräume, ermuntert vom Zuruf eines berühmten Theologen, »etwas Rabatz« auf den Berliner Straßen und ein wenig abseits vom Gesetz könne nicht schaden. Daraus ist generalstäblerisch *geplantes Verbrechen* mit Tötungsdelikten geworden; doch jene Art von Denken hat mitgehalten und *verharmlost* auch das. Damit aber werden die Fundamente jeden Rechts in Frage gestellt, und der Willkür wird Tür und Tor geöffnet. Welcher Abgrund sich auftun könnte, würde der Gewalt mit der ihr innewohnenden Eigengesetzlichkeit freie Bahn gelassen, ist unschwer zu ermessen. An Beispielen aus der jüngsten Geschichte mangelt es nicht.

Süddeutsche Zeitung

Hannover (dpa)

Die Kritik an Professor Jürgen Seifert, der sich auf einer Protestversammlung für seinen suspendierten Kollegen Brückner eingesetzt hatte, bekräftigte der niedersächsische Ministerpräsident Alfred Kubel in Hannover. Kubel antwortete damit auf einen Brief des »Arbeitskreises der Assistenten der Technischen Universität Hannover«, in dem er aufgefordert wurde, die Voruntersuchungen für ein disziplinarrechtliches Verfahren gegen Seifert einzustellen. Aus dem Recht zur freien Meinungsäußerung könne Seifert als Landesbeamter nicht das Vorrecht ableiten, öffentliche Institutionen und Gerichte zu verleumden, meint der Regierungschef. Seifert hatte auf der Veranstaltung mit scharfen Worten das Verhalten von Justiz und Presse beim Düsseldorfer Ruhland-Prozeß verurteilt.

Dienstag, 1. Februar 1972

Süddeutsche Zeitung

Streitfrage: Meinungspluralität

Der Streit um das 3. Hörfunkprogramm des Senders Freies Berlin, letztlich ein Streit darüber, wie weit das Verlangen nach Meinungsvielfalt gehen kann, ist durch einen Personalbeschluß wiederbelebt worden. SFB-Intendant Franz Barsig will die seit 1969 geführte Auseinandersetzung jetzt dadurch für sich entscheiden, daß er die Redakteurin des 3. Programms, Carla Bernards, in eine andere Redaktion »umsetzt«, wie sein persönlicher Referent Kröger sagt.

Kröger hat auf Anfrage bestätigt, daß die Maßnahme gegen Carla Bernards nicht isoliert zu sehen ist. Sie resultiert vielmehr aus dem andauernden Unbehagen des Intendanten an der seiner Meinung nach mangelhaften Ausgewogenheit des 3. Hörfunkprogramms. Anfangs hatte er seine Kritik gegen den zuständigen Abteilungsleiter Hanspeter Krüger gerichtet. In den Jahren 1969 und 1970 monierte er ihm und dem Programmausschuß gegenüber, daß Krüger einseitig nur die ideologische Grundrichtung zu Wort kommen lasse, die sich als neue Linke begreife. Am 15. April 1970 schließlich stimmte der Programmausschuß ihm zu: Er forderte den Intendanten auf, dafür zu sorgen, daß im 3. Hörfunkprogramm »der für eine öffentlich-rechtliche Rundfunkanstalt gebotenen Pluralität der Meinungen« der notwendige Raum gegeben werde. (gekürzt)

Mittwoch, 2. Februar 1972

Quick, Wilfried Ahrens

Die Bölls sind gefährlicher als Baader–Meinhof

Seit einigen Wochen hat die Bundesrepublik Deutschland einen Staatsmann an der Spitze, der mit dem Friedensnobelpreis dekoriert wurde. Seit einigen Jahren gilt ein deutscher Schriftsteller als möglicher Nobelpreis-Kandidat für Literatur, der ein gebrochenes Verhältnis zu unserem Staat hat: Heinrich Böll rief 1966 anläßlich der Eröffnung des Wuppertaler Schauspielhauses in sein Publikum: »Dort, wo der Staat gewesen sein könnte oder sein sollte, erblicke ich nur einige verfaulende Reste von Macht, und diese offenbar kostbaren Rudimente von Fäulnis werden mit rattenhafter Wut verteidigt. Schweigen wir also vom Staat, bis er sich wieder blicken läßt.«

Seit Heinrich Bölls enger Freund Willy Brandt in Bonn als Kanzler waltet, hat man von dem Schriftsteller über die Fäulnis in unserem Staate, zumindest was die Regierung angeht, nichts mehr vernommen. Wohl aber Verständnis für viele Elemente, die unsere Demokratie und die Autorität unseres Rechtsstaates aushöhlen und vernichten wollen – und sei es mit Gewalt.

Für Heinrich Böll ist die Baader-Meinhof-Bande, die mordend und raubend »aus dem Untergrund Zeichen für die Zukunft setzt« (»Der Spiegel«), eine vergleichsweise harmlose Gruppe von »verzweifelten Theoretikern«, die angeblich von einer »gnadenlosen Gesellschaft« verfolgt werden.

Seit Mitte Januar sitzt, geschützt durch kugelsicheres Glas, auf der Anklagebank des Düsseldorfer Oberlandesgerichts der Baader-Meinhof-Komplice Karl-Heinz Ruhland und berichtet über geplante und begangene Verbrechen der »verzweifelten Theoretiker«, über eine beabsichtigte Entführung etwa des Böll-Freundes Willy Brandt, über Banküberfälle.

Alarmierender jedoch als alle spannenden Kriminalgeschichten sind Ruhlands Aussagen über jenen Kreis von Personen, die Baader, Meinhof und Komplicen nicht nur, wie Böll, mit Worten helfen, sondern ihnen in ihren Wohnungen Unterschlupf gewährten: Der prominenteste von ihnen, der Psychologie-Professor Peter Brückner von der Technischen Universität Hannover, ist inzwischen bis zur Aufklärung seines Falles vorläufig beurlaubt worden. Auf ihn und eine Reihe von anderen, darunter ein Pfarrer, ein Journalist, eine Professorentochter, warten peinliche Verhöre und vermutlich Strafverfahren wegen Begünstigung der Baader-Meinhof-Bande.

Was Ruhland an den Tag gebracht hat, ist freilich kaum mehr als die Spitze eines Eisbergs antidemokratischer Aktionen, die sich mit zunehmender Frechheit längst nicht mehr nur im Untergrund gegen die Rechtssicherheit unseres Staates und damit gegen die Sicherheit eines jeden Bür-

gers in der Bundesrepublik richten: Privathäuser werden von revolutionären Gruppen besetzt, ohne daß die Polizei sich regt, Professoren werden unter Androhung von Prügeln gezwungen, ihre Vorlesungen abzubrechen, Strafanzeigen verlaufen im Sande.
Bölls Gesinnungsfreund Professor Brückner hat vor Studenten die Vorzüge des DDR-Systems gelobt, Böll selbst, der unseren Staat als »gnadenlose Gesellschaft« bezeichnet, hat versucht, für den mächtigsen Unrechtsstaat der Welt Verständnis zu wecken: In einem Fernsehinterview anläßlich der Verurteilung des 29jährigen russischen Schriftstellerrs Wladimir Bukowskij zu zwölf Jahren Freiheitsentzug wegen »Untergrabung und Schwächung der Sowjetmacht« sah sich Böll als Präsident der internationalen Schriftstellervereinigung PEN außerstande, gegen dieses Terrorurteil zu protestieren.
Böll, dessen Werke in der Sowjetunion in einer Auflage von zwei bis zweieinhalb Millionen Büchern verbreitet sind, bemerkte in demselben Interview indes, »daß wir mit unserem westlichen Begriff der Freiheit cin bißchen zu arrogant umgehen«.
Es täte uns allen gut, von Herrn Böll einmal ganz klar und unmißverständlich diese Wahrheit zu hören: Es gibt nicht zwei Arten von Freiheit, eine für westliche Schriftsteller und eine andere für Intellektuelle im Machtbereich Moskaus, die Wahrheit, daß Freiheit unteilbar ist, daß die Alternative zur Freiheit nur Unfreiheit, Unterdrückung und, wie für Hunderte sowjetischer Intellektueller, Mißhandlung und langsame Ermordung im Irrenhaus bedeutet. Wer wie Heinrich Böll oder auch Professor Brückner und Gesinnungsgenossen ein solcherart gespaltenes Gewissen zeigt, der ist auf die Dauer eine größere Gefahr für uns als Ulrike Meinhof und ihre Schießgesellen.
»Schweigen wir also vom Staat, bis er sich wieder blicken läßt«, sagte Heinrich Böll vor sechs Jahren. Es wird Zeit, daß er sich wieder blicken läßt, wenn unser Staat und unser aller Sicherheit nicht in die Brüche gehen sollen. Und dazu gehört mehr, als FDP-Innenminister Hans-Dietrich Genscher getan hat, als er sich damit brüstete, er bezeichne Baader, Meinhof & Co. als »Bande« und nicht, wie viele Freunde seiner Regierungskoalition, verharmlosend als »Gruppe«.

Oberhessische Presse

Kirchhain-Betziesdorf (nh). In einer Veranstaltung der CDU in Betziesdorf, die vom Ortsvorsitzenden Detlef Schmidt eröffnet und von Rektor R. Stöber geleitet wurde, sprach der Landtagsabgeordnete Friedrich Bohl über aktuelle politische Fragen.
MdL Bohl bezeichnete dabei den Artikel des Schriftstellers Heinrich Böll im »Spiegel« über die Bader-Meinhof-Bande als Skandal. Die Gleichsetzung der Verfolgungen durch den NS-Staat mit der Verfolgung der Baader-

Meinhof-Bande durch die rechtsstaatlichen Organe der Bundesrepublik sei besonders peinlich. Böll verharmlose in unverantwortlicher Weise die Baader-Meinhof-Bande und versuche die »Gesellschaft«, das »System«, als die eigentlichen Schuldigen hinzustellen. Böll, der sich gleichzeitig gegenüber den brutalen Urteilen gegen kritische Schriftsteller in der Sowjetunion kritiklos verhalte, diffamiere damit den Rechtsstaat und stelle die Existenz und Legitimation der Demokratie in Frage. (gekürzt)

Bistumszeitung Münster

Gefährliche Ansichten eines literarischen Clowns

Nichts gegen die Freiheit der Schriftsteller im allgemeinen und gegen die literarischen Clownerien von Heinrich Böll im besonderen. Doch auch dann, wenn man diesem eigenwilligen Mann ein hohes Maß politischen Unverständnisses zugute hält, wo seine Sprache zum »Gesabbere« wird (eines seiner eigenen Worte), wird er sich Kritik und Belehrung gefallen lassen müssen.

...

Mag sein, daß Böll sich damit tröstet, die Vertreter aller politischen Richtungen in der Bundesrepublik hätten sich angesichts seiner Forderung nach freiem Geleit für Ulrike Meinhof von ihm und von der rechtsstaatlichen Vernunft abgekehrt, die nunmehr als einzigen Liebhaber nur noch den einsamen Heinrich Böll kennt. Mag sein. Für Böll wäre die Verwirklichung dieser absurden Forderung ohnehin nicht von Belang. Er kann ja notfalls rechtzeitig ausreisen, wenn es in unserem Staats- und Gesellschaftsgefüge zu krachen beginnt, weil Recht und Gesetz nicht mehr geachtet werden. Der von Böll angeblich gehätschelte kleine Mann ist in Wirklichkeit der dann Bedrohte, weil nichts und niemand ihm Sicherheit und Gerechtigkeit verleihen können. (gekürzt)

berliner EXTRA-dienst

Dokumentation

»Sie haben durch Ihre mutigen Stellungnahmen zur Erhellung der inneren Situation unserer Gesellschaft entscheidend beigetragen. Dank und Solidarität!« Dieses Telegramm schickten die Teilnehmer der Westberliner Regionalversammlung der Christlichen Friedenskonferenz, die am Wochenende in Schlachtensee tagten, an Heinrich Böll. (gekürzt)

Aufregend!

Millionen kennen sie vom Fernsehen – hilft sie der Baader-Meinhof-Bande?

Jeder konnte sie neulich im Fernsehen in einer Sendung über „antiautoritär" erzogene Kinder sehen: Monika Seifert, Psychologin, Tochter des weitbekannten Psychologen Professor Alexander Mitcherlich. Monika Seifert hält unerhört viel von der „antiautoritären Kindererziehung". Kinder, denen niemand sagt, was sie tun sollen, werden nach Meinung dieser vom Fernsehen ganz groß herausgestellten Dame überhaupt erst richtige Kinder. Und danach richtige Erwachsene.

Wir anderen, die von unseren Eltern denn doch noch ein bißchen erzogen worden sind, wir anderen Erwachsenen sind dagegen nach Meinung von Mitcherlich-Tochter Monika Seifert wohl ziemlich verklemmte Menschen.

Wie der Zufall so spielt: Im Düsseldorfer Prozeß gegen das Mitglied der Baader-Meinhof-Bande, Karl-Heinz Ruhland, sind jetzt endlich einige Namen derjenigen „angesehenen Bürger" genannt worden, die mit der Baader-Meinhof-Bande angeblich sympathisieren und ihr sogar helfen. Und siehe da: Auch die Tochter des Professors Mitcherlich, die Vorbeterin der antiautoritären Erziehung, wurde von dem Angeklagten genannt! Sind etwa solche Verbrecher wie die Mitglieder der Baader-Meinhof-Bande der Typ des Erwachsenen, den die Dame Seifert für die idealen Erwachsenen hält? Sind die Mitglieder der mordenden, raubenden, erpressenden Baader-Meinhof-Bande der ideale Mensch, für den sie sich einsetzt?

Es ist zu befürchten, daß eines Tages auch Kinder, die nach Monika Seiferts „antiautoritärer" Erziehungsmethode aufgewachsen sind, zu „lieben" Erwachsenen geraten könnten, die nicht wissen, was mein und dein ist, die nicht wissen, was erlaubt und was verboten ist, die nicht gelernt haben, auch mal zu verzichten oder zu teilen, die haben, haben, haben wollen – und wenn ein Mensch im Wege ist, diesen Menschen notfalls vielleicht auch mal umbringen.

Die Baader-Meinhof-Bande hat schon gemordet. Wenn die Mitglieder der Baader-Meinhof-Bande die lieben Schützlinge der antiautoritären Erzieherin Monika Seifert sind, dann darf sicherlich der Rückschluß gezogen werden: Diese Psychologin hat genauso auch das falsche Bild von Kindern vor Augen.

Diese Dame macht mit Sicherheit bei der Erziehung von Kindern zu Erwachsenen den größten Mist.

Und für solche Leute machen – weit linksstehende – Redakteure beim Fernsehen in langen Abendsendungen auch noch Reklame! Übrigens: Auch ein WDR-Redakteur unterstützte nach Aussage des Angeklagten Ruhland die Bande: Gerhard Reitschert aus Köln. Und ein Professor aus Hannover: Peter Brükner. Und ein katholischer Pfarrer aus Beuenkirchen bei Oldenburg: Kurt Kaiser. Und . . ., und . . . wer wohl noch alles? Wir werden sehen.

Gegen sie alle laufen Ermittlungsverfahren. Es wird auch Zeit, daß Leuten, falls sie solche Verbrechen unterstützen, die Maske vom Gesicht gerissen wird. Es wird Zeit, daß die besserwissende Psychologin Monika Seifert sich bei uns nicht mehr im Fernsehen aufspielen und uns Vorschriften machen darf, wie wir unsere Kinder zu erziehen haben – falls Monika Seifert so eine ist, die die Baader-Meinhof-Bande unterstützt.

Denn wir – das mußte jetzt vor Gericht als Baader-Meinhof-Freundin genannte Psychologin Monika Seifert sich sagen lassen – wir erziehen unsere Kinder zu ordentlichen Menschen. Wir mögen Verbrecher nicht und würden Verbrechern nie helfen, sondern zu ihrer Verhaftung beitragen, damit nicht weiter gemordet werden kann. Und wir achten bei der Erziehung unserer Kinder darauf, daß sie möglichst niemals auch nur in Berührung mit so schlechten Menschen wie der Baader-Meinhof-Bande kommen.

Was meinen Sie dazu?

Bitte schreiben Sie an:
Redaktion PRALINE, 2 Hamburg 1, Burchardstr. 11

2 praline

Frankfurter Allgemeine Zeitung, Dolf Sternberger

Böll, der Staat und die Gnade

Reden wir nicht mehr von Baader und Meinhof, von Gruppe oder Bande! Reden wir von Heinrich Böll! Dieser Schriftsteller ist eine Macht im Lande, obwohl er das ganz und gar nicht wahrhaben will. Er sieht sich gern als bedrängt, bedrückt, zu Unrecht angegriffen, beinahe als verfolgt. Er schreibt im »Spiegel«, in der »Süddeutschen Zeitung« und anderwärts, alle Welt diskutiert seine Äußerungen, er wird im Bundestag zitiert. Eine Korporalschaft amtierender Minister hat Stellung bezogen, er kann sich vor Interviews nicht retten, die Frager wissen ihn selbst auf Reisen und beim Essen ausfindig zu machen.

Er aber bildet sich allen Ernstes ein, ringsum nur beleidigt und verleumdet zu werden. Es ist kein Größenwahn, was ihn ergriffen hat, sondern ein Kleinheitswahn, aber ein großer. Er kündigt einem Sender die Mitarbeit auf, worin ein Kommentator ihn ein bißchen kritisiert hat, und er straft Zeitungen, in denen ein anderer seiner Kritiker etwa künftig schriebe, mit dem Entzug seiner eigenen Beiträge. Von diesem fühlt er sich derart gekränkt, daß er ihn gern aus dem PEN-Club entfernt sähe. Er schlägt um sich, mit trauriger Miene. Er stellt eine Macht dar, er hat Macht. Wer weiß, was er täte, wenn er noch mehr hätte? Aber er lebt in dem falschen Bewußtsein, eine arme Kreatur zu sein. Nicht daß er Macht hat, ist das Unglück, sondern daß er sich um keinen Preis dazu bekennen will. Täte er es, ginge ihm endlich auf, welche gesellschaftliche Stellung er tatsächlich einnimmt, so wäre auch Aussicht, daß er diese seine Macht verantwortlich ausübte.

Zu seinem »Spiegel«-Artikel wider Springer und die Bild-Zeitung ist inzwischen fast alles schon gesagt worden, was irgend eingewendet werden kann. Böll hatte dort an die ehedem Verfolgten appelliert, sich an ihre eigenen Bedrängnisse zu erinnern: so sollten sie auch für die verfolgten Baader und Meinhof und Genossen ein Mitgefühl aufbringen. Daß er also jene Verfolgung und diese Fahndung in Vergleich zog, ist unterdessen – von dem Düsseldorfer Minister Posser – korrigiert worden. Zu wenig Aufmerksamkeit aber hat man einem anderen Vergleich gewidmet: Sein Appell wollte auch zu bedenken geben, daß die damals Verfolgten ein ganzes »System« ablehnten und bekämpften – ganz wie Baader, Meinhof und Genossen, die ebenfalls ein ganzes »System« ablehnen und bekämpfen.

Darin steckt die eigentliche Verwirrung, Verworrenheit, Verwischung; das ist unverantwortlich. Muß man es aussprechen und ausführen? Daß das eine »System« dasjenige eines Unrechtsstaates und einer Gewaltherrschaft, das andere, gegenwärtige aber das eines Rechtsstaates und einer Verfassungsordnung ist? Mag Böll uns doch als Pharisäer verschreien dafür, daß wir auf diesem Unterschied der »Systeme« bestehen und daran festhalten, daß der Verfassungsstaat das bessere von ihnen ist! (Nicht das schlechthin gute, eher das bessere, das weit bessere.) Wir wollen es tragen. Mag er in der Rolle des Zöllners agieren! Der Zöllner des Evangeliums hat sich freilich nicht wider den Pharisäer empört, sich schon gar nicht über ihn erhoben.

Er habe »für Gnade plädiert«, schreibt er in einer seiner Repliken; das sei ein »schreckliches Vergehen«, heißt es mit etwas larmoyantem Sarkasmus; und dies in einem Lande, wo das Beiwort »christlich« in der Politik so reichlich gebraucht werde (er selber hat es etwas anders ausgedrückt, kölnisch-witzelnd). Es klingt, als lebten wir noch unter Adenauer. Hat er's verschlafen, daß nicht der Buchstabe »C«, sondern der Buchstabe »S« an die Spitze gerückt ist, die Regierungsspitze? Mönch, wach auf! Er bekenne sich des Mitleids schuldig, schreibt er an einer anderen Stelle, und das sei wohl ein Vergehen in einer Gesellschaft, »die sich weitgehend christlich definiert«. Das ist der alte Böll, der an den Ministerröcken zupft, als wären's Priestersoutanen. Er spricht auch das Wort »Demokratie« in einem heilig-wehen Ton aus, als käme es in der Bergpredigt vor. Da liegt seine Ur- und Grundverwechslung. (Er habe vielleicht zu viel »demokratisches Selbstverständnis« vorausgesetzt beim deutschen Publikum, schreibt er obendrein, ein bißchen zöllnerisch und ziemlich pharisäisch.) Die Demokratie ist aber nicht durch die Bergpredigt begründet worden, und der Verfassungsstaat ist nicht das Reich Gottes. Er wäre es auch dann nicht, wenn die Objekte Böllschen Zorns fehlten: die Bild-Zeitung, Springer, Flick oder Strauß. Die Bergpredigt ist ein Korrektiv des Staates, vielleicht das Gericht über den Staat, aber gewiß nicht sein Fundament.

Auch der »demokratische« Staat ist ein Staat, und zwar der unsrige. Und der Staat ist kein Brei aus Mitleid, Ressentiment und Müllabfuhr. Für Gnade kann erst plädiert werden, wenn dem Recht Genüge geschehen ist. Die Nürnberger hängen keinen, sie fingen ihn denn zuvor, und sie können auch keinen begnadigen, der nicht zuvor verurteilt wäre. Es gibt keinen Gnadenstaat, wohl aber einen Rechtsstaat. Daran kann auch kein »C« in irgendwelchen Parteinamen etwas ändern. Gib dem Staate, was des Staates ist, Böll! Es kann doch so schwer nicht sein, zumal er nicht von Cäsar regiert wird, auch nicht von Hitler (Wach auf, Mönch!). Es ist eine Art von Staat, bei der man die Führung wechseln kann. Selbst Heinrich Böll könnte es treffen, eines Tages zu regieren. Lieber nicht.

Frankfurter Allgemeine Zeitung, Karl Heinz Bohrer

Staatsräson und Moral

Am Beispiel Bölls

In den letzten Tagen des Streites um Heinrich Böll ist eher beiläufig als vorsätzlich etwas an den Tag gekommen, das vielleicht nicht ganz folgenlos

bleibt, obwohl man immer wieder einmal darauf gekommen ist, der Ernstfall aber jetzt erst richtig eintrat: der beruhigende Gedanke vom Dichter, der nur als Dichter sprechen soll, nicht aber über anderes – es sei denn, er täte das dann als Jurist, Politiker, Pädagoge, Arzt. Dieser Gedanke enthält eine ganz verständlich-ordentliche Zuordnungs- und Aufräumungsabsicht, wonach ein Dichter dichtet und ein Jurist richtet, das heißt, der Dichter richtet nicht und der Jurist dichtet nicht, wenngleich viele Dichter Juristen waren. Böll ist kein Jurist, weswegen seinen Bemerkungen über politische Affären jede advokatorische, ja überhaupt jede zweckrationale Argumentation mangelt. Sie sind eher ein Geröllfeld, eine Steinhalde moralischer Motive, die später einmal wieder in einem Roman auftauchen könnten. Der richtende Jurist gibt dem dichtenden Dichter deshalb meist und im allgemeinen durchaus viel Reverenz, räumt ihm, wie gesagt, auf Arbeitsteilung bedacht, immer den Ehrenplatz ein – solange der Dichter nur dichtet.
Aber der Dichter dichtet nicht nur, er richtet auch, das tun wir alle. Wir alle haben Vorstellungen darüber, ob etwas gerecht oder ungerecht ist, in einem Streitfall etwa, aber auch bei höheren Anlässen. So auch der Dichter. Wenn er einkaufen geht oder die Zeitung liest oder in einem Restaurant sitzt, dann hat er wie jeder andere auch seine Meinungen und Urteile. Diesen Urteilen aber wird, sobald sie öffentlich werden, vom – bleiben wir bei unserem Beispiel – Richter von jeher besonders mißtrauisch zugesehen, und im Zweifelsfalle gilt eine Faustregel: Was immer der Dichter außerhalb seines Dichtens meint, ist falsch, besonders falsch, wahrscheinlich noch falscher als das Urteil normaler Leute. Mit dem Urteil von Fachleuten läßt es sich ohnehin nicht messen. Und darüber hinaus: Schon Plato warnte in seinem »Staat«, daß die Dichter konstitutionelle Lügner seien, daß man sich vor ihrer Phantasie hüten müsse. Sie sei dem Staat gefährlich. Das hat so sehr gewirkt, daß manche Dichter selbst betonen, daß sie, in politischen Angelegenheiten sprechend, ganz gewöhnliche Bürger seien, daß man ihre Ansichten nur als die politisch nachdenklicher Zeitgenossen zu bewerten habe, als nichts anderes.
Diese Bescheidenheit übersieht wahrscheinlich eilfertig ein Problem, das, einmal durchdacht, den Schluß nahelegt, daß diese Teilung zwischen dichterischem und nichtdichterischem Subjekt unmöglich ist. Nehmen wir ein unverdächtiges Beispiel: Dostojewskij Dostojewski stieß auf den Stoff Raskolnikow, aus dem er den Roman »Schuld und Sühne« machte: den Konflikt im gemarterten Gehirn des Verbrechers, der einen Mord beging, um sich zu beweisen, daß er keine abhängige Kreatur, sondern ein Überlegener sei, jenseits von Gut und Böse. Er muß begreifen, daß seine spekulative Rechnung moralisch nicht aufgeht, daß er eben nur eine alte Frau getötet hat.
Unsere Frage lautet: Würde das moralische Problem, das sich der Schriftsteller Dostojewski stellte, auch nur einen Hauch anders lauten, hätte er darüber nicht einen Roman, sondern einen Zeitungsartikel verfaßt? Keines-

wegs. Das Ergebnis wäre nur kein Kunstwerk, dafür aber möglicherweise das größere Ärgernis für die Justiz. In beiden Fällen aber bliebe es die Perspektive des Dichters Dostojewski, so unterschiedlich auch das Ergebnis in seinem sprachlichen Ausdruck sein mag. Die Dringlichkeit der moralischen Anfrage bleibt dieselbe, im Kunstwerk und im Alltag.

Man darf verallgemeinern: Moralische Fälle des Alltags sind geradezu bevorzugter Gegenstand des Dichters, und deshalb kommt auch der knifflige, der kasuistische Engpaß: Ist der Dichter wirklich nichts anderes als ein Bürger, wenn er sich prosaisch über einen Alltagsfall äußert? Seine Besonderheit liegt doch wohl im moralischen Wahrnehmungsvermögen, unabhängig von der Art, wie er ihm Ausdruck verleiht. Der bürgerliche Romanschriftsteller liest in der Zeitung oder hört durch Bekannte von einem Thema, einem Stoff, der ihn bewegt, ihm mehr abverlangt als den beruflich damit befaßten Leuten. Er reagiert »moralisch« auf einen Stoff. Ganz besonders sind es stets Kriminalfälle gewesen, hinter denen der Romandichter den moralischen Aspekt entdeckte.

Deshalb also: Dostojewskij nahm an Raskolnikow, einem reinen Kriminalfall, den moralischen Fall wahr. Schiller nahm an den »Räubern«, einem rein kriminalen Fall, den moralischen Fall wahr. Büchner nahm an Woyzeck, einem rein kriminalen Fall, den moralischen Fall wahr. Handke nimmt am »Tormann«, einem rein kriminalen Fall, den moralischen Fall wahr. Böll nimmt am »Ende einer Dienstfahrt«, einem rein kriminalen Fall, den moralischen Fall wahr. Was heißt das für unsere Frage? Es heißt, daß der Schriftsteller, der bürgerliche Schriftsteller jedenfalls, den wir seit Beginn des 19. Jahrhunderts kennen und einer von dessen Erben gerade ein Künstler wie Böll ist, eine notorische Beziehung zu moralischen Fragen des Alltags hat. Diese Beziehung ist nicht ein Zusatz. Es ist vielmehr eine substantielle Bestimmung, ein Definitionsmerkmal.

Böll hat das gemeint, wenn er in seiner letzten, gespielten Armsünderverlautbarung im »Spiegel« über Wörter wie »Gnade« und »kriminell« schrieb: »Ich muß als Autor in diesen Begriffen andere Dimensionen sehen, als ein Polizeibeamter, Jurist und Minister sie notwendigerweise sehen muß.«

Wenn das aber so ist, dann ist jene angedeutete, dem Künstler immer wieder zuerkannte Arbeitsteilung unlogisch. Sie ergibt sich keineswegs aus der Notwendigkeit der Sache, sondern nur aus der Wünschbarkeit und wahrscheinlich auch Notwendigkeit für den Staat. Anders ausgedrückt, die Kompetenz des Schriftstellers für moralische Fragen des Alltagslebens wird nur dann in Zweifel gezogen werden, wenn sein Diktum der Staatsräson nicht wünschbar oder gefährlich erscheint. Das Pochen auf die Staatsräson ist heute schwieriger als früher und in ihrer letzten Konsequenz den heutigen Staatsphilosophien weniger möglich als dem aristokratischen Plato. Plato unterschied nicht zwischen künstlerischer und nichtkünstlerischer Kompetenz, sondern verurteilte ganz folgerichtig die Kunst überhaupt.

Wer aber die Kunst nicht eindeutig verwirft wie Plato, gerät notwendiger-

weise in das angedeutete Dilemma zwischen Räson und Moral, das dann nur noch formalistisch, das heißt scheinbar gelöst wird: indem man die Zuständigkeit teilt.
Es gibt allerdings noch einen eleganteren, einen intelligenteren Vorschlag zur Lösung aus der Sackgasse. Es gibt die berühmte, immer wieder für derlei Fälle herbeigeholte Webersche Unterscheidung zwischen »Verantwortungsethik« und »Gesinnungsethik«. Hier wäre die moralische Herausforderung selbst angenommen, ohne sie gegen die Staatsräson kehren zu müssen: allerdings zumutbar nur für den Staatsmann, nicht für den Dichter. Für den Dichter ist nämlich diese Unterscheidung unwichtig, weil sie rein funktionalistisch ist, einem schon selektierenden politischen Interesse entspringt. Was dem des Dichters völlig widerspricht, dem Moral unteilbar erscheint.
Aus dem bisher Überlegten ergibt sich: 1. Die Moral des Dichters ist zwar von dieser Welt (subjektiv, und nicht kategorial), aber nicht unbedingt für diese Welt. 2. Die Staatsräson ist zwar nicht von dieser Welt (transsubjektiv, kategorial), aber unbedingt für diese Welt. 3. Jede ist innerhalb des angenommenen Systems von gleicher Dignität.
Alle Eklats zwischen Dichter und Öffentlichkeit entstanden dadurch, daß des Schriftstellers notorisches Interesse an moralischen Alltagsfragen nicht mehr verdeckt in seinen Büchern stand, sondern aus den Büchern heraustrat. Er verwandelte sich da nicht plötzlich in einen Bürger, der er ohnehin schon immer war, sondern seine Wahrheit als Dichter wurde nur deutlicher: er steht in keiner prästabilisierten Harmonie mit dem Volk, so gern manche und vielleicht auch er selbst an Feiertagen das denken möchten. Das Gegenteil ist der Fall. Deshalb muß man auch das Märchen von der repräsentativen Rolle des Dichters in der Gesellschaft endlich als Märchen erkennen: trotz Zola, dessen J'accuse-Geste advokatorische Qualität hatte. Wenn manche Leute das noch gern hätten, dann muß der Schriftsteller selbst die Mär beenden.
Die Moral aus konkretem Anlaß wäre, Heinrich Böll sollte nicht fortfahren, aus Kränkung und Verletztheit eine Art Märtyrerrolle zu suchen. Er hätte von seinem Selbstverständnis her niemals für eine offizielle Institution deutsche Kulturwerbung machen dürfen. Diese Kulturwerbung aber aufzukündigen, weil plötzlich offenbar wird, was schon längst offenkundig war, daß nämlich sehr viele Leute ihn und seine Gedanken notwendigerweise ablehnen müssen, ist nicht nur eine Inkonsequenz gegenüber all denjenigen, die ihn im In- und Ausland verteidigen und hochschätzen, sondern eine arge Verkennung seiner Rolle als Dichter. Er sollte den Gegensatz zu seinen Kritikern, die aus anderem Blickwinkel schauen, aushalten. Er brauchte nur sich, sonst niemanden zu repräsentieren.

2. Februar 1972 · BILD · Seite 3

NRW-Ministerpräsident Heinz Kühn (r.) und Oppositionsführer Heinrich Köppler gestern bei „BILD kämpft für Sie"

Kühn und Köppler kämpften für BILD-Leser

Das Westdeutsche Fernsehen Köln plante für den 4. 2. 72 eine Fernsehdiskussion, an der Heinrich Böll, einige Politiker und Publizisten teilnehmen sollten. Bis auf Frank-Planitz und Heinrich Böll mußten alle Beteiligten absagen, so daß die Diskussion nicht zustande kam.

Rudolf Woller zum Beispiel, weil er dem Intendanten des ZDF schon versprochen hatte, das ZDF bei der Veranstaltung »Mainz bleibt Mainz« zu repräsentieren.

Johannes Gross, weil er am Freitag, dem 4. 2., dem Empfang anläßlich des 75. Geburtstages von Ludwig Erhard beiwohnen mußte.

Ernst Benda erschien der augenblickliche Zeitpunkt verfrüht, da er erst kurz in seiner neuen Position als Präsident des Bundesverfassungsgerichts tätig ist.

Willy Weyer hatte keine Zeit.

Herbert Walden gab gar keinen Grund an.

Donnerstag, 3. Februar 1972

Süddeutsche Zeitung, Heinrich Böll

Gib Alarm!

Für Ulrich Sonnemann

Gib Alarm
Sammle Deine Freunde
nicht
wenn die Hyänen heulen
nicht
wenn der Schakal Dich umkreist
oder
die Haushunde kläffen
nicht
wenn der Ochs unterm Joch
einen Fehltritt tut
oder der Muli am Göpel stolpert
Gib Alarm
Sammle Deine Freunde
wenn die Karnickel die Zähne blecken
und ihren Blutdurst anmelden
Wenn die Spatzen Sturzflug üben
und zustoßen
Gib Alarm.

National-Zeitung, DDR, Müller

Kampfansage an Springer-Presse
Heinrich Bölls »Nein« zum scheinheiligen Demokratie-Spiel in der BRD

Springers »Welt« hat nun, nachdem ihr das Wirken von Lammerding, Lübke und Kiesinger jahrelang verborgen geblieben war, endlich einen Faschisten entdeckt: das ist der Schriftsteller Heinrich Böll, Präsident des Internationalen PEN-Zentrums. »Was er (Böll, G. M.) befürwortet und was er duldet . . ., das ist nackter Faschismus«, schrieb in der »Welt« ein gewesener Schriftsteller namens Hans Habe, und: »Faschismus wäre es, wenn Präsident Böll auf seinem Posten verharrte.«
Das war Springers Antwort auf einen begründeten Angriff Bölls gegen die Massenmanipulation und Verdummung, die Springer in seinen Zeitungen betreiben läßt.
. . .

Böll hielt in erneuten Verlautbarungen seine Anklagen gegenüber der Springer-Presse aufrecht. Er kündigte seine Vertragsbeziehungen zu Ullstein, der mit dem Springer-Konzern liiert ist. Er weigerte sich, künftig für irgendeine Institution der BRD als »kultureller Eisbrecher im Ausland« aufzutreten.
Das ist Bölls bisher konsequentestes »Nein« zum scheinheiligen »Demokratie-Spiel« in der BRD-Gesellschaft, ein Ausbruch in Richtung auf eine humanistische Position, deren Koordinaten nicht mehr innerhalb der bürgerlichen Gesellschaft liegen. Böll vollzieht ihn offensichtlich in der Erkenntnis, daß es nicht genügt, diesen Standpunkt literarisch zu fixieren, sondern daß man es auch politisch tun muß.
Heinrich Böll hat sich, als er bereits einen hohen Gipfel des Ruhmes erreicht hatte, wie eine seiner Erzählungen heißt, »von der Truppe entfernt«, und deshalb jagt Springers Hundemeute ihm kläffend nach. (gekürzt)

Freitag, 4. Februar 1972

Die Zeit, Heinrich Böll

Offenbarungseid

Im Zusammenhang mit gewissen Polemiken (über die, wie ich finde, das Gras freiheitlich-demokratischer Grundordnungen wachsen sollte) wurde hier und da die hohe Auflage meiner Bücher in der Sowjetunion erwähnt.
Wie der amerikanische Literaturwissenschaftler Henry Glade erforscht hat, kann man von insgesamt etwa 2 300 000 Exemplaren ausgehen. Nicht eingeschlossen sind darin Abdrucke in Zeitungen, Zeitschriften, Radiosendungen, Fernsehbearbeitungen und die Vorabdrucke einiger meiner Romane in den sowjetischen Zeitschriften »Nowy Mir« und »Inostrannaja Literatura«, die eine sehr hohe Auflage haben. Rechnet man diese Vorabdrucke hinzu, käme man vielleicht auf 3 000 000.
Nun ist ja bekanntlich Geld das große Ideal der westlichen Welt, der Traum vom großen Geld der einzig wahre westliche Traum, und so unterstellt man in den verschiedenen Polemiken zwar nie direkt (das tun *gentlemen* nicht besonders, wenn's um Geld geht), aber indirekt, daß hohe Auflage großes Geld bedeute, ich deshalb nicht nur bestechlich, sondern schon bestochen sei.
Schon eine Voraussetzung ist falsch: daß irgendein westlicher Autor irgendeinen Einfluß auf die Höhe seiner Auflage haben könnte. Falsch ist auch die zweite Voraussetzung: hohe Auflage gleich großes Geld. Wider alle Gepflogenheiten möchte ich hier ein paar Zahlen offenbaren.
Bekommen oder zu bekommen habe ich insgesamt für diese stattliche Auflage 13 500 Rubel, auf ein Konto in Moskau (für die, die es genau wissen

wollen: bei der Zweigstellen-Sparkasse im Hotel Moskwa). Rechnen wir zu der genannten Summe noch einmal 3 500 Rubel hinzu, die ich möglicherweise eingesteckt, bei vier Aufenthalten in der Sowjetunion ausgegeben und nicht notiert haben könnte. Das wären 17 000 Rubel.
Laut Erkundigungen bei einem Kölner Reisebüro von internationalem Ruf und vier verschiedenen Kölner Banken sind dort Rubel (sowjetischerseits illegal, versteht sich) zu haben zu folgenden Preisen: 0,76 DM, 0,78 DM, 0,80 DM, 0,84 DM (Stand vom 20. 1. 1972).
Täte ich oder hätte ich getan, was ich nie tun werde und nie getan habe, steckte ich meine Rubel in ein Köfferchen und tauschte sie im Heiligen Köln bei einer seiner Heiligen Banken um, so käme ich oder wäre ich gekommen, je nachdem, bei welcher Bank ich zuerst Einkehr gehalten hätte, auf eine Summe zwischen 12 920 und 14 280 DM.
Aber auch diese Zahlen sind unrealistisch, denn die Banken und das Reisebüro notieren nur »Verkauf«, nicht »Einkauf«; und normalerweise läßt man, wenn man ausländische Währung verkauft, ein paar Härchen bei den Wechslern. Diese Härchen könnten 800 bis 1000 DM ausmachen, aber lassen wir das, wir sind großzügig.
Nicht nur keinen Rubel, nicht eine Kopeke habe ich bisher bekommen für die verschiedenen Dramatisierungen meines Romans »Ansichten eines Clowns«, der – wie man mir erzählt – seit Jahren vor ausverkauften Häusern läuft. Da die Sowjetunion nicht der Berner Konvention angehört, ist das möglicherweise schmerzlich, aber normal, und wer sich der Auseinandersetzungen um Solschenizyns »August 1914« erinnert, mag möglicherweise zu der Einsicht kommen, daß ein Autor hier und da gleich machtlos ist.
Ich kann hier nicht die komplizierte Rechnung aufstellen, wieviel ein Rubel in Moskau wert ist. Wieviel er hier wert ist, haben die Kölner Banken und das Reisebüro kundgetan. Man kann beispielsweise in einem Moskauer Hotel für anderthalb Rubel sehr gut frühstücken, und da ich ein Frühstücksmensch bin, erscheinen mir 11 333 Frühstücke als enorm. Für einen Sowjetmenschen sind 17 000 Rubel ein stattlicher Brocken; für jemanden, der 150 Rubel im Monat verdient, bedeutet das runde 113 Monate, also fast zehn Jahre Arbeit. Nun sind aber auch 2 300 000 Bücher eine stattliche Menge Bücher.
Ich betone ausdrücklich: dies soll keine Klage sein. Kein noch so kleines Lamento. Beklagenswert ist der vertraglose Zustand. Noch beklagenswerter ist, daß Solschenizyn und andere Autoren in der Sowjetunion nicht gedruckt werden. Ich freue mich darüber, daß meine Bücher in der Sowjetunion erschienen sind und daß man sie offenbar den respektiven Lesern nicht aufzwingen muß. Ich finde das schmeichelhaft bei einem Volk, das zu seiner eigenen, großen und großartigen Literatur ein so inniges Verhältnis hat und das eine enorme Lese-Sensibilität entwickelt hat. Ich hoffe, er erscheinen dort noch mehr Bücher von mir, und ich hoffe, der vertraglose Zustand wird eines Tages beendet sein.

Einmal – vor etwa zehn Jahren – habe ich ein Honorar in DM überwiesen bekommen; es muß irgendwo in meinen »Büchern« stehen. Ich weiß die Höhe der Summe nicht mehr, weiß nicht einmal mehr, wofür das Honorar war. Nehmen wir an, es waren 3 000 DM. Wahrscheinlich war es weniger.
Nun ergibt sich die phantastische Gesamtsumme von 17 280 DM.
Zum Vergleich: Mein Anteil am Vorschuß für 100 000 Exemplare der Taschenbuchausgabe meines letzten Romans beträgt 13 500 DM. Das weitere mögen die Rechenexperten herausknobeln.
Es ist absurd, wider alle Regeln, es ist absolut nicht *gentleman-like,* öffentlich über Geld zu sprechen. Es ist nicht fein, aber ich beschmutze mich, indem ich derartige Details mitteile, gern, und ich betone noch einmal ausdrücklich: ich freue mich über und auf die sowjetischen Leser.
Dieser Offenbarungseid hat nur eine große Gefahr: daß sich einige Leute totlachen. Ich meine, einige Leute da an Rhein und Ruhr, Isar und Moskwa. Ich möchte nicht, daß sie sich totlachen. Es gibt schon Tote genug.
Weiterer Vergleich: Ich glaube, ein Rundfunk- und Fernsehkorrespondent in Moskau kostet runde 10 000 DM monatlich, und was so ein verdienstvoller Mensch wie der Herr Löwenthal beim ZDF monatlich einnimmt, mag ich gar nicht wissen. So ein aufrechter Mensch ist doch gar nicht mit Geld zu bezahlen, es wäre schon fast eine Blasphemie, ihn mit Gold aufwiegen zu wollen. Da müßte schon Platin her, besser noch: Mondgestein. Schweigen wir von Hans Habe und Krämer-Badoni, die tun's bestimmt umsonst, aus reiner Liebe für die gute Sache.

DN Deutsche Nachrichten, Adolf v. Thadden

»Jene« Linken

Die Dichter sind es, die ihre Zeit verdichten, ihre Dichtung ist dann der Geist der Zeit. Dem Dichter Böll blieb es daher vorbehalten, mit der Kraft seiner Sprache unsere Zeit zu verdichten, die vielfältigen Geschehnisse zusammenzufassen und als Dichtung zu Papier zu bringen. Das dem Dichter wertgemäße Papier war Spiegel-Papier. Und darauf lasen wir vor zwei Wochen den Verteidigungsschrei des Dichters Böll zugunsten der von der heutigen Gesellschaft geschundenen Kreaturen. Der Dichter Böll verteidigt die Baader-Meinhof-Bande, und die ganze linke Schickeria von der Hamburger »Zeit« über die »Frankfurter Rundschau« bis zur »Süddeutschen Zeitung« steigt prompt ein. Die intellektuellen Edelinge unserer Zeit im Kampf um die Ehre der Polit-Kriminellen unserer Zeit.
Vor 170 Jahren Goethe und Schiller, vor 70 Jahren Fontane und Rilke, heute Böll und Enzensberger. Jede Zeit hat ihre Dichter. Der Weg in die lichten Höhen deutschen Geistes ist deutlich aufgezeigt.
Zwei Wochen nach Bölls Spiegel-Dichtung brachte der vorzügliche Genosse Ruhland in Düsseldorf die Wahrheit. Und das staunende Volk erfuhr, daß

der Dichter mit der geistigen Kraft seines Wortes die Wahrheit vorausgesagt hatte.
Von dem hannoverschen Soziologen Brückner wurde im Zusammenhang mit der Baader-Meinhof-Bande schon vor Monaten berichtet. Aber welcher Polizist wird schon so blöd sein, im SPD-Land Niedersachsen den Freund des SPD-Ministers (Kultus!) Peter von Oertzen sachgerecht zu beschatten und am Ende hochzunehmen. Von dem verschwiegenen Haus bei Polle an der Weser war auch schon vor Monaten die Rede.
Von der Frankfurter Soziologin Seifert-Mitscherlich wurde im Zusammenhang mit der Baader-Meinhof-Bande schon vor Monaten in der hessischen Kripo gesprochen. Aber welcher Polizist wird schon so blöd sein, im SPD-Land Hessen über den Freundeskreis des SPD-Ministers (Kultus!) von Friedeburg Ermittlungen fortzusetzen und deren Ergebnisse festzuhalten. Undenkbar, nur einer Gotteslästerung vergleichbar, der Tochter des berühmten Professors Mitscherlich, der SPD-Genossin (Fachrichtung Hessen-Süd) so auf die Finger zu sehen, wie dies erforderlich gewesen wäre. Professor Mitscherlich, Adorno, Horckheimer, Habermas, die Saat der Herren geht auf.
Die Schüler der Hohenpriester der berühmten »Frankfurter Schule« sind flügge geworden und arbeiten selbständig. Daniel Cohn-Bendit, von den Damen unserer Schickeria bei der Buchmesse 1968 in Frankfurt im wahren Sinne des Wortes zur Brust genommen, organisiert die Verteidigung der von »Tito-Faschisten« verhafteten Bombentransporteure. Genosse Mandel, sein Freund und Spezi aus gemeinsamen Tagen im Mai 1968 in Paris, wird an die »freie« Universität Berlin auf einen Lehrstuhl berufen. Der SPD-Kultussenator Stein ist für das Gehalt zuständig. Ein echter Bolschewik (Fachrichtung: Trotzkist oder auch Richtung Hessen-Süd der SPD) besteigt ein Universitätskatheder in Berlin.
Verschreckte Bürger fangen plötzlich an, auf »diese Linken« zu schimpfen. »Diese« Linken sind es aber gar nicht, um die es geht. Es geht um jene, die in Landesministerien sitzen, in den Redaktionen des Rundfunks, des Fernsehens, der Presse. Sie sind es, die den heutigen Zustand herbeigeführt haben. Sie sind der Eisberg, von dem die Baader-Meinhof-Bande nur die kriminelle Spitze ist.

Die Welt, Herbert Kremp

Auf halbem Wege zum Spartakus

Nachdem es nun heraus ist, nachdem der Bürger staunend wahrnehmen muß, daß in seinem Lande nicht nur die Grenzen zwischen Politik und Kriminalität fließend geworden sind, sondern auch die Demarkationslinien zwischen Baader-Meinhof-Bande und linksintellektuellen Gruppen, nach-

dem der Skandal der Geistesverwirrung also aufgedeckt ist, herrscht nicht etwa Scham, sondern blank-blasse Wut im Lager der Ertappten. Hatte man sich doch im Kreise der mitläuferischen Professoren, Literaten und Journalisten gern demokratisch geriert, liberal bis an die Grenzen der Dehnbarkeit, als der personifizierte Anstand der Nation, als neue Priesterschaft. Und nun das enthüllte Gruppenbild. Da muß sich natürlich aller Zorn gegen diejenigen richten, die diese Gruppe Person für Person identifizieren.
Die Medien machen es deutlich. Vornehmlich in den jüngsten Ausgaben des »Spiegel« und der »Zeit« stößt der Chor der Ertappten wilde Beschimpfungen gegen die reaktionären Verteidiger des Rechtsstaates aus, die mit Bölls Baader-Meinhof-Apologetik nicht übereinstimmen wollen, weil diese schlechtweg unverständlich ist. Man könnte darüber hinweggehen, bediente sich die Kunst des Salvierens nicht so aufdringlicher Mittel: Die »Zeit« scheut sich nicht, ihre Entlastungsartikel für Böll mit einem Gruppenbild zu krönen, das den Kölner Autor in der Gesellschaft des Bundespräsidenten zeigt. Gustav Heinemann ist Gott sei Dank ein Mann von Humor und wird sich für die Sippung aus diesem Anlaß trocken-ironisch bedanken. Im Schutz und Schatten der präsidialen Autorität geht es dem (vornehmlich von seinen eigenen Worten verfolgten) Schriftsteller jedoch gleich etwas besser. Er fühlt sich wie zu Hause. Wer veröffentlicht jetzt das Gruppenbild mit Brandt?
Die Angelegenheit hat aber nicht nur komische Züge. Bei den Sozialdemokraten registriert man mit wachsendem Unbehagen, daß die zur Radikalität neigende intellektuelle Linke den Namen ihrer Partei und ihrer Persönlichkeiten wie ein Schutzschild vor sich herträgt. Das in der »Zeit« veröffentlichte Böll/Heinemann-Foto darf typisch genannt werden. Es charakterisiert die Neigung der mit dem Anarchismus sympathisierenden Kreise, von der einst geförderten, teilweise auch schon unterwanderten SPD späten Dank in Form von Erster Hilfe zu fordern. Die Partei gerät dadurch in den Ruch der Kollaboration. Sie hat sich in den Wahlkämpfen seit 1961 immer williger auf die Formulierkünste literarischer Spielkreise eingelassen. Man nannte sie »Wahlkontor«, Minister Schiller wird sich erinnern. Und man fühlte sich in der Partei – ganz Biederkeit – dadurch zunächst geschmeichelt.
Die Bedenken kommen zu spät. Nach 1968, nach dem Straßenterror gegen Springer, die mediale Symbolgestalt des deutschen Wirtschaftswunders, nahm die Sozialdemokratische Partei die akademischen APO-Fähnlein bereitwillig in ihre Reihen auf. Die Jungen änderten den Namen, nicht den Geist, arbeiteten als neue Linke fleißig an der Basis und munterten die alten vor-godesbergischen Marxisten wieder auf. Was die letzten Parteitage zeigten, wird sich im Kampf um die Kandidatenaufstellung für 1973 bestätigen: Die SPD rutscht nach links ab, ihre aktivsten Kader durchbrechen schon die Grenze zwischen Reform und Revolution. Was die neomarxistischen Theoretiker mit den radikalisierten Begriffen der Gleich-

heit und Gerechtigkeit zu begründen versuchen, nimmt die phantasiebegabte Literaten- und Mediengruppe von der Eigenart Bölls begeistert als Fanal der Epoche auf: den Sozialismus als scharfe Tatwaffe gegen die bürgerliche Demokratie.

...

Das Linkskartell mit den fließenden Grenzen, das in seinem ungefähren Umfang nun sichtbar wird, hört der Stunde Schlag. Die SPD-Führung besinnt sich auf den Charaktertypus der Partei, auf den Arbeiter, über den die Radikalen sich heimlich amüsieren. Sie fürchtet die Entfremdung von der Massenbasis, sie will nicht Böll-Partei werden, ihr graut zu Recht vor dem Baader/Meinhof-Etikett. Sie fände solche Kleberei auch ungerecht. Die Radikalen und ihre Propagandisten werden sich jedoch nicht leicht vertreiben lassen. Wenn die SPD-Führung es ernst meint, muß sie kämpfen: gegen die doktrinären Theoretiker, gegen die literarisierenden Sympathisanten und gegen die publizistischen Helfer, die auf dem halben Wege zu Spartakus den Begriff der neuen Mitte placieren wollen. (gekürzt)

Kirchenzeitung Erzbistum Köln, Friedrich Graf von Westphalen

Die Gewalt und ihre Verniedlichung

Es gibt einzelne Zeiterscheinungen, die schlagartig, blitzlichtgrell die geistige Landschaft ausleuchten, in der wir leben. Der Artikel von Heinrich Böll im Nachrichtenmagazin »Der Spiegel« mit seiner eindeutigen Tendenz, Sympathien für die Gewaltakte, für die kriminellen Handlungen der Baader/Meinhof-Bande zu erwecken, gehört zu ihnen. Denn die Nachsicht, die Milde gegenüber der kriminellen Aggression, das Verständnis für die Tat und den Täter, die sich wie ein Flächenbrand auszubreiten beginnen, werden Folgen zeitigen – für unser Rechtsbewußtsein, für den Staat, für die Gesellschaft.

● Die offene Gewalt, aber fast noch mehr der Psychoterror gegen Andersdenkende sind nicht mehr einzelne, isolierte Erscheinungen. Es handelt sich vielmehr bereits um ein überaus besorgniserregendes Krankheitssymptom unserer gesamten Gesellschaft – das – so hoffen diejenigen, die sich zu Aposteln der Gewalt aufwerfen – zur Überwindung der kapitalistischen Gesellschaft führen kann; eine Krankheit, die – so fürchten diejenigen, die sich noch erinnern können, die aus der Geschichte gelernt haben – zum Tod der freiheitlichen Gesellschaft führen könnte.

...

● Aber die Delikte, die nicht bestraft und weiterverfolgt werden, waren keineswegs nur politische. Vielmehr umfaßt die Amnestie vom 20. Mai 1970 auch solche, ganz gewöhnliche kriminelle Taten wie Nötigung, Brandstiftung, Körperverletzung und Sachbeschädigung und erstreckt sich nicht nur auf Widerstand gegen die Staatsgewalt, Auflauf und Landfriedensbruch. Schon damals bat Heinrich Böll (zusammen mit Golo Mann und anderen) in einem offenen Brief, der Gesetzgeber möge von Strafe und Strafverfolgung absehen, weil die Täter »Ausnahmehandlungen« in »Ausnahmesituationen« begangen hätten.

- Der Staat gab aus Schwäche nach, aus dem irrigen Glauben, die Jugend mit dem System versöhnen zu müssen, zugeben zu müssen, daß auch der Staat als Organ der Gesellschaft Fehler, Unterlassungen, schwerwiegende sogar, begangen hat. Der Staat gab nach, obwohl ihm ausreichende gesetzliche Handhabe zur Verfügung stand. Der Staat wähnte, politisch argumentieren zu können, sich auseinandersetzen und diskutieren zu müssen. Der Staat verniedlichte die Gefahr, gleichermaßen die Gefahr der Gewalt und der Revolution.
- Die Schwester der kriminellen, politisch motivierten Gewalttat ist die bürgerliche Verniedlichung. Das gilt es klar zu sehen, und es gilt, sich dagegen zu wehren, aufzuwachen aus dem bundesdeutschen Dornröschenschlaf. Denn der Staat, die Behörden, die Verantwortlichen, die diese Entwicklung eingeleitet haben und jetzt noch weitgehend dulden – das sind letztlich wir alle. Es gibt da keine Ausnahmen, kein »ohne mich«, keine Verharmlosung, ohne daß derjenige, der so denkt und handelt, schuldig wird. (gekürzt)

ZDF-Redakteurausschuß fordert erneut Umbenennung des »ZDF-Magazins«

München (SZ)

Der Redakteursausschuß des Zweiten Deutschen Fernsehens (ZDF) hat in einer öffentlichen Erklärung seine Forderung wiederholt, das ZDF-Magazin umzubenennen. Anlaß für die Erklärung ist die Ausgabe des Magazins vom 26. Januar, in dem Moderator Gerhard Löwenthal unter anderem erklärt hatte: »... und die Sympathisanten des Linksfaschismus, die Bölls und Brückners und all die anderen sogenannten Intellektuellen sind nicht einen Deut besser als die geistigen Schrittmacher der Nazis, die schon einmal so viel Unglück über unser Land gebracht haben ...« Dieses Zitat sei, so formuliert es der Redakteursausschuß, »bezeichnend für die Entwicklung des ZDF-Magazins«. Die bescheidenen Erwartungen, »die man in die personellen Umbesetzungen in der Magazinredaktion knüpfen konnte, haben sich nicht erfüllt«, schreibt der Ausschuß in seiner Erklärung. Weiter heißt es: »Die Art und Weise, in der Gerhard Löwenthal seine ohnehin bevorzugte Position ausnützt, die ein wöchentliches Magazin bietet, führt mehr denn je zu einer falschen Bewertung des Gesamtprogramms ... Äußerungen wie die oben zitierten sind eine pauschale Diffamierung und damit ein Mißbrauch des verbrieften Rechtes auf freie Meinungsäußerung im Programm einer öffentlich-rechtlichen Anstalt.«

Frankfurter Allgemeine Zeitung

Köhler war dem »Spiegel« zu bissig

K. B. HAMBURG, 3. Februar. Eine der umstrittensten Kolumnen der westdeutschen Presse, die Kritik von Otto Köhler im »Spiegel« an der Meinung und Berichterstattung anderer Zeitungen und Zeitschriften, soll zum Jahresende eingestellt werden. Der Spiegel-Verlag hatte den seit 1966 bestehenden Mitarbeiter-Vertrag mit Köhler bereits kurz vor Jahresschluß gekündigt.

Im jetzt bekanntgewordenen Kündigungsschreiben an Köhler, der vorher satirisch-politische Beiträge für die Zeitschrift »Pardon« schrieb, steht, daß zwischen ihm und der Chefredaktion »eine tragfähige Übereinstimmung über Thematik, Gestaltung und Kontinuität der Pressekolumne zu keinem Zeitpunkt seit Vertragsbeginn bestanden hat«. Wie zu hören ist, soll der »Spiegel« von Köhler mehr eine Fachkolumne als Satire und Bissigkeit gewünscht haben.

...

Als eine »Fortsetzung der Säuberungswelle gegen eine Demokratisierung« hat die Betriebsgruppe der Deutschen Journalisten Union im »Spiegel-Verlag« die Kündigung von Brumm und Köhler kritisiert. Dem Redakteur Brumm sei als Verfechter der innerbetrieblichen Mitbestimmung, so wird dem Spiegel-Verlag vorgeworfen, in aller Eile gekündigt worden, damit er als aussichtsreicher Kandidat für die Betriebsratswahl nicht in den Genuß des Kündigungsschutzes für Belegschaftsvertreter kommen könne.

(gekürzt)

Presse- und Informationsdienst der Bundesregierung

Der Bundeskanzler erklärte am 4. Februar 1972 im Zweiten Deutschen Fernsehen und im Deutschen Fernsehen (ARD):

In zahlreichen Briefen, die der Innenminister, der Justizminister und ich selbst erhalten, wird die Frage gestellt: Tun wir genug, um der Gewalttätigkeit in unserem Lande Einhalt zu gebieten? Ich möchte mich mit der Antwort an Sie alle wenden.

Erstens sollten wir uns darin einig sein, daß wir Gewalttätigkeit nicht akzeptieren und nicht dulden können. Die freiheitliche Demokratie, die wir aus den Trümmern von Diktatur und Krieg aufgebaut haben, darf nicht als schlapper Staat mißverstanden werden.

Zweitens: Gruppen oder einzelne, die auf Gewaltanwendung aus sind, müssen wissen, daß wir verpflichtet und entschlossen sind, ihnen mit allen rechtlichen Mitteln das Handwerk zu legen.

Daraus erfolgt drittens, daß Gewalttätern und Gewaltpredigern keine Unterstützung gewährt werden darf. Aus mißverstandener Solidarität wird sonst Beihilfe zum Verbrechen.

Hiermit zusammen hängt viertens, daß wir den häufig schweren Dienst

der Polizeibeamten in unserem Lande richtig zu würdigen haben. Durch Verständnis und besonnenes Verhalten können wir ihre Arbeit erleichtern.
Fünftens will ich aber auch deutlich sagen: Blindes Draufschlagen ist keine Politik, die dem Grundgesetz entspricht.
Ich finde es bedauerlich, wenn Erwägungen der Vernunft verdächtigt werden. Meine Bitte an alle, die es angeht: Gegen Gewalt und Haß helfen nicht Kopflosigkeit und sterile Aufgeregtheit, sondern sachliche Information, nüchterne Bewertung und angemessenes Handeln.
Man sollte auch niemanden, der in selbstgewählter Gesetzlosigkeit lebt, daran hindern, zu Recht und Vernunft zurückzukehren.
Lassen Sie uns alle miteinander das tun, was wir unserem demokratischen Rechtsstaat schuldig sind.

Samstag/Sonntag, 5./6. Februar 1972

Süddeutsche Zeitung, Günter Grass

Wiederholter Versuch

An dieser Stelle habe ich mehrmals versucht, die Zusammenhänge zwischen rechtem und linkem Terror zu analysieren: spiegelverkehrtes Verhalten in extremen Positionen. Linke Demagogie und Intoleranz beurteile ich schärfer, weil mich aus nächster Distanz trifft, was unter linken Vorzeichen als rechte Methode kenntlich wird, nur verbal oder schon gewalttätig. (In Deutschland wie eingespurt schnurrende Vorgänge mit bilderbuchhafter Konsequenz).
Bis zur Mitte der sechziger Jahre gaben mehr reaktionäre als radikale Zeitungen, einige christdemokratische Politiker wie Strauß, Jaeger – und, im Wettstreit mit ihnen, von Thadden und die neugegründete NPD – den rechten Ton an: Schon dämmerte eine zweite Harzburger Front. Auf dieses antidemokratische und vom Rand her wieder rechtsradikale Potential reagierten sichtbar ab 1967 Gewerkschaftler und Studenten, Sozialdemokraten und Liberale, eine Vielzahl demokratischer Gruppen.
Doch seit dem Beginn des Studentenprotestes, der in seiner Tendenz radikal-demokratisch gewesen ist und der Gesellschaft Impulse gegeben hat, formierten sich auch jene Minderheiten, die durch Unduldsamkeit die Substanz des Studentenprotestes zerstört haben: während die Mehrheit die parlamentarische Demokratie »nur reformieren« wollte, hatten die radikalen Minderheiten ein revolutionäres Ziel: die Zerschlagung des Systems.
Die Springerpresse und ein Gutteil der mit ihr verbündeten christ-demokratischen Politiker haben von Anfang an versucht, den Studentenprotest und dessen spontane radikal-demokratische Zielsetzung zu diffamieren,

indem sie ihn mit dem blinden Aktionismus seiner Minderheiten gleichsetzten. (Auch damals schon das maßstablose Lavieren einiger Intellektueller, die sich durch die Hetze der *Bild*-Zeitung, der das Attentat auf Dutschke folgte, in Zorn redeten und mit den linksradikalen Gruppen solidarisierten.
Der Studentenprotest verlief sich. Seitdem die Große Koalition durch eine sozial-liberale abgelöst ist, arbeiten die meisten seiner Sympathisanten unbequem konstruktiv in den politischen Parteien; übrig blieben die radikalen Minderheiten, zu zerstritten in sich, um, wie dazumal, als harter Kern bezeichnet zu werden.
Nachdem sich auch die Redaktion der Zeitschrift *Konkret* gespalten hatte, entstand um die Journalistin Ulrike Meinhof und den Rechtsanwalt Horst Mahler eine Gruppe, die bei der Befreiung des Kaufhausbrandstifters Andreas Baader zum ersten Mal schoß und kriminell zu handeln begann. Seitdem hat sich die Baader-Meinhof-Gruppe (selbsternannt: Rote-Armee-Fraktion) mehr und mehr bandenmäßig organisiert; ihre nachgewiesenen Verbrechen wurden von einer Bande begangen. Als Vorbilder dienten entweder der vorrevolutionäre Bankräuber Stalin oder die südamerikanischen Stadtguerillos, Tupamaros genannt; in Praxis jedoch verkam die Baader-Meinhof-Gruppe nach den Spielregeln des amerikanischen Films »Bonnie und Clyde«, wobei dem jetzt angeklagten Ruhland die armselige Rolle des stotternden Jungen von der Tankstelle zufiel. (Mit dem mißbrauchten Ruhland habe ich Mitleid; für Ruhlands Vorbild, den Rechtsanwalt Mahler, der wissen mußte und wußte, was er tat, bringe ich keine Nachsicht auf.)
Mit hochtrabenden Deklarationen wurde von Zeit zu Zeit versucht, der kriminell gewordenen Praxis der Baader-Meinhof-Gruppe als Bande eine revolutionäre Theorie zu unternähen. Und abermals fanden und finden sich verunsicherte, zumeist gutbürgerliche Intellektuelle, die dem politischen Terror idealistische Motive als erklärende Entschuldigung andichten. (Hier muß unberücksichtigt bleiben, inwieweit der jämmerliche Heroismus der Roten-Armee-Fraktion Ersatzdienst leistet und den Wachträumen einiger etablierter Vierziger konkreten Traumstoff bietet. Auch wäre es verfrüht über die privaten Motive der Ulrike Meinhof zu mutmaßen. Ich fürchte, siewird Stoff abgeben für Reportageromane und heroisierende Filme.)
Das alles ein Fressen für die Springerpresse. Weil es nicht gelang, Bundespräsident Heinemann und die sozial-liberale Regierung tiefwirkend zu diffamieren und weil sich die Mehrheit der Bevölkerung für die sozialliberale Koalition und deren realistische Deutschland- und Friedenspolitik entschied, wurde die Baader-Meinhof-Gruppe zum fast täglich ausgespielten Trumpf-As insbesondere der *Bild*-Zeitung. Nun ist bekannt, daß in Springers Produkten seit Jahr und Tag Verdächtige und Angeklagte wie Verurteilte behandelt werden. Und gleichfalls bekannt ist, daß Springers Schreibtischtäter unter angeblich linken Vorzeichen Epignonen gefunden haben: Macht kaputt, was euch kaputtmacht!)

Das hätte Heinrich Böll wissen müssen, als ihn die *Bild*-Zeitung am Heiligen Abend des vergangenen Jahres mit ihrer inzwischen vom Presserat gerügten Falschmeldung »Baader-Meinhof-Bande mordet weiter« in Zorn brachte und einen Artikel für das Magazin *Der Spiegel* schreiben hieß, der in seiner Tendenz aufklären wollte, dessen Wirkung die allgemeine Verwirrung gesteigert hat. Es ist nicht meine Aufgabe, an Heinrich Böll Textkritik zu üben, zumal der nordrhein-westfälische Minister Diether Posser fair und genau die Schwächen und unrichtigen Behauptungen in Bölls Artikel benannt und widerlegt hat. Nachdem sich nun der Haß der Springer-Zeitungen und ihrer Kundschaft gegen einen Schriftsteller richtet, dem die deutsche Literatur mehr verdankt als diesen einen Artikel, kommt es mir darauf an, die Leser zu bitten, alle Vernunft anzuwenden (und notfalls zusammenzukratzen), damit erkannt wird, wie sich die Extremisten, nach Weimarer Rollenbuch, die Stichworte zurufen. Böll wird nicht nur von rechts diffamiert; er wird von Linksradikalen irreführend zitiert und mißbraucht. Jetzt käme es darauf an, kritische Solidarität zu beweisen und Böll gleichermaßen vor den Verfälschungen des Politologen Seifert und der Demagogie Löwenthals zu schützen. Dieses ergänzend gesagt: Böll hat für verurteilte und verfolgte Schriftsteller in kommunistischen Staaten, für Sinjawski und Daniel, für Solschenizyn und Peter Huchel, mehr getan, als sich öffentlich sagen läßt. Es ist die Springerpresse, die dem stalinistischen Terror als Lautsprecher dient und jeden Ansatz versuchter Hilfe bewußt zu stören versucht.
Heinrich Böll möchte ich bitten, verletzt, wie er ist, die Bundesrepublik dennoch nicht mit der Springerpresse gleichzusetzen. (Zwar ist Springer mächtig, aber er hat nicht die Macht.) Es liegt in unserer Hand, ob der noch junge Versuch, Demokratie in Deutschland, zum ersten Mal gelingt und die Mentalität Springer keinen Markt mehr findet.
Seitdem zwei Männer Bundespräsident und Bundeskanzler sind, die seit Jahren diffamiert werden und lernen mußten, die Last des Rufmordes zu tragen, haben wir Grund, die Nerven zu behalten und das mühsam Gewonnene gegen die Einbrüche des Irrationalismus zu schützen. – Eine Verfemung des Schriftstellers Heinrich Böll wird es nicht geben; einer Flucht meines Kollegen Heinrich Böll in die Resignation versuchte ich, mich schreibend in den Weg zu stellen.

Süddeutsche Zeitung, Hans Habe

Ein Rückzug in Richtung Piedestal

Sie werden nicht überrascht sein, von mir eine Antwort auf Heinrich Bölls Artikel »Man muß zu weit gehen« in der SZ Nr. 23 zu erhalten; es würde mich überraschen, wenn Sie mir Ihre Gastfreundschaft verweigerten.
Ich werde versuchen, mich auf das Wesentliche zu beschränken. Dazu

gehört es auch, daß ich auf die Einleitung Joachim Kaisers nicht eingehe: Zu groß wäre die Versuchung, der Demagogie zu begegnen.
In seinem SZ-Artikel unternimmt es Böll, den Rückzug in Richtung Piedestal anzutreten. Mit seinem *Spiegel*-Aufsatz, mit seiner »Faschisten«-Jagd, mit seinem »Boykott« von Zeitungen und Verlagsanstalten, mit seiner Beschimpfung politischer Gegner, mit der Duldung der PEN-Kampagne gegen mich hat er sich selbst von diesem Piedestal gestürzt. Es gelingt ihm nicht ganz, sein zerbrochenes Standbild zu renovieren. Noch immer spricht er von »faschistischer Jauchespritze«, von »dümmlicher Art«, von (Schwachsinn), doch bemüht er sich immerhin, in jene Jupiterregionen zu entfliehen, von wo man ungestraft seine literarischen Blitze aussenden darf: Der Literat darf schizophren sein. Auf dem Piedestal hat Heinrich Böll eine gute Figur gemacht. Ich möchte ihm den Rückweg nicht abschneiden.
Der *Fall Bukowski,* der in dem weit weniger bedeutenden Fall Baader – Meinhof unterzugehen droht. »Kein Mensch in Moskau, ob oppositionell oder nicht«, schreibt Böll, »glaubt daran, daß es *Bild, Welt, Welt am Sonntag* oder dem *Bayernkurier* hier um die reine Menschlichkeit geht.« Eine doppelte Demagogie. Haben *Le Monde,* die *New York Times, Corriere della Sera* und, meinethalben, die *Süddeutsche Zeitung* nicht ebenso gegen den sowjetischen Justizmord protestiert, haben sie nicht ebenso einen Protest der freien Welt erwartet? Keine dieser Zeitungen, überhaupt niemand im Westen kann annehmen, Moskau werde, gerührt von so viel Menschlichkeit, Wladimir Bukowski freilassen. Rührung und Menschlichkeit bei den Sowjets? Mitnichten. Sehr wohl möglich wäre es aber – und unversucht darf es nicht bleiben –, die Aufmerksamkeit der Sowjets auf die Folgen ihrer Unmenschlichkeit zu lenken. Der Politiker und PEN-Präsident Böll, wenn nicht der Schriftsteller, muß wissen, daß die gerade jetzt um Salonfähigkeit bemühte Sowjetunion – um jeden, buchstäblich um jeden Preis versucht sie, den Westen an den Tisch der Sicherheitskonferenz zu locken – den Fall Bukowski nicht für so wichtig halten kann, daß sie es sich deshalb mit dem Westen oder auch nur den »nützlichen Idioten« anlegte. Darf der Intellektuelle nur in der Verteidigung einer Anarchistenbande »zu weit gehen«? Darf er nicht, muß er nicht »zu weit gehen«, wenn es sich um das Schicksal eines eingekerkerten Intellektuellen handelt? Ich, für meinen Teil, habe nicht verlangt, daß Böll mit PEN-Panzern gegen Moskau ziehe. Wie er protestiert, ist seine Sache, daß er protestiert, die unsere. Und fragen darf man ja wohl, ob Böll, der den Protest der Weltöffentlichkeit für so fruchtlos hält, ernstlich meint, sein Lispelwort werde die Sowjets rühren oder erschrecken?
Er glaubt es nicht. In seinem Interview im Saarländischen Rundfunk verrät er, was er in der *Süddeutschen Zeitung* verschweigt. Da sagt er, er werde »nichts tun« – »weil hier alles im Zusammenhang mit einer Polemik gegen die Ostpolitik gesehen wird«, in den Fällen Daniel, Sinjawski,

Solschenizyn habe er sich geäußert. Das ist es eben. In den Fällen Daniel, Sinjawski, Solschenizyn fürchtete Böll nicht, der Ostpolitik zu schaden. Wer ist nun Heinrich Böll? Ein Schriftsteller von internationalem Ansehen, der sich für gemarterte Kollegen einsetzt, ein internationaler PEN-Präsident, dem Menschenleben und Menschenwürde über die Politik seiner eigenen Regierung geht, oder der deutsche Exponent einer deutschen Politik, die ihm so heilig ist, daß er darüber Menschlichkeit und Kollegialität und das ihm anvertraute Amt vergißt? Doch wenn sie ihm auch über alles ginge, diese doch umstrittene Ostpolitik: Muß er uns so deutlich vor Augen führen, daß sie eine Politik der Kapitulation ist – nicht einmal für einen armen Hund von einem Schriftsteller darf man mehr intervenieren, keinen noch so geringen Kompromiß vom sowjetischen Gesprächspartner darf man verlangen, mit Haut und Haaren ist man ihm ausgeliefert.
Den **Fall Baader–Meinhof** möchte ich absichtlich nur kurz erwähnen: Bölls Intervention, die er ja offensichtlich bereut – auch ich bedauere manches Getümmelwort; ich bin überzeugt, daß Böll vom *Spiegel* verführt wurde –, die Intervention Bölls erscheint mir nur im Zusammenhang mit seiner Nichtintervention im Fall Bukowski bedenklich.
Das Persönliche zuletzt, auch das absichtlich. Böll scheint es für sehr verdächtig zu halten, daß ich auf das Vergehen der *Bild*-Zeitung nicht einging. Ich hätte sie verteidigen können, denn solche Irrtümer unterlaufen der Linkspresse Tag für Tag, sie unterlaufen jeder Zeitung, und so abwegig ist es keineswegs, einer deklarierten Verbrecherbande – siehe Baader-Brief – ein weiteres Verbrechen zuzutrauen. Aber ich hatte keine Lust, die *Bild*-Zeitung zu verteidigen, weil meine Überzeugung, daß es ohne die Springer-Presse keine Opposition gebe in Deutschland, meiner Unabhängigkeit keinen Abbruch tut: Die *Bild*-Zeitung hatte Unrecht, und Böll wäre – hätte er Deutschlands Volksfeinde Nummer eins nicht verteidigt – im Recht gewesen.
»Dümmlich« und »schwachsinnig« nenne ich Böll nicht, weil er behauptet, ich »denunziere« ihn wegen seiner Millionenauflage in der Sowjetunion, während mein eigenes Buch, »Ob tausend fallen«, dort eine Millionenauflage erreichte. Ich nenne ihn heuchlerisch. Denn so »dümmlich« und »schwachsinnig« kann Böll nicht sein, daß er nicht wüßte, warum diese Kuriosität in *Welt am Sonntag* erwähnt wurde. Nicht des Geldes wegen, natürlich; die Sowjets sind Diebe von Beruf und Überzeugung – sie bestehlen Böll wie mich. Ich schäme mich meiner Millionenauflage nicht, noch bin ich stolz auf sie: Ich lasse mich von ihr nur nicht beeinflussen. Es ist nicht gleichgültig, ob man sich mit den Sowjets verhält, wenn man dort so beliebt ist – ich sage nicht, weil man es dort ist –, oder ob man sich mit ihnen nicht verhält, obwohl einem dort »soviel Druckerschwärze zur Verfügung steht«.
Es bleibt nur zu hoffen, daß der Bannstrahl Bölls nicht die *Süddeutsche Zeitung* trifft, weil sie diesen Leserbrief veröffentlicht. Ich schreibe an die

Süddeutsche Zeitung, obwohl Heinrich Böll in der *Süddeutschen Zeitung* schreibt. So verschieden sind unsere Ansichten über Demokratie.
Hans Habe

Casa Acacia, Via Muraccio Ascona/Ticino

Montag, 7. Februar 1972

»Leserbrief von Heinrich Böll an die Süddeutsche Zeitung«

Was Herr Zöller von der Jungen Union schreibt, ist schlichtweg – nicht durch seine Schuld, nicht durch meine Schuld, sondern durch die Schuld einer Erziehung zur Verplattung – unzutreffend: ich habe an keiner Stelle irgendeines Artikels die Bundesrepublik mit dem NS-Staat gleichgesetzt, nicht mit einem Wort. Ich habe vom *Hintergrund* unserer Polizei- und Rechtsgeschichte gesprochen, und wenn Herr Zöller das nun in einen total verplatteten *Vordergrund* schiebt, so erkläre ich mich daran für unschuldig und erkläre die Folgen einer solchen Bügelbrettdenkart für lebensgefährlich. Ich will nicht jedem, der einfach nicht lesen kann, Perfidie oder Infamie unterstellen, und so mag dieser Lese- und Denkfehler nicht subjektiv perfid sein, objektiv ist er es, weil er unweigerlich in die achte und neunte Hand rutscht. Wenn die Herren und Damen von der Jungen Union glauben, sie könnten auf dieser Ebene mit einem Autor und Staatsbürger verfahren, so erkläre ich, wenn das nicht widerrufen wird – da ja hier Herr Zöller ausdrücklich unter Junge Union firmiert – jegliches Gespräch endgültig für beendet.
Ich habe keine Zeit, Voraussetzungen zu schaffen, die auf der Volksschule, auf dem Gymnasium und anderswo geschaffen werden müssen: *Lesen* beibringen! In diesem Zusammenhang sind mir auch die Schmeicheleien des Herrn Zöller peinlich: daß ich besser zu polemisieren verstehe als irgendein Autor des »Bayernkurier« und daß er meine Artikel nach seinem Geschmack »gut« fand. Bitte nicht. Es wäre mir lieber, er fände sie schlecht. Ich lebe in diesem Staat seit seiner Gründung, ich verweigere ihm seine Steuern nicht, ich wähle hier, ich esse das Brot, das hier gebacken wird, und ich fasse es einfach nicht, wenn mir da von der »Jungen Union« öffentlich nahegelegt wird, dies sei wohl nicht mein Staat. Das ist wirklich nicht zu fassen. Herrn Habes Staat ist das jedenfalls nicht: er sitzt weit vom Schuß. Mag Herr Zöller sich mit ihm unterhalten. Wenn die Herren von der Jungen Union niemals begreifen werden, daß Kritik nicht Ablehnung bedeutet, dann mögen sie weiterschmoren. Danke. Die Trennung von Politik und Literatur ist so lebensgefährlich wie die Trennung von Religion und Politik – das beruht auf einem subjektiv möglicherweise ehrenhaften,

objektiv, historisch, verhängnisvollen bürgerlichen Irrtum. Manche politische Rede – etwa von Herrn Dr. Kiesinger – war einfach schlechte Literatur, nichts weiter, und die manchmal überstrapazierte Metaphorik von Herrn Dr. Schiller ist ebenfalls schlechte Literatur. Wenn dieser Staat nicht mein Staat ist, welchen schlägt Herr Zöller mir dann vor?
Den »Bayernkurier« möchte ich schon deshalb nicht missen, weil er immer witziger wird – natürlich unfreiwillig. Herr Emil Franzel bezeichnete mich dort kürzlich – in einem völlig aus der Luft gegriffenen Zusammenhang, denn ich habe niemals auch nur einen Deut Ehrgeiz gehabt, »Hochland« zu übernehmen – als »Katholik«. Das ist hochinteressant, und in diesen Anführungsstrichen könnte etwas Prophetisches sich verbergen, denn es besagt doch nichts anderes als: was katholisch ist, das bestimmen wir, und da Herr Zöller mir nahelegt, zu überdenken, ob ich denn nun ein Bundesdeutscher sei, so entdeckte ich da gleich zwei Exkommunikationen, und ich warne die Herren.
ICH SCHREIBE DEUTSCH, und ich zahle – wie lange noch, weiß ich nicht – r. k. Kirchensteuer. Ich erblicke in solchen Andeutungen die ersten Ansätze einer neuen Heimatvertreibung. Ich bin – zugegebenermaßen – empfindlich. Ich habe weder Herrn Habe noch den jungen Herrn von der Jungen Union je persönlich angegriffen, ich habe nur das C bei ihnen herausgefordert; Herrn Habe habe ich erst angegriffen, als er nicht sich selbst, sondern seinen Herrn und Meister verteidigte. Vielleicht haben die Herren noch Sensorium genug, solche feinen Unterschiede festzustellen. Was Herr Habe vom Piedestal sagt, ist mir zu dumm: ich habe nie draufgewollt und bin froh, wenn ich wieder runterkomme. Er, er hat einmal – falls es erlaubt ist, ihn daran zu erinnern – Herrn Springer einen offenen Brief geschrieben, nun – wenn das keine Piedestalisierung war. Und wenn Herr Habe sagt, die Sowjets sind Diebe von Beruf, so mag er einmal im »Stürmer« und im »Schwarzen Chor« nachlesen, welches Vokabularium er da aufgreift. Ich werde Herrn Habe nie mehr öffentlich angreifen. Wir wollen nicht versuchen, uns zu »versöhnen« oder anzunähern: es gibt keine Versöhnung, keine Annäherung, ob es noch eine Gesprächsmöglichkeit mit der Jungen Union gibt, liegt nicht an mir, sondern an ihr. Ich erteile keinen »Bannstrahl«, wie Herr Habe es nennt: ich schränke nur meinen Umgang mit Denunzianten ein, ich denke, das ist erlaubt. Was Herr Zöller schreibt, ist eine Denunziation. Die Bundesrepublik ist der Staat, in dem ich lebe und weiterhin leben möchte, falls es die Junge Union erlaubt.
Trotzdem möchte ich den Herren Zöller und Habe aufrichtig danken: sie haben, wie so viele, einen Klärungsprozeß herbeigeführt; man weiß endlich, woran man ist, es offenbaren sich Christen und Nichtchristen, und ob ich nun einmal Unrecht getan oder gehabt habe, und wie sehr, ist inzwischen uninteressant, denn der Klärungsprozeß geht offenbar weiter. Diese bundesweite Kanaloffenbarung ist interessanter und politisch wichti-

ger, als ich je gewesen sein oder werden kann, und deshalb bin ich dankbar. Den äußerst klugen Leuten, die mir Empfindlichkeit vorwerfen oder Wehleidigkeit, empfehle ich, einmal drei Wochen lang in einer Kläranlage zu schwimmen. Welchen Kläranlagencharakter CDU/CSU-Polemiken in diesem Lande haben, das weiß mein Kollege Günter Grass ebensogut wie ich. Er erfährt's, wenn er etwa in Cloppenburg Wahlreden hält.
Ich bin 54 Jahre alt, habe viele Torheiten hinter, manche vor mir, aber ich traue mir zu, selbst festzustellen, wie nah oder wie weit von mir entfernt die Herren Brückner und Seifert sind. Immerhin hat Herr Löwenthal Brückner und mich in einem Atem genannt, hat Seifert zitiert. Die blinde Gleichsetzung von links und rechtsradikal mag für Politiker angehen, die um Wählerstimmen bangen und hierzulande immer fürchten müssen, daß man nie Stimmen gewinnt, wenn man auf die Rechten schimpft, aber immer Stimmen verliert, wenn man auf die Linken nicht schimpft. Diese Krankheit des öffentlichen Bewußtseins möglicherweise zu verringern, ist offenbar uns Autoren überlassen, da kein Politiker das riskieren kann.
Die Gleichsetzung von links- und rechtsradikal kann – abgesehen von irgendwelchen moralischen Maßstäben – schon geometrisch gar nicht,wenn man Entfernungen mißt, stimmen, und ich befinde mich da keinesfalls in der Mitte zwischen diesen beiden Extremen. Ich unterschätze keinesfalls den Terror, die Demagogie, die man gelegentlich bei Linken feststellen kann, aber was rechter Terror bedeutet, das weiß ich. Ich halte sogar dafür, daß diese öffentliche Auseinandersetzung noch viel mehr klärt und bewirkt, als bisher sichtbar wird; daß sich sehr unterschiedliche Sensibilitäten und Artikulationsstufen einander nähern, daß eine nichtterroristische und nichtdemagogische Linke Autoren als Verbündete braucht und annimmt, um die finsteren Beamtengesetze der Herren Ministerpräsidenten weiterhin zu verhindern. Von diesen Gesetzen würde ja keiner je betroffen, der seinen Faschismus nur in einem Leserbrief oder Hörerwort offenbart. Dieser Blick in die Kläranlage wäre notwendig: was ich da z. B. von einem Herrn Superintendenten in einer seriösen überregionalen liberalen Tageszeitung gelesen habe; das ist mit Faschismus noch zu milde bezeichnet. Das ist Nazismus, und ich nehme doch an, daß so ein Herr beamtenähnlichen Status hat, und ich nehme an, daß er unter keines der geplanten Gesetze fiele, sowenig wie Herr Löwenthal. Ich beanspruche nicht wissenschaftliche Unfehlbarkeit, wenn ich das Wort faschistisch benutze; es geht ja nicht nur um den Wortlaut: es geht ja – vor allem in Anstalten des öffentlichen Rechts – um die Physiognomie, die Stimme und den Tatort.
Nein, nein, ich resigniere nicht, lieber Günter Grass, ich bin nur – mit Verlaub gesagt – ein bißchen müde. Wie Sie wissen, ist es sehr anstrengend, in einer Kläranlage zu schwimmen und Luft zu bekommen, besonders wenn man von leseunkundigen Christen umstellt ist. Ich fahre weg, in

jenes Land, in dem lt. Hans Habe die »Diebe von Beruf« wohnen. Ich fahre gern dorthin, und noch eins, Herr Habe, aus- und nachdrücklich: Sie haben mich wieder einmal mißverstanden; ich würde vielleicht manches anders machen, anders ausdrücken, aber bereuen tue ich nichts, nichts, nichts, in Worten und Ziffern: nichts. Und noch einmal, meine Herren parteiamtlich bestätigten Christen, die so sehr in der Gunst der Amtschristen stehen: ICH SCHREIBE DEUTSCH, und wenn Sie glauben, dies sei nicht mein Staat, sagen Sie mir bitte, wohin Sie mich wünschen.

Heinrich Böll

Die Welt, Günter Zehm

Le style c'est l'homme

Ein notwendiger Nachtrag zur Affäre um Heinrich Böll

Am vergangenen Wochenende erfuhr die Öffentlichkeit wieder einmal Neues von Heinrich Böll. Hatte er acht Tage zuvor im Fernsehen wissen lassen, er werde künftig wegen der gegen ihn geführten Polemiken keine Einladungen des Goethe-Instituts zu Vorträgen und Lesungen im Ausland mehr annehmen, so sagte er jetzt zu einem dpa-Korrespondenten, er werde künftig durchaus Einladungen zu Vorträgen und Lesungen im Ausland annehmen. Auch sei nie beabsichtigt gewesen, seinen Widerpart Hans Habe aus dem internationalen PEN-Zentrum ausschließen zu lassen; das von Böll präsidierte deutsche PEN-Zentrum, das laut dpa in der Woche zuvor einen Ausschlußantrag im internationalen Londoner Büro eingereicht hatte, habe in Wirklichkeit nur »die Forderung Habes zurückgewiesen, er, Böll, solle als PEN-Präsident zurücktreten«.
Im übrigen, so meinte Böll, sei »die Sache« (er meinte sein öffentliches Eintreten für die Baader/Meinhof-Terroristen und die sich daran anknüpfende Pressefehde) »jetzt ausgestanden«. Er fahre diese Woche für einen Monat in die Sowjetunion, um einen Besuch nachzuholen, den er schon im Januar habe antreten wollen, dann aber wegen der Streitigkeiten um seine Person verschieben mußte. Der Lord läßt sich nicht entschuldigen, er ist per Flugzeug nach Rußland.
Ist »die Sache« damit aber wirklich ausgestanden? Wir hegen unsere Zweifel. Gewiß, selbst das linksliberale Establishment hat mittlerweile unter vielen Bücklingen und Kratzefüßchen zu verstehen gegeben, daß es Bölls Thesen über Baader/Meinhof nicht akzeptiert, ja sogar für gefährlich hält. Was die materielle Seite »der Sache« betrifft, liegen die Positionen also klar zutage. Doch wie verhält es sich mit der formalen Seite? Will man wirklich schon die Akten schließen, ohne Diskussion darüber, daß die Form, in der sich Böll bei einer wichtigen Sache an die Öffentlichkeit wandte, jegliches Niveau vermissen ließ und eigentlich schlechthin un-

qualifizierbar gewesen ist? Das hieße denn doch zu leichtfertig mit dem Begriff der Öffentlichkeit umgehen.

Böll ist schließlich nicht irgendwer, er gilt – mag man das nun für richtig oder für lächerlich halten – weithin als »der bedeutendste lebende deutsche Autor«, die Schullesebücher führen seine Geschichten, er ist Aufsatzthema beim Abitur und Gegenstand gelehrter Dissertationen. Wenn ein solcher Mann öffentlich in eine politische Diskussion eingreift, dann darf man von ihm erwarten, daß er sich genau überlegt, was er sagt, dann darf man auch rhetorischen Glanz oder wenigstens druckreife Sätze verlangen. Überzeugungskraft und würdiges Auftreten, kurzum: luzide Kommunikationsbereitschaft.

Nichts von alledem bei Böll. Schon die Äußerlichkeiten des öffentlichen Auftritts verraten Wurstigkeit und habituelle Verachtung des Publikums. Vor die Kamera gefläzt im verschwitzten Kleinbürgerlook, blubbert man irgendwelche »Statements«, die man vierundzwanzig Stunden später widerruft, um sie achtundvierzig Stunden später dann doch zu bestätigen – das alles im knüppeldicken Dialekt, der im Kontext wie ein Hohn auf die deutsche Hochsprache wirkt und den Hörer immer wieder auf den Gedanken bringt, hier handle es sich um eine karnevalistische Veranstaltung – es geht jedoch um Leben und Tod von Terroristen, Polizisten, Dissidenten.

Dann der Stil des Gesprochenen und Geschriebenen! Man höre nur folgende Passage: »... was ein so verdienstvoller Mensch wie der Herr Löwenthal beim ZDF monatlich einnimmt, mag ich gar nicht wissen. So ein aufrechter Mensch ist doch gar nicht mit Geld zu bezahlen, es wäre schon fast ein Blasphemie, ihn mit Gold aufwiegen zu wollen ...« Das ist, man mag es drehen und wenden, wie man will, polemische Schmiere. Jedem publizistischen Volontär wird ja schon am ersten Tag beigebracht, daß die ironische Verwendung der Anrede »Herr« eine spezifisch deutsche Unart sei und folglich zu unterbleiben habe. Aber Heinrich Böll kümmert das nicht, ihm ist jedes Mittel recht, wenn es gilt, seine Widersacher als »Faschisten« und käufliche Subjekte hinzustellen.

Interessant und deprimierend war nun, wie ein großer Teil der deutschen Presse auf diesen Stil reagierte. Natürlich empfand man deutlich seine Minderwertigkeiten, aber statt ihn – wie es zu erwarten gewesen wäre – dem großen Schriftsteller Böll besonders hart anzukreiden, versuchte man gerade die Tatsache, daß Böll es war, der so sprach, als Entschuldigung für den schlechten Stil einzusetzen. Böll, so hieß es, sei eben ein echter Dichter, der Publizistik ungewohnt, ein »reiner Mensch«, für ihn gälten Ausnahmegesetze. Die »Frankfurter Allgemeine« verstieg sich auf ihren hinteren Seiten sogar zu der Forderung, Böll nicht nur einen Sonderstil, sondern auch eine Sondermoral jenseits der bürgerlichen zuzubilligen.

Da war sie also plötzlich wieder, die einst bei uns so beliebte Unterscheidung zwischen »Dichter« und »Schriftsteller«, die penetrante Verhimmelung des »Dichters«, der sich souverän der Sphäre des »bloßen Esprits«

und der »öffentlichen Moral« enthebt, um jenseits von Gut und Böse sein calibanisches Wesen zu treiben. Diesmal war es kurioserweise die publizistische Linke, die das Märchen lancierte, und sie merkte dabei offenbar gar nicht, daß sie handfesten Verrat an den von ihr selbst postulierten Prinzipien beging.

Denn jahrzehntelang war es in Deutschland vor allem die Linke gewesen, die einer Entmythologisierung des »Dichters« das Wort redete. Immer wieder wurde die literarische Szene in Frankreich beschworen, wo der »écrivain« wie selbstverständlich an den öffentlichen Dingen und Streitigkeiten teilnahm, sich »engagierte« und im politischen Getümmel als gleicher unter gleichen behandelt wurde. Gestimmt hat die Formel »Deutschland – Dichter, Frankreich = engagierter Literat« nie. Wir haben, von Lessing bis Karl Kraus, eine polemische Literaturtradition, die der der Franzosen ebenbürtig ist. Doch als Stimulans zur Beförderung von politischem Interesse unter der Literatenschaft hat der Ruf nach dem »écrivain« zweifellos seine Berechtigung und seine Nützlichkeit gehabt.

Nun aber soll der neudeutsche »écrivain« allem Anschein nach wieder aus der Schußlinie genommen werden. Folgt man den linken Empfehlungen, die während der Affäre Böll gemacht wurden, so läuft alles darauf hinaus, das der »Dichter« zwar weiterhin »engagiert« bleiben soll, doch nur insoweit, als er selber Schläge austeilt. Er darf sich dabei »als Dichter« schier alles erlauben, besonders darf er sich erlauben, unfair und gemein zu agieren und miserabel zu artikulieren. Sobald man ihm jedoch mit gleicher Münze heimzahlt, soll sofort wieder die Entrückung in die Sphäre reinen Dichtertums stattfinden. Der »Dichter« hat es dann »nicht so gemeint«. Oder (wie Böll mit entwaffnender Offenheit in seinem dpa-Gespräch sagte): »In der Erregung wird eben so manches gesagt.« Nur eben: allein der »Dichter« darf öffentlich in Erregung sprechen; gewöhnliche Sterbliche haben sich gefälligst höchster Mäßigung und eines guten Stils zu befleißigen.

Würde man dieses Schema akzeptieren, so hätten wir in Kürze in den politischen Diskussionen eine Art Zwei-Klassen-Artikulierrecht: Auf der einen Seite die einfachen Leute, die gut artikulieren müssen und trotzdem Schweine sind, auf der anderen die »Dichter«, die sich die schlimmsten Stilbrüche erlauben dürfen und trotzdem über den Wolken schweben. Die Affäre Böll und ihre publizistische Begleitmusik haben gezeigt, wie weit diese groteske Entwicklung in unserem Land schon gediehen ist. Es wäre hoch an der Zeit, an Umkehr zu denken und dem Übermut der »Dichter« künftig jeglichen Respekt zu versagen.

Mittwoch, 9. Februar 1972

Die Weltwoche, Zürich

»Man kann nicht sehr weit gehen . . .«
Gespräch mit Heinrich Böll / von Markus M. Ronner

»Weltwoche«: *Herr Böll, Sie haben in den vergangenen Wochen auf journalistischem Gebiet ausgesprochen schlechte Erfahrungen gemacht. Warum gewähren Sie der »Weltwoche« dieses Interview?*
Heinrich Böll: Weil ich froh bin über die Gelegenheit, die Hintergründe und die Genese dieser Geschichte in einem neutralen Blatt eines neutralen Landes zu klären, das – welche Fehler es auch haben mag – nichts mit der deutschen Rechtsvergangenheit zu tun hat. Ich werde in dieser Angelegenheit keinem einzigen deutschen Blatt mehr Rede und Antwort stehen.
Sie haben einmal erklärt, man müsse zu weit gehen, um herauszufinden, wie weit man gehen könne. Inwiefern sind Sie in Ihrem »Spiegel«-Artikel zu weit gegangen?
Ich weiß gar nicht, ob ich da wirklich zu weit gegangen bin. Das Zitat, auf das Sie anspielen, stammt aus einer Rede vom Jahre 1966, in der ich darauf hingewiesen hatte, daß jeder in jeder Gesellschaft über bestehende Grenzen hinausgehen müsse, um herauszufinden, wann auf ihn geschossen wird.
Mit der Pistole oder verbal?
Sowohl als auch. Es gibt übrigens, wie ich später erfuhr, ein ähnliches Zitat von Proust, das ungefähr so lautet: »Wir dürfen uns nicht davor fürchten, zu weit zu gehen, denn die Wahrheit liegt jenseits.«
Also sind Sie doch zu weit gegangen?
Vielleicht. Und, wie es scheint, deshalb zu weit, weil ich in einer gnadenlosen Gesellschaft um Gnade gebeten habe. Denn das war ja eigentlich der Hintergrund meines Artikels. Und was mich erstaunt und erschreckt, ist ja gar nicht die Kritik als solche, sondern die Tatsache, daß eine Gesellschaft, eine Kultur, die sich christlich nennt, *diese* Dimension der Sache noch nicht begriffen hat.
Vielleicht besteht ein Teil Ihres Zuweit-Gehens für manche Leute schon darin, daß Sie Dinge, die für Sie als selbstverständlich gelten, nicht zu sagen pflegen; daß Sie es vielmehr gewohnt sind, Dinge zu sagen, über die man schon ein bißchen nachdenken muß.
Da haben Sie sehr recht. Das ist sogar ein Fehler von mir, den ich offen zugebe: daß ich die Voraussetzung nicht immer wieder schaffe. Ich setze immer zuviel voraus; es widerstrebt mir, wie Sie sagen, das Selbstverständliche auszudrücken, und dadurch entstehen sehr viele Mißverständnisse.
Das würde ja dann wohl auch erklären, warum Sie in erster Linie von

einer Art Presse verunglimpft wurden, die von ihren Konsumenten alles andere eher verlangt als das Nachdenken.

Ja, ganz offensichtlich. Ich habe gerade in diesem Zusammenhang die »Bild«-Zeitung – nennen wir sie ruhig beim Namen – etwas eingehender studiert. Und ich glaube, wenn man jeden einzelnen Artikel dieses Blattes verfolgen würde, käme man dahinter, daß manchmal sogar das, was wahr ist, in dieser Zeitung erlogen ist.

Sie sind aber nicht nur von dieser Art Presse angegriffen worden. Wie erklären Sie sich den Umstand, daß Kommentatoren, die früher bereits über Ihre literarischen Werke geschrieben, die also viel mehr von Ihnen gelesen haben als nur Ihren »Spiegel«-Artikel, Ihnen den Vorwurf machten, Sie verteidigten Gewalt und Kriminalität?

Das verstehe ich eben nicht. Ich verstehe zwar, daß ein politischer Kommentator, der eine bestimmte Meinung durchdrücken will, so etwas zum Vehikel nimmt; aber ich verstehe nicht, daß Autoren, Leute, die Romane schreiben, so unsensibel reagieren, weil sie ja auf Grund selbst des Minimums an Phantasie zur Kriminalität ein anderes Verhältnis haben als ein Polizeibeamter.

Sie haben ja schon früher darauf hingewiesen, daß es nicht das Gefängnis zu sein braucht, was auf der Grenze zwischen nicht-kriminell und kriminell liegt.

Allerdings. Nehmen Sie Dostojewskij. Der hat ganz bestimmt die Phantasie eines Kriminellen gehabt, obwohl er keiner war. Um so mehr hat mich erschreckt, daß nicht nur in der »Welt am Sonntag«, sondern auch in seriösen liberalen Blättern wie der »Frankfurter Allgemeinen Zeitung« Leute, die mein Werk, mein *anderes* Werk, das ich voraussetze, kennen, in dieser Tonlage gegen mich vorgegangen sind.

Sie denken wohl auch an Kommentare aus der Schweiz.

Sie meinen, daß die »Neue Zürcher Zeitung« auch etwas in diese Töne eingestimmt hat. Sehen Sie, ich finde es großartig, daß es diese konservative Zeitung gibt. Ich bin ja auch gar nicht so unkonservativ. Aber ich glaube, auch dort hat sich keiner die Mühe gemacht, die Genese zu studieren.

Hat sich Ihr Bild vom Journalismus, besser gesagt vom journalistischen Gewerbe, nach den Ereignissen der vergangenen Wochen gewandelt?

Nein. Ich habe lediglich meine persönliche Erfahrung gemacht.

Und das wäre?

Ich weiß jetzt, woran ich bin. Ich weiß, daß man als Liberaler wenig differenzierte Verbündete hat, während die andern, nennen wir sie die Rechten, sich undifferenziert miteinander verbünden. Das ist das Erschreckende.

Aber möchten Sie es, was die Liberalen betrifft, anders haben?

Nein, denn eine Voraussetzung für die Humanisierung der Welt ist es ja gerade, daß sich Intellektuelle nicht kritiklos miteinander verbünden.

Gleichwohl hätte ich in meiner Sache mehr Solidarität, mehr Unterstützung von liberalen und sogar von konservativen Leuten erwartet.
Würden Sie ein andermal wieder einen Artikel in der Art Ihres »Spiegel«-Aufsatzes schreiben?
Ja, wenn auch etwas weniger literarisch.
Aber Sie sind Schriftsteller. Wollten Sie denn unter Ihr sprachliches Niveau gehen?
Nein, das könnte ich nicht. Das hielte ich für Herablassung.
Sollte sich demnach ein Schriftsteller vielleicht überhaupt nicht journalistisch betätigen?
Wo ist die Grenze? Ist denn das, was ich getan habe, für Sie eine journalistische Betätigung?
Was den »Spiegel«-Artikel betrifft: zweifellos.
Ja, vielleicht stimmt das. Aber wie soll ich's machen? Wenn ich mich aufrege oder wenn ich mich in einer bestimmten Sache engagieren will, ist es ja sinnlos, das in einer kleinen literarischen Zeitschrift mit geringer Auflage zu tun. Damit ist es wieder versteckt im Literaturbetrieb; und gerade das wollte ich nicht. Deshalb *muß* ich die Zeitung gelegentlich als Instrument benützen können.
Ist ein Dichter, wenn er solches tut, wenn er also nicht dichtet, sondern sozusagen Alltagsprosa schreibt, ein normaler Bürger, oder ist er mehr als das?
Er ist überhaupt ein normaler Bürger, auch wenn er dichtet.
Ist Dichten denn nicht eine elitäre Tätigkeit?
Nein, ich halte das Dichten für eine demokratische Tätigkeit.
Aber ein Dichter wie Heinrich Böll besitzt Macht, mehr Macht als ein gewöhnlicher Bürger. Und man hat ihm vorgeworfen, diese Macht nicht verantwortungsvoll auszuüben.
Ich habe mir diese Macht nicht zugesprochen. Und ich gebe zu, daß ich mir ihrer auch nicht immer bewußt bin. Und wenn ich jetzt spüre, wie gern man bereit ist, sie mir zu nehmen, bin ich froh darüber. Es ist gut, daß das Denkmal zerstört wird.
Haben Sie sich deshalb geweigert, weiterhin als deutscher Kulturexport herhalten zu müssen?
Ja, ich habe es zwar getan, aber ich nehme das wieder zurück, weil es für Willy Brandt, Walter Scheel und andere Politiker, die ich im Augenblick für wichtig halte, kränkend sein könnte. Und das will ich nicht.
Werden die Vorgänge der vergangenen Wochen eines Tages in einem Roman ihren Niederschlag finden?
Nein. Allerdings könnte es sein, daß das eine oder andere in verwandelter Form zur *Rache* verwendet wird. Auch ein Schriftsteller möchte sich gelegentlich mal rächen.
Ich habe Ihren Vorstoß im »Spiegel« – fast möchte ich sagen abstrahiert von der Baader-Meinhof-Gruppe – als Kampfansage an Großverleger

Axel Springer verstanden, an jenen Mann somit, der mittels einzelner seiner Pressepublikationen in den vergangenen Jahren den Löwenanteil an der Volksverdummung in seinem Lande für sich beanspruchen darf.

Ja, der Anlaß ist eine Kampagne gegen die Springer-Presse; und das war vielleicht mein Fehler, daß ich so etwas als einzelner gewagt habe, ohne mich vorher nach Verbündeten umzusehen.

Aber es lag doch nahe anzunehmen, daß es Verbündete geben würde.

Ja, aber die haben sich sehr spät und sehr spärlich gemeldet. Und das war traurig. Wenn Sie's strategisch sehen, dann marschierte in den ersten 14 Tagen nach Erscheinen meines Artikels die Rechte vor, ganz allein, auf allen Linien, in der Presse, im Südwestfunk, im ZDF. Und ich habe das alles über mich ergehen lassen, habe dann versucht zurückzuschlagen, aber immer gewartet: mein Gott, wo sind denn die andern? Und da habe ich eigentlich bis heute sehr wenig gesehen. Sehr wenig.

Sie haben die ehedem Verfolgten in diesem Land mit den Verfolgten Baader und Meinhof verglichen. Stehen Sie auch heute noch zu diesem Vergleich?

Ja, ich stehe dazu. Ein Verfolgter ist ein Verfolgter, ob gut oder schlecht. Der Zustand der Verfolgtheit ist existentieller, nicht moralischer Art.

Damit aber stellt sich sogleich die Frage, ob ich einen Verfolgten, der ein Mörder ist, der Polizei übergeben soll oder nicht.

Ja. Und ich frage Sie: Hört jemand auf, mein Freund zu sein, wenn sich herausstellt, daß er ein Verbrecher ist?

Frau Meinhof ist nicht Ihre Freundin. Sie wird möglicherweise über Sie lachen.

Soll sie sich über mich totlachen! Das ist mir egal. Aus ihrer marxistisch fundierten Denkweise heraus kennt sie den Begriff der Gnade ja gar nicht.

Kennt denn die heutige Gesellschaft ganz allgemein den Begriff Gnade überhaupt noch?

Ich glaube, daß man sie wieder darauf aufmerksam machen muß. Der Zustand der Gnadenlosigkeit wäre allerdings dann erreicht, wenn es innerhalb der demokratischen Gesellschaft keinen Widerstand mehr gäbe. Den *muß* es also geben, und zwar nicht nur auf dem Wege der Ochsentour, daß man also in eine Partei geht, sich hochdient und's besser macht; es muß auch eine intellektuelle und radikale Konfrontation geben.

Nun ist es in Deutschland in den vergangenen Monaten Mode geworden, daß einer, dem die Toleranzgrenze erreicht zu sein scheint, den andern einen Faschisten nennt. Auch Sie haben diese Titulierung aus der Sonntagsfeder eines Springerlings hinnehmen müssen. War es da geschickt, die Retourkutsche zu benützen, selber von Faschismus, von faschistischen Methoden zu sprechen?

Nein, geschickt war es nicht. Ich war in vielem sehr ungeschickt. Aber ich nehme es trotzdem nicht zurück, weil Faschismus für mich nicht nur ein soziologisch oder wissenschaftlich definierbares Phänomen ist, sondern auch ein Phänomen der Physiognomie, der Stimme, des Tatorts. Und mir ist, zum erstenmal nach 1945, ob der Anschnauzstimme eines Oberleutnants schlecht geworden.

Aber sogar das Schlechtwerden rechtfertigt Ihre Kündigung am Südwestfunk noch nicht.

Ja, auch das war sehr ungeschickt von mir. Aber ich halte die Kündigung aufrecht.

Es gab Kommentare, die so mies waren, daß Sie besser nicht darauf reagiert hätten.

Das kann man nachträglich gut sagen. Aber ich war ganz allein. Und allein begeht man manchmal Fehler. Ich reagierte als Subjekt, als Unterworfener. Immerhin: auf den Kommentar von Herrn Woller habe ich schon gar nicht mehr reagiert, auch nicht auf den von Herrn Löwenthal. Ich glaube aber, daß ich Löwenthal noch verklagen werde, denn der hat sich zu einer Denunziation aufgeschwungen, die man nicht stehenlassen kann, wenn man überhaupt rechtlich denkt. Schließlich hat er behauptet, die »Bölls« bereiten den Faschismus vor. Und wenn ich da juristisch vorgehen werde, so weniger meiner Person als vielmehr deswegen, weil man sich selber am Recht vergeht, wenn man ein Unrecht stehenläßt. Ich werde darum von Herrn Löwenthal zumindest verlangen, daß er sich entschuldigt und seine Behauptung öffentlich zurücknimmt. Im Fall Habe geht es wohl weniger um Böswilligkeit als um Dummheit, die nicht einmal gegen die Götter vergebens kämpft.

Erweisen Sie letzterem Herrn nicht gerade dadurch, das Sie als Heinrich Böll ihn überhaupt namentlich erwähnen, Ehre, die ihm kaum zukommt?

Ja, das ist das Problem. Ich werd's nicht mehr tun. Das versprech' ich Ihnen.

»Man muß zu weit gehen, um herauszufinden, wie weit man gehen kann.« Haben Sie herausgefunden, wie weit man gehen kann?

Ja.

Und wie weit kann man gehen?

Nicht sehr weit. Das ist die betrüblichste Erfahrung der vergangenen Wochen, daß man kaum die Hand über die Grenze halten kann, und man hat schon einen Schuß drin. Aber es hat gutgetan, das alles zu sagen. Ich glaube, es war ein gutes Gespräch.

Donnerstag, 10. Februar 1972

Kölner Stadt-Anzeiger

Wallmann kündigt der »Welt« wegen Böll

»Aus Protest gegen die Diffamierung Heinrich Bölls in der Springer-Presse« hat der 32jährige Publizist Jürgen P. Wallmann seine Mitarbeit für das Feuilleton der Hamburger Zeitung »Die Welt« eingestellt. Wallmann erklärte, das Feuilleton der Welt sei unter seinem neuen Chef Günter Zehm »ein rechtsradikales Kampfblatt« geworden, in dem »für liberale Stimmen kein Platz mehr« sei. Wallmann ist durch Aufsätze zur zeitgenössischen deutschen Literatur bekanntgeworden.
Die Chefredaktion der »Welt« sieht keinen Grund, sich zu dem »abwegigen Schreiben« von Wallmann zu äußern. (dpa)

Sonntag, 13. Februar 1972

Süddeutsche Zeitung

Langwierige Ermittlungen im Fall Rauch

su. **Berlin,** 10. Februar. In dem Ermittlungsverfahren um den Tod Georg von Rauchs, der am 4. Dezember 1971 in Westberlin wahrscheinlich von einem Polizisten erschossen wurde, ist ein Ende nicht abzusehen. Der Staatsanwaltschaft liegen vier Strafanzeigen vor, in denen nicht nur der Vorwurf der fahrlässigen Tötung, sondern auch der des Mordes erhoben wird.
Ein Sprecher der Justizverwaltung, die schon Anfang Januar einen Zwischenbericht über die Untersuchung in Aussicht gestellt hatte, teilte jetzt mit, auch in den nächsten zwei Wochen sei mit einem Abschluß der Ermittlungen nicht zu rechnen. Er machte für die Verzögerung Zeugen mitverantwortlich, die sich nicht von der Staatsanwaltschaft vernehmen lassen wollen, und meinte, die Strafprozeßordnung müsse so geändert werden, daß die Untersuchungsbehörde Aussagen erzwingen könne. So hätten nur drei Mitarbeiter des Untersuchungsausschusses der Roten Hilfe, die im Fall Rauch schwere Vorwürfe gegen Polizei und Verfassungsschutz erhoben hat, vor der Staatsanwaltschaft ausgesagt. Für fünf weitere sei für diese Woche eine richterliche Vernehmung geplant. Im Januar war das Büro der Roten Hilfe durchsucht worden.
...

Von der Berliner FDP wurde die Forderung des Justizsprechers nach einer Änderung der Strafprozeßordnung zugunsten der Saatsanwaltschaft als »unerhörter Eingriff in die Rechtsstaatlichkeit« zurückgewiesen. Das Recht jedes Bürgers, nur vor dem Richter auszusagen, dürfe nicht angetastet werden. Es sei eine unerträgliche Diffamierung rechtsbewußter Bürger, wenn denjenigen, die von diesem Recht Gebrauch machten, vorgeworfen werde, sie verzögerten Ermittlungen, hieß es in der FDP-Erklärung.

Deutsche National-Zeitung

Die Anti-Olympiade des Herrn Böll

Der Salonanarchist plant neue Provokation der Öffentlichkeit
Das Treffen der Jugend der Welt soll verächtlich gemacht werden

MÖRDER-SYMPATHISANT BÖLL hat nach dem Empfinden für das Recht nun offenbar auch noch den Verstand verloren.

Wie anders will man es erklären, daß er für den Sommer nichts weniger als eine Gegen-Olympiade plant, die in der Zeit vom 8. bis 12. September in Köln stattfinden soll! Ihr Ziel: den »nationalistischen Sport« mit Hilfe von Happenings und »internationalen Gastrednern« linksradikaler Couleur zu »entlarven«!

...

Jene Elemente, die mit Recht befürchten, daß in gesunden Körpern auch ein normaler Geist wohnt, wollen Wettbewerbe veranstalten, wer etwas am langsamsten und miserabelsten tut, und diese Minusleistung mit Marzipanmedaillen auszeichnen. Ein Affentheater, das Anti-Reden der Herren Böll, Bloch, Sartre und Konsorten umrahmen sollen.

Das Geheimnis dieser wohl nur noch pathologisch zu bewertenden Verirrung lüftet PEN-Funktionär Ferdinand Unger: »Für Böll besteht heute noch das Trauma der Hitler-Olympiade ...«

...

Wider besseres Wissen spricht Böll von einer »Eskalation« im Falle Baader-Meinhof als Folge der Unverhältnismäßigkeit polizeilicher Mittel. Der Brandt-Freund tut so, als wisse er nicht, was ihm ein Brandt-Minister öffentlich vorhielt; daß nämlich seine Schützlinge permanent zum Mord bereite skrupellose Schießer sind, die stets als erste zur Pistole greifen – so bei der gewaltsamen Befreiung des Strafgefangenen Baader am 4. Mai 70; bei der Flucht mit einem gestohlenen Pkw am 22. Dezember 1970 in Nürnberg; bei den beiden Banküberfällen am 15. Januar 1971 in Kassel; bei dem Feuergefecht am 15. Juli 1971 in Hamburg, das den Tod der jungen Petra Schell zur Folge hatte, und schließlich bei dem Polizistenmord vom 22. Oktober 1971.

Von diesem Mann öffentlich abzurücken, ist ein Reinlichkeitsgebot, dem sich die Bundesregierung nicht länger entziehen kann.

Unverständliche Reaktion: „Niemand verfolgt mich, keiner beschlagnahmt meine Bücher oder steckt mich in eine Irrenanstalt — In welch unmenschlichen Staat muß ich leben . . .“

Welt am Sonntag

Böll kündigt die Mitarbeit beim ZDF

Sche. **Wiesbaden**, 12. Februar. **Der Schriftsteller Heinrich Böll hat gegenüber dem Intendanten des Zweiten Deutschen Fernsehens erklärt, er werde seine Mitarbeit bei der Mainzer Anstalt einstellen.**

Böll begründete seinen Schritt mit einem Kommentar des ZDF-Chefredakteurs Rudolf Woller, in dem dieser gesagt hatte: »Er (Böll) wird nicht müde, diesen unseren Staat als das Gesetz gewordene Böse zu diffamieren . . . Moralisten mit einseitiger Moral erreichen das Gewissen eines Volkes nicht.« Woller hatte sich auf Bölls jüngste Äußerungen und auf seine Wuppertaler Rede von 1966 bezogen, in der der Schriftsteller gesagt hatte: »Dort, wo der Staat gewesen sein könnte oder sein sollte, erblicke ich nur einige verfaulende Reste von Macht . . .«

Gleichzeitig forderten fünf Redaktionsmitglieder des ZDF vom Intendanten die Absetzung des ZDF-Magazin-Chefs Löwenthal wegen dessen Berichterstattung über Böll. Unterzeichnet ist das Schreiben auch vom Leiter des ZDF-Jugendmagazins »Direkt«, Greulich. In diesem Jugendmagazin wurde den jugendlichen Fernsehzuschauern in einer der jüngsten Sendungen unter anderem eine Adresse für die Kontaktaufnahme mit der kommunistischen Jugendorganisation »Sozialistische Deutsche Arbeiterjugend« mitgeteilt.

Dienstag, 15. Februar 1972

Frankfurter Rundschau

Böll: Nicht beim ZDF gekündigt

KÖLN, 14. Februar (dpa). Als »absoluten Unsinn« hat der gegenwärtig auf einer privaten Reise in der Sowjetunion befindliche Schriftsteller Heinrich Böll am Montag durch sein Sekretariat Behauptungen zurückgewiesen, er wolle seine Mitarbeit beim Zweiten Deutschen Fernsehen (ZDF) aufkündigen. »Das ist völlig aus der Luft gegriffen«, berichtete ein Sprecher im Auftrage Bölls.

An ZDF-Intendant Karl Holzamer habe er ebenfalls im Auftrage des Schriftstellers ein Telegramm geschickt, in dem eine am Wochenende in der »Welt am Sonntag« publizierte Meldung dementiert wird. Der Meldung zufolge soll Böll aus Verärgerung über einen Kommentar des ZDF-Chefredakteurs Rudolf Woller geäußert haben, er werde dem ZDF seine Mitarbeit aufkündigen.

Telegramm **Deutsche Bundespost**

Verzögerungsvermerke

Datum 15 11 2 Uhrzeit 17 — Empfangen — Platz — Namenszeichen

TSt Köln

4191B MAINZ D

Leitvermerk

Datum — Uhrzeit — Gesendet — Platz — Namenszeichen

=302 =MAINZ/TF 66/65 15 1718 ==

aus

==HERRN HEINRICH BOELL
HUELCHRATHERSTR 7 =KOELN/1 ==

Dienstliche Rückfragen

=SEHR GEEHRTER HERR BOELL AUF DAS TELEGRAMM IHRES BUEROS VOM 14.2.72 KANN ICH IHNEN BESTAETIGEN , WAS SIE SELBST IN DER :: FRANKFURTER RUNDSCHAU :: DEMENTIERT HABEN : ICH HABE VON IHNEN KEINE MITTEILUNG UEBER DIE AUFKUENDIGUNG IHRER ARBEI FUER DAS ZDF ERHALTEN UND IN DIESEM SINNE AUCH KEINE AEUSSERUNG IN DER PRESSE VERBRIETET MIT FREUNDLICHEN GRUESSEN =

PROF DR HOLZAMER = :==COL 7 1 14/2.72

11.69/654 DIN A 5, Kl. 77 m
+ FT VI, 2 Anl.

Mittwoch, 16. Februar 1972

Die Welt, Rudolf Krämer-Badoni

Warum sagt Heinrich Böll nicht die Wahrheit?

Zugegeben, der Schriftsteller Böll hat von mir seit langem nur Spott über Böll gehört. Vor genau zehn Jahren ließ ich drucken:
»Heinrich Böll wird es dem deutschen Volk nie verzeihen, daß es treu und brav in Hitlers Krieg gezogen ist.«
Zugegeben, als er vor acht Jahren sein Poetikseminar in Frankfurt mit einer armseligen Sitzung einleitete, schrieb ich: »Böll bewies eine himmlische Geduld mit sich und den Studenten.«
Zugegeben, ich habe über Bölls soziologische Einteilung der Menschen in Reiche, Böse, Dumme und Arme, Gute, Gescheite öffentlich gelacht.
Und zugegeben, als Böll vor einigen Wochen wirres Gerede über die Meinhof und Springer publizierte, habe ich in der WELT nicht mit Spott gespart.
Er hat also alten Zorn auf mich. Einmal, vor Jahren, schickte er einem Verleger als Antwort auf meinen Spott über den »Guten Menschen von Köln« eine Postkarte mit dem kurzen Satz, er habe gar nicht gewußt, daß der Verleger jetzt auch Pornographie veröffentliche.
Und so dachte er nun, in der Süddeutschen Zeitung mit mir abzurechnen. Aber das ging offenbar nicht ohne Unwahrheit. Über mehrere Absätze hinweg sagt er mir immer wieder wütend und wortreich nach, ich hätte ihn zu einer Resolution über Bukowski provozieren wollen, ich hätte damit Bukowski geschadet und was nicht alles. Doch ganz abgesehen von der Frage, wie man Bukowski am besten schadet, habe ich über den Fall Bukowski kein einziges Wort gesagt, weder jetzt noch früher, und ich habe Böll zu keinerlei Resolution aufgefordert, und ich würde ihn auch nie dazu auffordern.
Warum aber der Schriftsteller Böll den Boden der Moral verläßt und die Unwahrheit sagt, das weiß vielleicht er, ich weiß es nicht.
Aber mit Bölls Moral steht es überhaupt schlecht. Er arbeitet mit der Kampfparole »Springerpresse«, die von Ulbricht, Schnitzler und Genossen der Naziparole »Ullsteinpresse« abgeguckt wurde. Ist Böll so einfältig, daß er den demagogischen Trick nicht durchschaut, womit Autoritäre zwecks Dummenfang politische Gegnerschaft personalisieren? Will Böll mich glauben machen, er glaube wirklich, in Springers Zeitungen arbeiten Verbrecher? Ist Axel Springer ein Verbrecher, weil er staatsloyale (nicht parteiloyale) Blätter verlegt und dabei Grundsätzen huldigt, die jeder Informationswillige in seinem Buch »Von Berlin aus gesehen« zum Beispiel auf den Seiten 149 ff. und 227 ff. nachlesen kann? Warum wohl habe ich mich nie einen Augenblick von der Haß- und Hetzparole »Springerpresse« stören lassen? Weil ich ein unmoralischer Mensch bin? Ein Lügner bin?

Und was die Überschrift in »Bild« betrifft, so zitierte Böll in seinem »Spiegel«-Artikel die vorsichtigen Formulierungen der Kaiserslautener Kriminalpolizei, und aus welcher Quelle? Aus dem Text jenes »Bild«-Artikels. Überschrift und Text gehören doch wohl zusammen. Aber selbst wenn Böll den Text nicht mitrechnen will, dann könnte er höchstens dem »Bild«-Redakteur die Zurechnung des Textes verweigern, nicht aber mich mit Lügen traktieren und nicht dem Axel Springer das Ende der Prinzessin Yvonne in den Hals beten.
Aber der Mann, der seit Wochen die miese Charakterkombination Haß, Lüge, Hetze bietet, möchte »partiell« auch als Schriftsteller gesehen werden. Kann er haben.
Ich traf neulich die Dame, über die der Clown in seinen Ansichten öffentlich gesprochen hat. Sie fragte mich, ob ich diese Ansichten glaubwürdig fände. Ob ich es für möglich hielte, daß im 20. Jahrhundert eine Frau ihren Mann verläßt, weil ein Pfarrer das wünscht. Ob mir nicht aufgefallen sei, daß da etwas fehle. Natürlich habe sie den Clown verlassen, weil er als Mann nichts getaugt habe.
Als ich sie fragte, warum sie sich nicht öffentlich gewehrt habe, sagte sie, das hätte ihr nichts genützt. »Wenn ein Clown mit einem abrechnet, ist man erledigt. Einem Clown glaubt man alles. Er steht mit der Wahrheit auf du. Er hat den tiefen Blick. Er rührt die Leute. Und die Leute wollen gerührt werden. Sie brauchen gehobene Schnulzen. Und er liefert sie ihnen. Er ist die Courths-Mahler der zweiten Jahrhunderthälfte. Aber das weiß nur ich.«
Ich protestierte. Sie ist nicht die einzige, die das weiß.

Auszug aus der Moderation von Herrn Löwenthal im ZDF-Magazin

»Gestatten Sie mir an dieser Stelle ein Wort sozusagen in eigener Sache:
In der Sendung vom 26. Januar machte ich einige Bemerkungen über die Gefahren, die unserer Demokratie drohen, und ich erwähnte dabei auch Herrn Böll. Da gab es dazu offenbar bewußte oder unbewußte Mißverständnisse. Ich möchte deshalb meine Bemerkung noch einmal präzisieren: Ich sprach von der zunehmenden Verhöhnung der parlamentarischen Demokratie und der Forderung nach ihrer Zerschlagung. Ich sprach von den Parallelen zu den Ereignissen von 1932 und der Gleichartigkeit des roten und braunen Faschismus. Ich bezog mich auf die bedauerliche Tendenz der Verharmlosung der Gefahr, daß radikale Minderheiten durch Terror die Grundlage unseres freiheitlichen Staates erschüttern. Und daß dies vorwiegend in intellektuellen Kreisen geschähe. Und ich erklärte, daß die Sympathisanten des Linksfaschismus für mich nicht einen Deut besser seien als die geistigen Schrittmacher der Nazis, die schon einmal so viel Unglück über unser Land gebracht haben. Und dabei erwähnte ich den Namen Böll:

Mir lag daran, die Folgen ins Gedächtnis zu rufen, die das Negieren der nazistischen Gefahr vor 1933 hatte und vor einer Wiederholung dieses Versagens gegenüber totalitären Kräften zu warnen. Ich dachte dabei in erster Linie an den ›Spiegel‹-Artikel von Herrn Böll, in dem er nach meiner Auffassung die Baader-Meinhof-Bande oder ihre Motive verharmlost, und an seine Worte über den ›verfaulenden Staat‹ in seiner Rede aus dem Jahre 1966. Eine pauschale Verdächtigung von Herrn Böll als Nazi oder Kommunist lag mir natürlich genauso fern wie eine Diffamierung seiner Person – zumal mir selbst dies nur zu oft geschieht.
Ich bedaure, daß durch eine verkürzte Wiedergabe meiner Moderation oder durch eine aus Zeitgründen notwendige Vereinfachung meiner Gedankengänge dieser Eindruck erweckt worden sein könnte. Es ging mir ausschließlich darum, aufzuzeigen, daß durch Fehlinterpretation und Verniedlichung der Ziele, die die Mitglieder einer kriminellen Vereinigung verfolgen, in der Öffentlichkeit eine Täuschung über die wirklichen Gefahren erzeugt wird. Gerade wenn ein weit über die Grenzen seines Vaterlandes hinaus bekannter Dichter wie Heinrich Böll zu solchen Irrtümern beiträgt, muß dies kritische Anmerkungen auslösen.«

Donnerstag, 17. Februar 1972

Stern

Gefühle sind die »Syphilis der Seele«

Sternredakeur Paul-Heinz Koesters fragte den Schriftsteller, warum er sich für die Baader-Meinhof-Gruppe einsetzt

STERN: Sind Sie deprimiert?
BÖLL: Nein, aber höchst verwirrt. Ich weiß noch immer nicht, welches Verbrechen ich begangen habe.
STERN: Sie haben für die Baader-Meinhof-Gruppe »freies Geleit« gefordert.
BÖLL: Ich habe für die Gruppe um Gnade gebeten. Das »freie Geleit« ist die Form, eine Möglichkeit dazu.
STERN: Viele Ihrer Kritiker sind auch nicht unbedingt gegen die Gnade. Aber sie fordern, daß Ulrike Meinhof und ihre Leute zunächst einmal geschnappt und verurteilt sein müssen.
BÖLL: Gnade ist nicht vom Zeitpunkt abhängig und auch nicht von dem, was ein Mensch getan hat. Aber das nur nebenbei. Ich habe für Gnade plädiert, weil ich um mich herum nur Gnadenlosigkeit sehe. Zum Beispiel die Berichterstattung über die Gruppe in den meisten Zeitungen. Das war ein einziger Aufruf zur Treibjagd.
STERN: Wieso?
BÖLL: Wie Steckbriefe lasen sich die Berichte, sahen sich die Bilder an. Und jetzt beginnt die Treibjagd auf den Professor Brückner, der Ulrike

Meinhof angeblich versteckt haben soll. – Vorausgesetzt, das stimmt, dann finde ich: Der Professor hat etwas ganz Selbstverständliches getan. Er hätte sich diesen gehetzten Menschen gegenüber nicht gnadenlos verhalten.
STERN: Würden Sie auch Menschen verstecken, die gesucht werden?
BÖLL: Wenn Sie morgen einen Mord begehen und zu mir sagen »Verstecken Sie mich«, dann würde ich nicht sofort die Polizei alarmieren. Ich würde Ihnen raten, sich freiwillig zu stellen. Nur wenn Sie das nicht täten, wäre ich in großer Verlegenheit ...
STERN: Auch wenn es ein Mord aus niederen Motiven wäre?
BÖLL: Nehmen Sie den Fall Fabeyer *. Die Treibjagd auf diesen Menschen fand ich unmenschlich. Das Abendland geht nicht unter, wenn einem Dieb, Räuber oder Mörder Gnade gewährt wird. (Wobei immer zunächst gefragt werden muß: Wie ist er zum Dieb oder Mörder geworden?) Das Abendland ist schon untergegangen, wenn Gnadenlosigkeit zum Lebensgesetz wird, in der Schule, im Beruf, im sogenannten Existenzkampf. Wie er z. B. in »Bambule« ** dargestellt wird.
STERN: Ein Bürger macht sich aber schuldig, wenn er einen Mann wie Fabeyer vor der Polizei verbirgt.
BÖLL: Trotzdem ist ein Mensch, der einen anderen versteckt, kein Krimineller. Er mag eine strafbare Handlung begangen haben und soll deswegen auch bestraft werden, aber ein Verbrecher ist er nicht. – Die Auslieferung eines verfolgten Menschen kommt für mich einer Hatz gleich. Und ich finde, daß Menschen, die zu solchen Hetzjagden auffordern – allen voran rangiert da der Herr XY-Zimmermann –, die Gnadenlosigkeit fordern. Unser Staat, unsere Gesellschaft gehen nicht kaputt, wenn ein paar Halbwüchsige in einem Dom Zigaretten rauchen. Kaputt gemacht wird unsere Gesellschaft von jenen, die dauernd zur Gnadenlosigkeit auffordern. Ich habe erwartet, daß irgendein Bischof zu diesen unerbittlichen Treibjagden einmal Stellung nimmt. Aber das tun die nicht. Sie haben wohl viel zuviel Angst um ihre Publicity.
STERN: Herr Böll, Sie haben um Gnade gebeten. Das ist ja nichts Schlimmes. Wieso aber haben Sie bei einer Reihe von Zeitungen so viel Wut ausgelöst?
BÖLL: Vielleicht weil man glaubt, ich gehörte zum Establishment. Ich bin

* Bruno Fabeyer verletzte 1965 einen Postbeamten lebensgefährlich und erschoß 1966 einen Polizisten. Er konnte sich 14 Monate lang verstecken. Vor seiner Verhaftung wurde er von einem massiven Polizeiaufgebot wochenlang durch die Wälder der Eifel gehetzt.

** Das Fernsehstück »Bambule« von Ulrike Meinhof spielt unter Fürsorgezöglingen. Das Deutsche Fernsehen verzichtete bisher auf die Ausstrahlung des Stücks, weil es seinem Publikum »das Werk einer steckbrieflich verfolgten Person« nicht zumuten will. Als Buch erschien »Bambule« im Verlag Wagenbach, Berlin, 4,50 Mark.

ein international bekannter Romancier, und von solchen Leuten erwartet man Ruhe und Ordnung – hierzulande jedenfalls.

STERN: Nun haben Sie in Ihren Stellungnahmen oft Blößen gezeigt, da kann, wem's Spaß macht, jetzt jeder reinhauen.

BÖLL: Ich habe im Fall Baader–Meinhof zur Vernunft aufrufen wollen und dabei Gefühl gezeigt. Bei uns gelten Gefühle aber als eine Art »Syphilis der Seele«. Wenn Sie mich diffamieren wollen, brauchen Sie nur zu schreiben: Der ist emotional.

STERN: Glauben Sie, daß Ulrike Meinhofs Griff zur Waffe zu etwas führt?

BÖLL: Ich interessiere mich sehr für Strategie. Und strategisch gesehen, halte ich die Aktionen der Meinhof-Gruppe schon für selbstmörderisch. Mal abgesehen von der Moral: Wenn Frau Meinhof die Macht an sich reißen will, müßte sie das nächste Funkhaus und die nächste Fernsehstation besetzen. Einen solchen Überfall, auf den WDR zum Beispiel, halte ich aber für völlig hoffnungslos. Das schafft die Gruppe nicht einmal mit vier Regimentern. In dieser Anstalt funktioniert ein Sicherheitssystem, das jeden Angriff von vornherein zum Scheitern verurteilt.

STERN: Lehnen Sie die Gewalt ab?

BÖLL: In unserem Staat ist es strategisch völlig unrealistisch, Waffengewalt anzuwenden. Ulrike Meinhof kann ja in einem Funkhaus nichts klauen und abhauen, sondern sie muß es besetzen. Dazu braucht man einfach viele Truppen, eine gut trainierte Mannschaft. Vielleicht würde ich in Südamerika mit einem Gewehr herumlaufen. Aber das ist hypothetisch: Ich lebe hier, und ich möchte hier Veränderungen des öffentlichen Bewußtseins bewirken.

Samstag, 19. Februar 1972

berliner EXTRA-dienst

Morddrohungen gegen Heinrich Böll – und seine Namensvetter

Daß es nicht ganz ohne Risiko ist, in der Bundesrepublik Heinrich Böll zu heißen, seit Springer und Löwenthal den internationalen PEN-Club-Präsidenten auf ihre Abschußliste gesetzt haben, mußte der 73jährige Rentner Heinrich Böll aus Düsseldorf-Hassels, Im Rotdornweg 6, erfahren. Der ehemalige Brückenbauarbeiter erhält laufend telefonische Morddrohungen – schon seit drei Wochen. Jeden Tag bringt der Postbote neue Berge anonymer Schmähbriefe, die alle einen ähnlichen Terror haben. Ein Beispiel: »Du verfluchter Rot-Faschist, was glaubst Du, wer Du Rotzhund eigentlich bist und was Du Dir erlauben kannst gegenüber der bestehenden Bundesregierung! Du politischer Halunke verharmlost unter dem Mäntelchen eines Salonbanditen die bitteren Wahrheiten um die Baader-Meinhof-Mörder und

-Räuber. Ich bin ein Deutscher, alter Sozialdemokrat aus der Ostzone, und als ehemaliger Amateurboxer werde ich Dich zusammenschlagen, wenn ich es für richtig erachte. Warum gehst Du Haderlump nicht in die Ostzone oder nach dem bolschewistischen Rußland, dort kannst Du Propaganda im rötesten Stil machen und schreiben, soviel du willst. Aber merke Dir, du verdammter Schweinehund und Volksverhetzer, nimm Dich in acht und wisse, daß es noch Männer gibt in genügender Zahl, die darauf achten, daß solche Banditen wie Böll nicht überhandnehmen! Banditen wie Du, die sich ein gesellschaftliches Ideologiemäntelchen umhängen und alles Rote verharmlosen, bleiben Banditen und Strolche, worunter Du gehörst. Ich hasse Dich aufs Blut, Du rotes Luder!«
Das Rentnerehepaar Böll, das sich insbesondere gegen den faschistischen Terror per Telefon schützen wollte, wandte sich hilfesuchend an die Polizei. Bis jetzt kam nur ein fernmündlicher Bescheid: Sie sollten doch am besten ihr Telefon überwachen lassen. Dafür würde die Polizei allerdings Geld fordern: Zwölf Mark für den ersten Tag, sechs Mark für jeden weiteren Tag der Telefonüberwachung. Das konnten sich die Rentner nicht leisten. Im umgekehrten Fall reagiert die Polizei hingegen schnell und kostenlos: Als der in Westberlin lebende CDU-Mann und ehemalige Ustascha-Faschist Dr. Branco Jelic sich durch »Rote« in seiner Sicherheit bedroht fühlte, stellte ihm die Westberliner Polizei für mehr als ein halbes Jahr einen Beamten zur Bewachung vor die Haustür. Die Kosten trug der Westberliner Steuerzahler.

Mittwoch, 23. Februar 1972

Kölner Stadt-Anzeiger

Studentenführer darf nicht Beamter werden

Berlin (EB, dpa) – Wolfgang Lefêvre, neben Rudi Dutschke einst bekanntester Vertreter »der linken Studentenbewegung in West-Berlin«, kann an der Freien Universität weder wissenschaftlicher Assistent noch Beamter werden. Das hat West-Berlins Kultussenator Stein verfügt und damit begründet, Lefêvre biete nicht die Gewähr dafür, daß er entsprechend den Bestimmungen des Landesbeamtengesetzes jederzeit für die freiheitliche demokratische Grundordnung im Sinne des Grundgesetzes und der Berliner Verfassung eintrete.
Der Berliner Senat lehnte auch die Berufung des bedeutenden Marxisten Ernest Mandel (Brüssel) als Professor für Volkswirtschaft an der Freien Universität (FU) ab. Der Belgier Mandel gilt als einer der führenden marxistischen Theoretiker der Wirtschafts- und Sozialwissenschaften in Westeuropa.